宪法的碎片

全球社会宪治

**Constitutional Fragments:
Societal Constitutionalism and
Globalization**

作者／［德］贡塔·托依布纳（Gunther Teubner）
陆宇峰／译　纪海龙／校

中央编译出版社
CCTP　Central Compilation & Translation Press

目录 Contents

第一章 新宪法问题 … 1
第一节 现代宪治危机？ … 1
（一）民族国家宪法 VS 全球宪法 … 2
（二）宪法社会学的启发 … 3
第二节 错误的预设 … 6
（一）社会宪治真的是全球化问题吗？ … 6
（二）跨国领域的宪法空白？ … 8
（三）跨国治理只是政治过程？ … 10
（四）基本权利第三方效力只是国家的保护义务？ … 13
（五）统一的世界主义全球宪法？ … 15

第二章 民族国家的部门宪法 … 17
第一节 自由主义宪治下的社会制度 … 18
（一）宪法缺位的私人自由领域 … 18
（二）自治的社会秩序 … 20
第二节 极权主义的社会宪法 … 25
第三节 福利国家的子宪法 … 28
（一）历史的教训 … 28
（二）国家主义社会宪治 … 29
（三）社会部门的政治化 … 30

第四节　社会整体的经济宪治 ………………………………… 35
　　（一）秩序自由主义宪治 ……………………………………… 35
　　（二）宪法经济学 ……………………………………………… 39
第五节　宪法多元主义 …………………………………………… 40
　　（一）新法团主义安排 ………………………………………… 42
　　（二）社会宪治 ………………………………………………… 44

第三章　超国家的宪治主体：体制、组织、网络 ……………… 49
　第一节　各种全球结构 …………………………………………… 49
　第二节　通过国家的社会宪治？ ………………………………… 52
　　（一）联合国宪章 ……………………………………………… 52
　　（二）民族国家的软法 ………………………………………… 54
　　（三）国际公法和全球行政法 ………………………………… 57
　第三节　全球制度的独立宪法 …………………………………… 59
　　（一）宪法的片段化 …………………………………………… 59
　　（二）国际组织的宪法 ………………………………………… 63
　　（三）各种体制的宪法 ………………………………………… 67
　第四节　作为宪治主体的超国家体制？ ………………………… 69
　　（一）制宪权/宪定权 ………………………………………… 71
　　（二）集体同一性 ……………………………………………… 77

第四章　超国家的宪法规范：功能、领域、过程、结构 ……… 86
　第一节　宪治功能：构成功能/限制功能 ……………………… 88
　　（一）社会系统的自我奠基 …………………………………… 88
　　（二）全球宪治的"双向运动" ……………………………… 92
　　（三）发展压力的自我限制 …………………………………… 95

（四）"毛细管宪法" 98
　　　（五）魔鬼与魔王 101
　第二节　宪治领域：各社会系统的内部分化 104
　　　（一）自发领域 105
　　　（二）组织化—职业化领域 108
　　　（三）沟通媒介的自我规制领域 113
　第三节　宪治过程：双重反思性 120
　　　（一）社会系统的反思性 120
　　　（二）法律系统的反思性 122
　第四节　宪治结构：混合的基础符码 128
　　　（一）符码化和基础符码 128
　　　（二）混合性 130
　第五节　社会宪治下的政治 133
　　　（一）阴性政治与阳性政治 133
　　　（二）在政治的影子下 136
　　　（三）社会子系统的内部政治 139

第五章　超国家的基本权利：横向效力 145
　第一节　民族国家之外的基本权利 145
　　　（一）国家宪法权利的域外效力？ 146
　　　（二）全球公愤 149
　　　（三）依体制而异的基本权利标准 150
　第二节　约束超国家"私人"行动者的基本权利 153
　　　（一）超越国家行动 153
　　　（二）一般化：沟通媒介而非一般价值 155
　　　（三）不同社会脉络中的再具体化 157

第三节　基本权利的涵括效果：进入权 ………………… 159
第四节　基本权利的排除效力 ………………………………… 163
第五节　匿名的魔阵 …………………………………………………… 166
第六节　可诉性? ……………………………………………………… 170

第六章　宪法间的碰撞 ………………………………………… 175
第一节　第三方权威的缺失 …………………………………… 175
第二节　体制间冲突 ………………………………………………… 180
　　（一）传统冲突法的修正 …………………………………… 181
　　（二）规范网络 ………………………………………………… 185
第三节　跨文化冲突 ………………………………………………… 189
　　（一）文化多中心主义 ……………………………………… 189
　　（二）"外在"再进入"内在" ………………………… 194
　　（三）跨文化冲突规范 ……………………………………… 197
第四节　各种宪法冲突的指导原则 …………………… 200

参考文献 ……………………………………………………………………… 203
主题索引 ……………………………………………………………………… 242
作者索引 ……………………………………………………………………… 251

第一章 新宪法问题

第一节 现代宪治危机？

近年来，一系列公共丑闻引发了"新宪法问题"。[①] 跨国公司侵犯人权；世贸组织以全球贸易自由之名，做出危及环境或者人类健康的决定；体育赛事禁药泛滥，医药行业和科学领域腐败横行；互联网上的私人媒体威胁言论自由；私人组织的资料信息收集活动大规模地侵犯隐私权；当前影响尤其巨大的，则是全球资本市场造成的灾难性风险。上述每一件丑闻都不仅提出了规制问题，而且也提出了严格意义上的宪法问题。这些丑闻的背后，不仅涉及国家政策的执行问题，而且也涉及有关各种社会动力的基本宪法问题。较之18、19世纪的宪法问题，今天的宪法问题虽有不同，但同样重要。18、19世纪，宪法问题的焦点在于释放民族国家政治权力的能量，同时又有效限制这种能量。新宪法问题的焦点，则在于释放各种十分不同的社会能量（经济尤其明显，科学、技术、医药和新型传媒也不例外），并有效限制它们的破坏效果。[②] 当前，超民族国家的各

[①] 这些丑闻正在引发公共争论和政治规制，关于其"示范效应"的讨论，参见 Mattli and Woods (2009) "In Whose Benefit?"。

[②] 阿洛特（Allott）走得更远，她将新宪法问题描述成"21世纪国际哲学家们面对的核心挑战"。参见 Allott (2001) "Emerging Universal Legal System", 16。

种社会领域都在释放这些兼具生产性和破坏性的能量。上述公共丑闻,系从两个方面超越了民族国家的边界。因此,超民族国家的宪治也意味着两个方面:一是宪法问题跨越民族国家的边界,出现在跨国的政治过程之中;二是宪法问题跨越制度化的政治领域,出现在全球社会的"私人"部门之中。

(一) 民族国家宪法 VS 全球宪法

上述公共丑闻已经引起一场讨论,这场讨论认为现代宪法陷入了危机,并将危机归咎于政治的跨国化和私人化。尽管跨国宪治的地位尚不明确(是宪法学说?社会学理论?政治纲领?还是社会乌托邦?),但围绕着跨国宪治的激烈争论已经展开。争论双方的观点大致如下。一方断言现代宪治已然衰落。[①] 他们认为,从历史角度看,民族国家的政治宪法所采用的宪治形式,就是完全成熟的现代宪治形式。但现代宪治的基础正在遭到侵蚀,这一方面是由于欧洲的整合和各种跨国体制的涌现,另一方面是由于政治权力向私人集体行动者的转移。在跨国空间中,不可能找到国家宪法的可替代形式。跨国政治长期存在各种缺陷(比如缺少人民、文化同质性、政治性的立国神话、公共领域和政党),故在跨国空间中,国家宪法的替代形式甚至不具结构上的可能性。因此,唯有通过再国家化和再政治化,亦即彻底重建民族国家的各种宪法建制(宪法法院、议会、公共领域),才能从根本上解除宪治的上述双重危机。

争论的另一方也讲述了一个现代宪治衰落的故事,但主张以世

---

① 特别参见 Grimm (2010) "The Achievement of Constitutionalism"; Loughlin (2010) "What Is Constitutionalisation?", 63 ff.; Fried (2000) "Constitutionalism, Privatization, and Globalization"。

界社会自身的宪法加以弥补。① 在他们那里，国家宪法的式微同样被归咎于全球化和私人化。但对于他们来说，如果一种新型的民主宪治能够以全球政治权力驯服全球资本主义那不受约束的力量，则能起到弥补作用。国际宪法性法律、商谈式的全球公共领域、全球范围的调控政策、全球集体行动者之间的跨国协商体系、全球政治过程对社会权力的限制——所有这一切，据说均潜在地通向一种全球社会的新型民主宪治。

（二）宪法社会学的启发

然而，宪法太重要了，不能完全交给宪法学家和政治哲学家讨论。必须提出一种不同于上述争论双方的第三方观点，这种第三方观点应当绝不仅仅是调和的观点，而是同时质疑前两种观点的前提预设，并以不同的方式阐述新宪法问题。此处的关键，在于超越前两种观点顽固的国家—政治中心色彩。一种至今尚未在这场宪法争论中浮现的、关于社会宪治的社会学理论能够完成这项使命。该理论奠基于四种不同的社会学理论：首先，它借助关于社会分化的一般理论，将关注焦点转移到各社会子系统的内部宪法上。② 它也奠基于新兴的宪法社会学③，然后是私人政府理论④，最后是社会宪治的

---

① 特别参见 Habermas (2006) "Does the Constitutionalisation of International Law Still Have a Chance?"; Höffe (2001) *Königliche Völker*. 国际法领域参见 Frowein (2000) "Konstitutionalisierung des Völkerrechts"; de Wet (2006) "International Constitutional Order"; Peters (2006) "Compensatory Constitutionalism".

② 国家宪法是一部服务于全社会整体的宪法，还是各社会子领域都有自己特殊的宪法？在埃米尔·涂尔干、格奥尔格·齐美尔、马克斯·韦伯、达科特·帕森斯、皮埃尔·布迪厄和尼可拉斯·卢曼的传统中，各种关于社会分化的一般社会学理论针对这个问题做出了不同回答。

③ Thornhill (2011) *A Sociology of Constitutions*; Thornhill (2010) "Re-Conceiving Rights Revolutions"; Thornhill (2008) "Towards a Historical Sociology".

④ Selznick (1969) *Law, Society and Industrial Justice*.

4

概念。① 此外，这种宪法社会学还能将宪法现象的历史分析、经验分析与规范视角结合起来。② "得其助益，法变得敏感于社会自治体的复调合音（polyphonic articulation），通过在各种社会自治体自身之中制造出环境回应性，法不仅使社会自治体获得了自由，也使社会自治体得以宪治化。"③

宪法社会学何以如此与众不同？这是因为它不仅从政治与法律的关系角度提出宪法问题，而且从所有社会领域的角度提出宪法问题：

> 当代各社会领域都拥有非正式的宪法秩序（constitutionality, Verfassungsordnung），这些宪法秩序在规范层面和指令层面均不以国家为中心，并且包含多元（multi-valent）、多层次的法律结构……这种主张似乎代表了遗留在原初社会学方案中的核心立场，即建立一种复杂的、非自然化的、后本体论的社会概念和社会规范概念。④

这就从根本上更正了整个问题。宪治化问题不仅出现在国际政治和国际法的国家世界，也出现在其他各种全球性的自主社会部门（尤其是全球经济，但也包括全球科学、全球技术、全球教育、全球新传媒和全球医疗）。除了限制政治系统的扩张倾向之外，社会宪治能够阻止当前诸多其他社会子系统（这些社会子系统的问题并不比政治系统的问题少）侵犯个人和体制完整性的扩张倾向吗？宪法能够有效克

---

① Sciulli (1992) *Theory of Societal Constitutionalism*.
② Thornhill (2008) "Towards a Historical Sociology", 163 ff.
③ Wielsch (2009) "Iustitia Mediatrix", 397.
④ Thornhill (2011) "Constitutional Law from the Perspective of Power", 244.

服全球社会各子系统的离心力量,从而助益于社会整合吗?① 在这些由于全球化和私人化而益加紧迫的问题上,社会学理论可以起到启发作用。社会学理论质疑当前跨国宪法争论的基本前提,代之以其他预设,由此识别出新的问题,并得出不同的实际结论。②

哪些值得怀疑的前提将围绕跨国宪法的争论引向了歧途?哪些预设应当取而代之?

---

① 社会宪治的最早研究,参见 Teubner (2003) "Global Private Regimes"; Teubner (2004) "Societal Constitutionalism"; Fischer-Lescano and Teubner (2004) "Regime-Collisions", 1014 ff.。

② 如今,众多学者已经认识到这种超国家社会宪治现象(细节差异很大),参见 Collins (2011) "The Constitutionalisation of European Private Law as a Path to Social Justice"; Collins (2012) "Flipping Wreck"; Holmes (2011) "Rhetoric of Legal Fragmentation", 121 ff.; Viellechner (2011) "Constitution of Transnational Governance Arrangements", 449 ff.; Steinhauer (2011) "Medienverfassung"; Calliess and Zumbansen (2010) *Rough Consensus and Running Code*; Thornhill (2011) "Constitutional Law from the Perspective of Power"; Thornhill (2010) "Niklas Luhmann and the Sociology of Constitutions", 16 ff.; Kjaer (2010) "Metamorphosis of the Functional Synthesis", 532 ff.; Lindahl (2010) "A-Legality", 33 ff.; Prandini (2010) "Morphogenesis of Constitutionalism", 316 ff.; Preuss (2010) "Disconnecting Constitutions from Statehood", 40 ff.; Renner (2011) *Zwingendes transnationales Recht*, 229 ff.; Tuori (2010) "Many Constitutions of Europe"; Anderson (2009) "Corporate Constitutionalism"; Backer (2009) *Transnational Corporate Constitutionalism?*; Joerges and Rödl (2009) "Funktionswandel des Kollisionsrechts II", 767, 775 ff.; Kuo (2009) "Between Fragmentation and Unity", 456 ff.; Wielsch (2009) "Epistemische Analyse des Rechts", 69 ff.; Buchanan (2008) "Reconceptualizing Law and Politics"; Schneiderman (2008) *Constitutionalizing Economic Globalization*; Amstutz, et al. (2007) "Civil Society Constitutionalism"; Brunkhorst (2007) "Legitimationskrise der Weltgesellschaft", 68 ff.; Bieling (2007) "Konstitutionalisierung der Weltwirtschaft"; Tully (2007) "Imperialism of Modern Constitutional Democracy", 328 ff.; Karavas (2006) *Digitale Grundrechte*; Calliess (2006) *Grenzüberschreitende Verbraucherverträge*, 226 ff., 335 ff.; Koselleck (2006) "Begriffsgeschichtliche Probleme", 369 ff.; Schepel (2005) *Constitution of Private Governance*, esp. 412 ff.; Walter (2001) "Constitutionalizing (Inter) national Governnance"。

第二节　错误的预设

（一）社会宪治真的是全球化问题吗？

全球资本市场无可控制的力量、跨国公司显而易见的权力，以及在法律严重缺位的各种全球空间中，那些未经正当化的"专家"对各种知识共同体的统治，导致跨国宪治的倡导者和反对者都错误地假定：各种跨国体制的宪法缺陷主要源于全球化。① 在他们看来，国际政治的疲软是全球社会混乱无序的主要原因。三种十分明显的现象证明了这一判断：第一，由于政府职能向跨国层面转移，与此同时，非国家行动者又部分地承担起这些职能，民族国家遭遇了去宪治化；（2）民族国家行动的领土外影响创制了未经民主正当化的法律；（3）跨国治理（governance）缺乏民主授权。②

实际上，此处我们讨论的并非一个事关补救的新问题，而是现代宪治的基本缺陷。在民族国家起源的时代，宪治就已经面临一个未解的问题，即宪法是否应当以及如何可能管理非国家的诸社会领域。经济、科学、教育、医疗以及其他社会行动属于国家宪法的规范范围吗？还是说，各种社会体制应当自主地发展它们自己的宪法？自其诞生之日，现代宪治实践就在这两极之间来回摆荡。与此同时，经验性分析和规范性研究提出的问题则是：各种社会子宪法倾向于允许国家规制社会子领域，还是保护它们的自治？或许，社会子宪法应当将社会决策过程同化为政治决策过程？又或许，社会子宪法

---

① 代表性的观点，参见 Dunoff and Trachtman et al. (2008) *Ruling the World?*
② Peters (2006) "Compensatory Constitutionalism", 591.

第一章 新宪法问题

应当保障各种社会体制独立于政治？

前文提及的社会学理论正是在此处介入，该理论将上述宪法问题的起源放在社会分化过程中加以考虑。社会宪治问题不是由全球化造成的，而是由更早发生的社会整体片段化，以及民族国家全盛时期各种社会片段的自主化造成的。现在，全球化明显加剧了这个问题。分析各种不同的社会宪治概念，有助于解释为何在民族国家时代，这个问题的体制性解决方案一直诡异地处于潜伏状态。① 由于各种各样的原因，在国家及其政治宪法的光芒之下，社会子宪法总是呈现出奇异的暗色。利用受宪法保护的私人自由的阴影，自由主义宪法掩盖了这个问题。与之形成鲜明对比的则是，20世纪的极权主义政治体系企图彻底消除社会子领域的自治，通过将所有社会领域纳入国家统治，消解独立的社会宪法这个问题。接下来，20世纪晚期的福利国家基于政治调控的需要，也从未正式承认自主的社会子宪法。不过，与此同时，在向社会各领域持续扩张其原则的国家宪治主义，与国家实际在一定程度上尊重社会子宪法自治的宪法多元主义之间，福利国家还是取得了一种特殊的平衡。

总而言之，并不是全球化带来了社会宪治问题。全球化只是打破了这个问题的潜伏状态，使它变得引人注目。由于跨国政治远较民族国家的政治黯淡无光，相形之下，全球社会其他领域尖锐的宪法问题就相当夺人眼球。跨国体制规制着所有社会行动领域，深入日常生活的方方面面，其正当性根基何在？全球资本市场向实体经济和其他社会领域扩张，其界限何在？在国家缺位的各种全球社会领域中，特别是事关跨国组织之处，能否主张基本权利的有效性？与当前宪法争论的预设不同，并不是全球社会的茁生带来了全新的

---

① 这是本书第二章的主题。

宪法问题。毋宁说是，早已实际存在于民族国家之中的社会宪治，如今面临着是否以及如何在全球化条件下改造自身的问题。这个问题的延续性，源于经由跨国化而向全世界范围扩展的社会功能分化进程。这个问题的断裂性，则源于以下事实：全球社会已经发展出自己的结构，并且具有民族国家所没有的加速生长倾向。

这样一来，规范性的问题就不再是如何将宪法缺位的全球社会领域予以宪法化。问题毋宁是，如何在全球化的不同条件下，转换民族国家既有的社会宪治经验？尤其重要的问题在于，在由政治、法律与自主社会领域构成的魔幻三角中，面对各种跨国的社会子宪法，应当如何安排政治的作用？是退出？是引导？是监管？是补充？还是以"阳性政治"（le politique）取代"阴性政治"（la politique）？①

（二）跨国领域的宪法空白？

当前的宪法争论立足于一项错误的白纸假定（tabula-rasa assumptions），即假定无论在民族国家内部还是在跨国空间中，社会子领域都没有宪法规范。据说，尽管现代宪治扎根于几乎所有民族国家，但由于国家责任日益从民族国家向新的跨国组织、跨国体制和跨国网络转移，现代宪治遭到了削弱。在跨国层面上，宪法的缺位更被认为是毋庸置疑的。正是依据所谓全球领域宪法缺位的背景，才出现了这场关于宪治已经走向终结，还是正在复兴的争论。

从经验上便可以断定，跨国宪法缺位乃是错误的预设。无论是关于"新型宪治"的社会科学分析，还是经济学家和商法学家对于全球经济宪法新兴制度的长期考察，更不用说聚焦跨国宪法规范日益增长的重要性的国际法研究，都提供了反对宪法缺位预设的证据。

---

① 本书第四章最后一部分特别讨论了这个问题。

在跨国空间中，宪法制度已经建立起来了，密度惊人。① 尽管欧盟宪法的全民公决失败了，但目前只是少数人才会否认，欧盟拥有自己独立的宪法结构。② 与此同时，其他国际组织、跨国体制及其网络不仅被引人注目地法律化了，而且同样处于宪法化进程之中。这些法律虽然尚未企及国家宪法那样的密度，却已成为全球（完全片段化的）宪法秩序的组成部分。源自20世纪40年代条约体系的全球制度——哈瓦那宪章、GATT（关税与贸易总协定）、布雷顿森林体系；源自华盛顿共识的新安排——IMF（国际货币基金组织）、世界银行、WTO（世贸组织）；以及近期关于"全球金融市场宪法"的公共讨论；凡此种种，均使用着那现实存在且处于变迁进程之中的全球社会宪法的语言。

有鉴于此，我们必须再一次重新阐述新宪法问题。不仅民族国家的社会子领域发展出了独立的宪法（第二章将更为详细地讨论），而且跨国空间也早已存在真正的宪法结构（第三章将加以阐释）。从这个角度看，问题并不是要在宪法缺位的全球领域从头创造新宪法，而是要改造既有的跨国宪法体系。新宪法的实在性只是被以下事实掩盖了：在跨国层面上，难以轻易辨认出民族国家宪治主体的等值物。作为新宪治主体的世界国家乃是乌托邦——而且是糟糕的乌托邦。伊曼纽尔·康德早已深知这一点。既然如此，在全球性的条件下，新的宪治主体是什么呢？③ 是国际政治体系？是国际法？是国际

---

① 从国际法视角论述现实存在的全球宪治，参见 Klabbers (2009) "Setting the Scene", 3；关于"新宪治主义"的讨论，参见 Schneiderman (2008) *Constitutionalizing Economic Globalization*, 328 ff.。全球经济宪法的秩序自由主义观，参见 Behrens (2000) "Weltwirtschaftsverfassung"。

② 关于这个问题的争论，参见 Walker (2008) "Post-Constituent Constitutionalism"; Weiler and Wind (2003) *European Constitutionalism Beyond the State*。

③ 这是本书第三章提出的问题。

组织？是跨国体制？是全球网络？还是某些新的集合、构造或者综合体（New assemblages, configurations or ensembles）？此处与宪法相关的问题是：这种构造究竟能否承载宪法？答案取决于在这些非国家制度中，是否存在与民族国家的制宪权（pouvoir constituant）、集体的自我构成（self-constitution of a collective）、民主的决策制定过程，以及狭义政治宪法的组织法部分相类似之物可资利用。

（三）跨国治理只是政治过程？

除了上述两项普遍的错误（认为民族国家中不存在各种局部性的社会宪法，认为跨国空间宪法缺位）以外，还存在另一种误解，这种误解使当前的宪法争论低估了社会宪治化方案的激进色彩。参与争论的学者们认为，对宪法的需求只是由于出现了政治性的"治理"（governance）现象，这种治理不同于"统治"（government），亦即不同于民族国家的传统政府实践。他们将"治理"视为公私行动者为了处理社会问题而展开的社会—政治—行政干预行动的结果。① 如今，专门的政府机构（来自各民族国家）与私人行动者（来自跨国公司、贸易委员会、非政府组织）以及各种混合体制的网络化被识别为新的全球治理问题，一个必须由宪法制度加以解决的问题。② 对政治权力施加宪法限制是宪法制度的首要任务，而这种政治权力的特殊性在于被部分地"社会化"了。

毫无疑问，政治权力的社会化是全球治理的核心要素之一。但这种分析还不够深入。如果人们仅仅考虑到全球治理的权力结构，以及新的私人行动者应该受到宪法规范的限制，就低估了问题的复

---

① Kooiman（2000）"Societal Governance", 139 f.
② 一个深思熟虑的治理概念，参见 Grande, et al.（2006）"Politische Transnationalisierung"; Neyer（2004）*Postnationale politische Herrschaft*。

第一章 新宪法问题

杂性。此处再度暴露了政治—法律（politico-legal）宪法理论的狭窄视野，这一宪法理论在跨国关系方面，也仅仅着眼于狭义的政治现象。相反，社会学的视角表明，国际政治之外的、特定全球社会行动领域的宪治化才是真正的问题。① 我们只有超越狭义的政治过程，懂得私人行动者不仅参与了全球治理的政治权力过程，而且也在制度化的政治之外建立了自己的体制，才能看到与全球社会的社会宪治相关的各种问题。

社会子宪法与政治宪法的差异由此呈现。对全球子系统（经济、科学、文化和大众传媒）的社会学分析提出了各种难题。各种全球子系统目前是否正在形成一种无可控制的生长动力，因此必须受到宪法的限制？在这些全球社会部门中，是否存在着对扩张性动力的自我限制机制，尤其是类似于政治分权的机制？在何种程度上，我们必须将政治宪法的原则加以一般化，以避开"方法论民族国家主义"的陷阱？适应于全球空间诸社会制度的特殊性，我们必须如何再具体化这些原则？② 借助这种一般化和再具体化的方法，我们将探索能否在各种跨国社会子领域中找到国家宪法的功能、领域、过程和结构等值物。③

各种跨国子宪法并不追求稳定的平衡，而是追求相互矛盾的发

---

① 我们可以从罗西瑙（Rosenau）的全球治理类型学中看清这个问题。最初，他提出的第一种全球治理类型是将诸社会行动者（跨国公司、NGO、市场、非正式精英群体、半公共领域）简单理解成他们对政治治理的参与。参见 Rosenau (2000) "Change, Complexity, and Governance"。后来，他提出的第二种全球治理类型则将各种特定的社会秩序置于优先地位，参见 Rosenau (2004) "Strong Demand, Huge Supply", 31, 41。

② 对一般化和再具体化方法的讨论（这种方法不同于类比，类比要么是运用含含糊糊的相似关系，要么仅仅加以一般化而没有进行再具体化），参见 Parsons and Ackerman (1966) "Concept of 'Social System'"。经济组织之政治基本权利的再具体化，参见 Schierbeck (2000) "Operational Measures", 168。

③ 这是本书第四章的主题。

展过程之间（子系统功能逻辑的自主化与限制之间）"动态非均衡"的混沌模式。① 迄今为止，各种全球宪法新秩序大都只建立了**构成性规则**，它们从规范上支撑着全球层面不同系统理性的自由。然而，重新定位的必要性目前已经很明显了。在对各种全球子系统的扩张倾向有了长期历史经验之后，在被各种内生风险震惊之余，当前出现了反向的运动，这种反向运动（在剧烈的社会冲突之后）形成了**限制性规则**，以抵御各种全球子系统的自我毁灭倾向，并限制它们对其社会环境、人类环境和自然环境的损害。政治争论总是围绕着"纵向"的宪法问题，即从全球新体制与民族国家的关系角度出发，讨论应当向各种全球新体制施加哪些限制？然而，更严重的"横向"宪法问题根本就还没有得到考虑："各种功能系统的自治是否会造成相互的负担，以至于超出它们对于系统分化的结构适应性极限"？②

近期的资本市场危机暴露了扩张性系统的负外部性及其自我毁灭潜力。此前已经存在的全球资本市场宪法，系经由政治和法律的积极参与而形成，并不只是自主的市场全球化这一盲目演化进程的结果。国家边界的拆除和解除管制的明确政策，带来了符合政治希望、并从法律上加以稳定化的全球金融市场宪法，从而释放了不受控制的动力。但替代国家规制的限制性规则的制定问题，却没有提上政治议程；多年以来，这种限制性规则甚至由于被认为有害无益而遭到抵制。直到经历了这场近在眼前的灾难之后，才出现了集体

---

① 波兰尼（Polanyi）曾经分析过历史上市场的扩张与随之而来的限制之间的"双向运动"，参见 Polanyi (1995 [1944]) *Great Transformation*, 106 ff., 182 ff.。以一般化形式（不仅针对经济，而且针对诸多其他社会领域）对造成负面效果的放开自治和法律限制的讨论，参见 Wiethölter (2005) "Justifications of a Law of Society", 76。

② Luhmann (1997) *Gesellschaft der Gesellschaft*, 1087. 关于各种超国家体制的共同负担以及政治—法律方面的反应，更详尽的讨论参见 Fischer-Lescano and Teubner (2004) "Regime-Collisions", 1005 ff.。

学习的过程，未来将会对各种宪法性的限制措施展开探索。沃尔夫冈·斯特里克（Wolfgang Streeck）认为这是一项无望的任务，因为国家规则或者国际规则都一再被成功地规避。鉴于存在各种规避办法，他断言预先规制是不可能的。① 但是，这种固执的悲观主义并不比它的对立面——固执的乐观主义好多少。我们倒不如试着去理解在近期的灾难中发挥作用的演化动力。政治—法律规制的演化遵循"每一条法律都有漏洞"（fatta la legge，trovato l'inganno）的谚语，但我们同样可以说，"每一个漏洞都能找到法律"（fatto l'inganno，trovata la legge）。新的规则引致新的规避，新的规避也引致新的规则。演化的学习过程沿着两个方向展开，但只具有事后效果。并且，此种相互协调不同于任何理性的学习过程模式，而是似乎采用了毒品圈子（drug scene）著名的"触底反弹"（hitting the bottom）模式。②

在此背景下，跨国宪治的中心议题发生了改变，中心议题不再是创造新的宪法秩序，而是对既有的宪法秩序加以基本的改造。尤其紧急的任务，是限制各种社会动力释放的负外部性。正是由于这个原因，全球金融宪法和跨国公司宪法成为了当前宪治问题的焦点。

（四）基本权利第三方效力只是国家的保护义务？

围绕跨国"私人"空间中的基本权利的争论，也存在类似的不足之处。这场争论在论及社会化趋势的同时，仍然聚焦于国家。前述关于跨国公司侵犯人权的丑闻，常常被作为基本权利的"横向效力"或者"第三方效力"问题加以讨论。对基本权利的保障，最初完全只是为了对抗国家，如今却被认为具有对抗"第三方"——跨

---

① Streeck（2009）*Re-Forming Capitalism*，236 ff.
② 本书第四章第一节第（三）小节详细讨论这个问题。

国私人行动者的效力。尽管如此，最终的注意义务仍然并未加诸私人行动者本身，而是加诸由国家组成的国际共同体。①

在许多方面，这种思路误解了基本权利的横向效力。这种思路聚焦国家，本末倒置（put the cart before the horse）。不是向那些侵害基本权利的私人跨国行动者施加责任，而是要求国家共同体独自防范它们的侵害行为。这样一来，基本权利是否约束私人行动者本身这一有争议的问题就被掩盖了。而且，在所有的讨论中，关于社会领域是否存在基本权利的问题，都仿佛只是一个应由国家权力加以界定的问题。从根本上讲，我们不能将基本权利的横向效力视为一个纯粹的权力问题。这种观点会错失基本权利横向效力的真正任务，亦即限制各种并不依靠权力媒介运转的社会子系统的扩张倾向。

如果基本权利横向效力的真正任务，在于以宪法手段限制社会子系统的扩张倾向，就不能再坚持基本权利的国家中心性质，不能再将基本权利归诸私人行动者，不能再仅仅关注社会权力现象，不能再将基本权利界定为可受主观权利保护的自治领域。基本权利能够有效对抗各种社会沟通媒介本身，而非对抗社会行动者吗？关键的问题，难道不是基本权利不仅应当保护个体，还应当保护各种社会体制免于各种扩张性社会媒介的损害吗？基本权利横向效力的实现，难道不是必须通过组织和程序而非主观权利吗？②

然而，基本权利的第三方效力也不能被限制在基本权利的"消极"功能方面，亦即保护私人自治方面。其"积极"功能，亦即积

---

① 例如2004年5月26日联合国人权委员会第31号一般性意见：《〈公约〉缔约国的一般法律义务的性质》（UN Doc. CCPR/C/21/Rev. 1/Add. 13, paras. 6 – 8）；Clapham (2006) *Human Rights Obligations of Non-State Actors*, 241ff.；McCorquodale and Simons (2006) "State Responsibility for Extraterritorial Violations"；Anderson (2005) *Constitutional Rights*, 126 ff.。

② 本书第五章尝试回答这些问题。

极公民权的赋予（active civic empowerment），同样是必须考虑的问题。在国家宪法中，积极公民权体现为公共事务的政治参与权，但围绕基本权利横向效力的讨论根本没有谈到这个问题。不仅要在政治的权力媒介中落实积极公民权，还要在其他各种社会系统的沟通媒介中落实积极公民权，这是一项挑战。①

（五）统一的世界主义全球宪法？

最后一个问题涉及对于"宪法"这个概念的统一性偏见，在将宪法概念运用到全球社会层面的过程中，这种偏见也发生了影响。国际法学家和政治哲学家纷纷论证适合整个世界共同体的统一的宪法。② 他们放弃了不切实际的"世界国家"理念，却又抬出"国际共同体"概念，充当一部正在浮现的全球宪法的基础；与传统国际法的理解不同，他们所说的国际共同体不再只是主权国家共同体，而是由各种政治行动者和社会行动者构成的整体，以及由诸多私人构成的法律共同体。③ 他们设想，国际宪法应当尽可能地与民族国家宪法同构：宪法规范位于法律等级的顶端，全世界司法权统一，管辖着所有国家、文化和社会领域。④

社会学的分析强调，世界社会明显呈现片段化的趋势，这一趋势给上述世界主义宪治设想造成了严重困难。但在世界主义宪治论者那里，世界社会的片段化趋势即使真的出现了，也只是被视为应

---

① 本书第五章第三节讨论这个问题。
② Fassbender（2007）"We the Peoples of the United Nations"，281 ff.；Höffe（2005）"Vision Weltrepublik"。
③ 对各种不同的世界主义宪法的分析，参见 Rasilla del Moral（2011）"At King Agramant's Camp"。
④ 对这些"宪法幻想"的批评，参见 Fischer-Lescano（2005）*Globalverfassung*，247 ff. 。

当消除的缺陷，而非要求他们面向世界社会、重新界定宪法问题的一项挑战。另一种意见则是：如果宪治只能分别适用于全球社会的诸片段，就必须放弃统一的全球宪法，转而聚焦于这些社会片段之间的根本冲突。就此而言，倘若真的存在一种无所不包的宪法，这种宪法也不能作为统一的法律运转，而是只能作为全球的"宪法冲突法"运转。①

此外，超国家宪治必须适应世界社会的双重片段化。② 各种自主的全球社会部门固守自己的宪法，与诸民族国家宪法形成竞争，这是首次片段化的结果。进一步地，由于全球社会还要再片段化为各种区域文化，而它们奠基在不同于西方世界的社会组织原则之上，这就使全球宪法的统一标准彻底归于幻灭。如果谁要设想一种"全球宪法"，唯一可能的蓝图就是以宪法冲突法连接各种全球片段（国家、跨国体制、区域文化）的特殊宪法。③

---

① 这种观点的最早讨论，参见 Fischer-Lescano and Teubner（2004）"Regime-Collisions", 1017 ff.。

② 超国家法对世界社会双重片段化的回应，参见 Teubner and Korth（2011）"Two Kinds of Legal Pluralism", 27 ff.。

③ 这是本书第六章的主题。

第二章　民族国家的部门宪法

上一章已经指出，社会子领域的宪法早就存在于民族国家时代，并非伴随着全球范围的功能分化而出现。如今，在跨国背景下，这些社会子宪法成了引人注目的新话题。宪治化能够有效抑制各种自主全球子系统的扩张倾向，从而防止它们损害全社会和环境吗？接踵而至的问题是，在各种全球社会制度的宪治化过程中，国际政治应当扮演何种角色？国际政治应当成为其他全球社会部门的宪法制定者，还是社会宪治化自主进程的参与式观察者？应当充当不同系统逻辑的协调者，还是功能分化的修理者？

为了弄清楚这些问题，本章我们将讨论民族国家时代即已富有影响的部门宪法（sectorial constitution）概念。通过对各种历史性选择的背景考察，我们能够更好地解释全球化如何改变了问题情境，更好地解释在政治、法律与各社会子系统之间，部门宪法正在扮演何种新的角色。这一考察将为国家内部的社会宪治如何转换成全球的社会宪治提供指引。

18

第一节 自由主义宪治下的社会制度

(一) 宪法缺位的私人自由领域

自由主义宪治有意识地回避市民社会的宪治化。① 自由主义宪法被明确地从狭义上限定为国家制度。社会行动应当免于国家干预，不受国家宪法规范制约。这种节制姿态，使国家与社会的分离在宪法层面成为现实。基本权利被视为私人的自由空间，私人借助保护性的权利抵御国家干预。市民社会中的行动无关社会制度，仅仅关乎私人自身；私人在私法之下安排自己的自由领域，与国家宪法无涉。

在一篇颇有影响的论文中，历史学家莱因哈特·科塞雷克（Reinhart Koselleck）严厉批评宪治理论和宪法学至今仍然采用此种方案，并且仅仅关注国家宪法的问题。② 按照科塞雷克的观点，应当承认的一个事实是：早在民族国家时代，就已经存在一种更为全面的社会宪法，这种社会宪法不仅管理国家的政治行动，也管理经济、社会和文化制度。社会的、宗教的（ecclesiastical）、经济的和金融财政的秩序，不应作为单纯的立法事务处理，而应作为真正的"社会宪法"问题处理。科塞雷克想要解放局限于国家的宪治，将其扩展到所有社会制度。他认为，宪治这一概念"应当包含所有依靠法

---

① 关于自由主义宪治下社会子领域非宪法化的讨论，参见 Grimm（1987）*Recht und Staat der bürgerlichen Gesellschaft*, 11 ff., 192 ff., Grimm（1991）"Entstehungs-und Wirkungsbedingungen", 45 ff.。主张将宪法（基本社会制度）限定为狭义政治过程的当代著名学者是罗尔斯，参见 Rawls（1971）*A Theory of Justice*, 11 ff.。

② Koselleck（2006）"Begriffsgeschichtliche Probleme", quotations 369 ff.。

律进行管理的制度……没有这些制度，政治共同体就不可能采取政治行动"。从宪法政治的角度看，市民社会的基本结构与国家宪法的结构必须一视同仁。

科塞雷克也提出了超国家宪法这一新问题。他认为，以国家为中心的传统宪法概念无法"说明我们时代的后国家现象以及某些方面的超国家现象"。他尤其感兴趣是，在那种整全宪法（the overall constitution；Gesamtverfassung）的框架中，跨国公司将扮演何种角色。

科塞雷克由此打开了广阔的视野。他明确提出了关于各种非国家社会制度的宪法问题，从而展现了他自己未做回答的各种新问题："社会宪法"与"立法"有何差异？换言之，各种市民社会制度的宪治化与这些社会制度的单纯法律化有何不同？此外，存在着一种治理整个社会的统一的"社会宪法"，抑或各种各样的社会子宪法吗？最后，各种社会制度是自主地向自己赋予宪法，还是由政治充当宪法的合法制定者？唯有在一种更为宽广的社会理论视角之下，才能找到这些问题的答案，下文将在合适的地方阐发此种视角。此处只列出粗略的提纲，以揭示自由主义宪治之于社会子宪法的固有盲点。

众所周知，自由主义的国家宪法号称拥有双重功能：构成（constitute；Konstituierung）政治权力，并以法治限制之。此处所谓"构成"，不仅意味着政治管理的组织规则应当服从宪法规范，而且意味着政治权力应当独立于权力的各种社会来源，实现自主。宪法将政治权力与军事力量、经济财富、宗教权威相分离，从而创造了自主的权力来源。汇聚权力和合意以生产集体决定，成为现代政治自治的典型特征。① 政治权力的独立性源于权力过程的反身性：在权力过程中，基于制宪权（pouvoir constituant）与宪定权（pouvoir

---

① Weber（1958［1919］）"Politik als Beruf".

constitué）的相互关系，权力被施加于权力；并且，在此权力过程中，形成了具有独立性的政治集体。此即狭义政治权力的"构成"（constitution；Konstituierung）过程，而这种政治权力的构成过程又需要法律媒介进一步加以稳定，使之相对独立于权力的波动，并且永保权力的反身性。与政治的自我奠基不同，这种政治与法律之间必要的相互作用，成就了严格意义上的政治"宪治化"（constitutionalization）。第二项功能，即对政治权力的限制，则是为了缔造政治与其社会环境之间的边界。从根本上讲，这一边界划定过程的展开借助了各种政治性的基本权利，也就是政治在面对私人自治之时施加的各种自我限制。①

（二）自治的社会秩序

从社会学的视角看，宪法的上述两项功能明显并不局限于政治。② 其他各种自治社会秩序也像政治一样构成自身，并且也依赖宪法保障其稳定性。在功能分化的背景下，并不存在对于所有社会制度同样有效的社会规范。这就要求各种社会制度独立地实现宪治化。③ 至于是否需要固定的、成文的宪法，则是另一个问题。经济通过货币这项媒介实现自主化，使自身独立于其他社会秩序，并通过

---

① 对英法宪治史的系统论解释富有启发意义，参见 Thornhill（2008）"Towards a Historical Sociology"。

② 由此回溯社会理论经典的讨论，参见 Prandini（2010）"Morphogenesis of Constitutionalism"。类似讨论参见 Kjaer（2010）"Metamorphosis of the Functional Synthesis"，532 ff.。两位作者都在考察社会结构与宪法规范的共同演化历史的基础上，批评将宪治化约为国家宪法。关于政治与经济的分离以及由此带来的经济宪法需求，参见 Anderson（2009）"Corporate Constitutionalism"。

③ 这是卢曼阐述关于政治宪法之要求的基本原理。该原理被相应地一般化，扩展适用于所有社会子系统，参见 Luhmann（1973）"Politische Verfassungen im Kontext"，171。

反身过程创造了各种经济制度。① 经济的自我奠基以各项基本法律制度为基础，包括财产权、契约、货币体系等等。这就带来了有关边界的问题：依靠何种与基本权利等值之物，才能确保货币媒介不会支配整个社会？科学及其自主媒介——真理，同样面临这个边界问题。作为反身机制，认识论界定了科学的边界。宗教也存在相应的宪法问题。在现代化进程中，大量制度都需要利用宪法的双重功能，同时实现自治秩序的奠基及其自我限制。② 正是由于这个原因，我们必须寻找科塞雷克留下的上述开放问题的答案。只有当法律规范承担起这种双重功能的时候，我们才能谈论各种社会子领域的宪治化，而非其单纯的法律化。③

然而，对于这项不仅出现在政治之中，也出现在各种社会制度之中的宪法难题，自由主义宪治为何视而不见？我们可以从新市民社会的自我描述中找到答案。

> 法国大革命弃置了……已然摇摇欲坠的等级社会秩序的脆弱的自我理解，但没有提出可替代的现代社会概念。法国大革命的宪法概念局限于政治系统，而在其他方面，只是放任个人自主决定选择某种特定的生活风格——其理念或许可以简单地概括为"发财去吧"（enrichissez-vous）。④

---

① Luhmann（1988）*Wirtschaft der Gesellschaft*, 302 ff.

② 本书第四章第一节更详细地讨论。卢曼不是仅仅针对政治，而是针对所有功能系统提出自我奠基和自我限制的问题，只不过没有直接使用"宪治"术语。他在各种不同主题，特别是子系统反身性和全社会整合主题下讨论这些问题。参见Luhmann（1997）*Gesellschaft der Gesellschaft*, 601 ff.。

③ 法律化与宪治化差异的互联网例证，参见 Teubner（2007）"Societal Constitutionalism"。本书第四章更详细地讨论。

④ Luhmann（1997）*Gesellschaft der Gesellschaft*, 1083.

19 按照其自我想象，这场资产阶级革命成功铲除了封建秩序，彻底摧毁了各种中间制度（intermediate institutions），创造了共同体与公民之间的直接联系。在政治共同体之外，自治的社会秩序不复存在。① 卢梭对此洞若观火："为了很好地表达公意，重要的是国家之中不能有局部社会的存在（Il importe donc pour avoir bien l'énoncé de la volonté générale, qu'il n'y avait pas de société partielle dans l'état')。"② 各种独立的社会制度只会扰乱这种自我想象，带来社会内部的权力合法化问题和权力限制问题，进而提出市民社会自身的宪法问题。然而，在这场资产阶级革命之后，所有中间权力——等级、教会、社团都被忽略了，或是沦为私人领域，或是为政治所抑制。公民与共同体的直接联系，蒙蔽了对新兴社会制度之多样性的观察，这些社会制度自身的宪法问题由此沉寂，堕入潜伏状态。

当时，社会自由固然明确受到保障，但仅仅被理解为个人的自我实现，无关政治以外的超个人的、集体的或者制度的过程。各种复杂的社会秩序仍然存在，但仅仅被看成个人行动的结果。③ 主观权利不仅仅被理解为个人利益的法律授权，更不仅仅被理解为单纯的诉权赋予。在更为根本上的意义上，个人被视为其自主空间之中的法律创制者。主观权利本身就成为了独立的法律渊源——最初是作为能力（facultas），其后是作为自由——允许法律主体创造它们自己的法，发展主体间的关系。然而，这种权利仅仅授予个人，并不授

---

① 当代政治理论仍然坚持这种观点。哈贝马斯的早期作品热烈主张社会领域的民主宪治，参见 Habermas（1992［1962］）*The Structural Transformation of the Public Sphere*; Habermas（1969）*Protestbewegung und Hochschulreform*. 但在其论述全球宪治的近著中，哈贝马斯转向了一种彻底的政治中心论，参见 Habermas（2006）"Does the Constitutionalisation of International Law Still Have a Chance?"。

② Rousseau（1762）*Du contrat social ou principes du droit politique*, 59.

③ 这种观点参见 Grimm（1987）*Recht und Staat der bürgerlichen Gesellschaft*, 11 ff., 192 ff.；Grimm（1991）"Entstehungs-und Wirkungsbedingungen", 45 ff.。

予社会制度。① 私法通过契约和侵权制度支持这种私人自治的社会秩序建构，但同样完全取向于个人："所有法的存在，都是为了伦理的、内在于每个人类个体的自由。"② 甚至，在实践中促进了各种私人集体制度之形成的社团法，此时也只是被看成个人契约行为的结果。③ 关于法人本质的著名争论表明，社会团体要么被贬低为国家的拟制，要么被消解为个体的契约行为。在这样的情况下，根本无法想象一种创制并限制集体自治的"法团宪法"（corporate constitution）或者更一般的"组织宪法"。

以一种完全互补的形式，国家的宪法性法律创制了保障个体自由的基本权利，但这些基本权利并不保障各种社会制度的自由。各种社会子领域仅仅被界定为受私法保障的个人自由的产物，其宪法性质因而隐没。实际上，这种观念纯属全社会自我描述的"过渡语意"。这种过渡语意看到了旧式等级结构的毁灭，却还没有理解功能系统和正式组织的全新属性，是故将社会秩序仅仅归结到个人。④ 因此，这种过渡语意忽略了关乎各种市民社会制度的问题：如何保障这些市民社会制度的自主性？如何限制它们的扩张倾向？面对它们的离心倾向，社会整合又如何可能持续？

黑格尔承认多元的社会制度——家庭、市民社会、国家，并将它们整合进自己的宪法理论之中。自黑格尔时代以降，才指出了一

---

① 主观权利只与人类个体相关的观点，参见 Kant（2008 [1785]）*Grundlegung zur Metaphysik der Sitten*, 345。

② Savigny（1840）*System des heutigen römischen Rechts*, 2. 法人"拟制理论"主要受国家规范强制和个人权力意志的二分法影响，参见 Wieacker（1973）"Theorie der juristischen Person", 361 ff. 。

③ 著名的反对意见，参见 Gierke（1863）*Genossenschaftstheorie*, 141 ff.

④ Luhmann（1981）"Subjektive Rechte", 80 ff. 。

项事实：较之共同体与个人的直接联系，新的社会秩序远为复杂。①黑格尔支持两院制的议会体系，其中，上议院构成"资产阶级社会的流动面"（mobile side of bourgeois society），上议院议员代表资产阶级社会的特定"领域"，由这些领域的社团指派。这种法团主义宪法确实反映了全社会的功能分化。启蒙运动向来只是从公民—共同体二元对立的视角理解社会并相应地支持民主和普选权，黑格尔却承认资产阶级社会是家庭与国家的中间领域，并勾勒了一幅具有等级结构的功能分化社会图景。由此形成的，是一种对存在于政治内部的社会分化的表达，而不是一种被误认为向旧社会复辟的"等级宪法"。只不过，整合"需要的体系"的离心倾向成了专属于国家的功能。

随后，各种制度主义理论以及（尤其是）社会学这一新学科的出现，带来了更为复杂的社会自我描述。这些理论和学科认识到现代非国家社会秩序的多元性，因而至少是隐约提出了它们各自的宪法问题。② 在此之后又过了很久，私法和宪法才形成了新的自我描述，不再将各种社会秩序单纯看成拥有私人自主能力的诸个人的行动产物，而是看成各自拥有不同逻辑的制度，这些制度如何集体性自我奠基、如何自我限制、如何整合进全社会被承认为宪法问题。③ 真正意义上的社会宪治问题由此提出。于是，在社会子领域的宪治化过程中，是由政治系统扮演主导角色，还是由各子领域自主地构

---

① Hegel（1991［1821］）*Elements of the Philosophy of Right*, 199 ff., 220 ff., 275 ff., 282 ff.

② 特别参见 Durkheim（1933）*The Division of Labor in Society*；Romano（1918）*L'ordinamento giuridico*；Hauriou（1986［1933］）"La théorie de l'institution et de la fondation: Essai de vitalisme social", 96 ff. 。

③ 私法领域的专门讨论，参见 Raiser（1963）"Rechtsschutz und Institutionenschutz"。宪法学的讨论，参见 Häberle（1983）*Die Wesensgehaltgarantie des Artikel 19 Abs. 2*.

成自身，就成了 20 世纪的重大问题。

第二节　极权主义的社会宪法

20 世纪的政治极权主义，是应对现代社会离心倾向的最激进方案。自由主义宪治排斥各种各样的社会秩序使其宪法意义隐而不彰，极权主义理论却反过来将其置于国家控制要求的中心。众所周知，极权主义国家的特点，在于试图使所有社会制度都从属于其政治宪法，通过直接的政治控制加以支配。在极权主义国家，社会宪治问题同样隐而不彰；尽管不是由于忽视了各种社会部门，而是由于各种社会部门都服从于国家的极权要求。这种方案主要得到了单一政党（the sole political party）的支持，单一政党建立了一种相应的官僚体制，将所有社会行动纳入其中，并从政治上加以控制。①

法西斯主义体制主张政治极权，但并不致力于将社会生活彻底"去分化"，这个方面十分明显却又经常被忽略。为了获得精英的支持，为了将各种"私人"制度涵括到政治之中，进而从政治上将私人制度工具化，它们反而倾向于在一定程度上维持各种社会部门的自治。为了政治上的目的，它们聚焦在功能分化过程中产生的各种自治部门，以期从中获得最大产出。它们试图通过明智的双重战略，实现各种自治部门与政治的"同步化"（synchronization）。因此，如果将极权主义社会宪法视为一种取向于政治逻辑的倒退的去分化，

---

① 对法西斯宪法的讨论，参见 Nolte（2008）*Faschismus in seiner Epoche*；Payne（1997）*A History of Fascism*，1914–1945，92，249，312。对社会主义制度下议会（苏维埃）民主宪法的讨论，参见 Burnicki（2002）*Anarchismus und Konsens*。

我们就误解了这种社会宪法。① 极权主义国家并未放弃社会秩序的多样性，而是维持它们、寻求它们的政治支持，并将它们宪治化为正式的等级式组织，以便实施控制。

如果说第一项战略意味着正式组织的集权化，那么第二项战略则旨在实现政治的集权化。第二项战略竭力对各种正式组织化的社会领域强加政治整合，办法是依靠单一政党的力量将它们与政治系统严格绑定（而非将它们彻底政治化——此项区别十分关键）。苏联的统治体系废除了资产阶级议会，并竭力以政治方式组织整个社会。它对各种生产领域进行等级式的宪治化安排，以便单一政党施加政治控制。法西斯国家"新经济和社会宪法"的特征，在于大规模地用计划理性取代市场理性，但同时又维持市场经济的基本制度。② 各种不同社会部门仍然保持独立的逻辑，但由相应的法西斯政党组织正式加以组织，从而置于其政治控制之下。在国家法团主义（或曰极权法团主义）下，国家创造了各种社会组织并向其施加数量限制、代表垄断、强制性的成员资格条件、对多元主义的政治限制以及法律强制措施的规制。③ 由此可见，极权主义的"组织社会"试图通过同步推进正式的组织化过程与封闭的政治控制，来整合各种相互分离的自治社会领域。

极权主义宪法的压制性质最终使其失去了支持。与现代社会结

---

① 一项关于苏联社会系统及其与功能分化的矛盾关系的系统论分析，参见 Hayoz（1997）*L'étreinte soviétique*。民主德国的社会宪法确实存在这种矛盾情绪，同时鼓励各社会部门的分化和"均衡化"，参见 Pollack（1991）"Ende einer Organisationsgesellschaft", 293 f.。对法西斯主义和纳粹体制的系统论分析，参见 Thornhill（2008）"Towards a Historical Sociology"。

② 关于由国家创制的各种子宪法与国家社会主义的潜在社会结构之间相互关系的深度讨论，参见 Brüggemeier（1979）*Entwicklung des Rechts*，25 ff.，35 ff.。

③ 对国家法团主义基本特征的讨论，参见 Schmitter（1974）"Still the Century of Corporatism?"。

构有关的两方面重大错误，应当对极权主义宪法的历史性失败负责。苏联体系或者法团主义社会组织的双重策略——维持诸社会子领域的自治，并使之服务于政治目标——最终窒息了功能分化的动力。①

第一项错误在于其组织策略。这种组织策略只重视大型的正式组织，而这些大型正式组织混同了职业群体（the professions）及其支持者（constituencies）的能量，因此必然遭遇失败。将每一个主要的社会功能系统都构造成等级式的正式组织，这种做法破坏了功能系统内部的职业组织核心与其自发领域的交互作用，亦即破坏了政府组织与公共领域、商业企业与市场、法院与受法律约束者、传媒公司与公众的交互作用。这种组织策略误识了功能分化的隐蔽议程，无法利用自发领域的创造性力量。② 社会的反思潜力绝不仅仅聚集于正式组织、企业、大学、法院或者传媒公司，而是同时产生于各种自发的社会领域。将整个功能领域构造为正式组织的做法，未能理解"没有一个功能系统能够作为一个组织获致其自身统一性"③。

第二项错误在于其典型的整合策略，即依靠单一政党推行极权主义宪法。这种整合策略之所以失败，是因为各种社会部门被政治捆绑得太紧，被各种政治控制措施施加了无法承受的限制。④ 政治将各种功能系统改造成正式组织，并依靠单一政党将这些正式组织加

---

① 哈尤斯（Hayoz）将两项策略的效果描述为"在区域层次上妨碍或阻碍着功能分化"，参见 Hayoz（2007）"Regionale organisierte Gesellschaften"。对法西斯主义下类似障碍的讨论，参见 Thornhill（2008）"Towards a Historical Sociology"。

② 社会子系统内部组织领域与自发领域的互动，参见 Teubner（2003）"Global Private Regimes"。

③ Luhmann（1997）*Gesellschaft der Gesellschaft*, 841 ff., 1084 ff.; Luhmann（2000）*Organisation und Entscheidung*, 384 f.

④ Hayoz（2007）"Regionale organisierte Gesellschaften", 165 f.; Pollack（1991）"Ende einer Organisationsgesellschaft", 297 ff.; Thornhill（2008）"Towards a Historical Sociology".

以政治化，这无疑会在短期内获得对各种社会力量的特殊动员效果。然而，长期的代价则是高度僵化、缺乏适应性，以及丧失社会创造力。①

第三节 福利国家的子宪法

（一）历史的教训

毫无疑问，20世纪后期的福利国家从历史经验中吸取了一些教训，这些教训包括自由主义宪治如何忽视了市民社会制度，以及极权体制如何完全吸纳了这些制度。这样一来，福利国家就对社会宪治产生了一种摇摆不定的态度。1945年以后引入的社会国（social-state）宪法可以视为对"20世纪20年代高度相互渗透的各种准法团主义宪法纲领和20世纪30年代极权体制的社会殖民化过程"②的反应。社会国宪法尊重各种社会子系统的自主性，拒绝通过直接的政治控制措施规定其基本结构。于是，福利国家就自限于施加相对谦抑的宪法架构。与此同时，福利国家也吸取了自由主义宪治过度节制的教训。在公众意识中，社会子系统的负外部性和离心倾向已经如此强烈，不再可能将这些问题排斥到个人的私人自主形式的潜在状态。

这种反应包括两个方面。一方面，福利国家对诸多功能体制负有责任。教育、科学、健康照护、广播和电视被宪治化为半国家体制，只给予有限的自治。另一方面，福利国家不干扰其他社会子系

---

① 对法西斯体制国家失败的讨论，参见 Mason（1993）*Social Policy in the Third Reich*，especially 107。

② Thornhill（2012）"State Building, Constitutional Rights and the Social Construction of Norms"，（manuscript）20 f.

统的自治尤其是经济自治,但又承担起全社会范围的协调工作。① 基于这种双重取向,福利国家的政策并非单纯地规制社会行动,而是将各种自治社会部门的内部秩序也加以宪治化。这种政策的原型是"法团宪法"(constitution of the corporation):国家立法赋予工会共同决策权,避免直接干预。由此确保各社会子系统的自治,同时又防止其离心倾向和扩张倾向造成负外部性。这种负外部性是功能分化带来的最严重问题之一:全社会制造了多少"内向扩张"(inwards expansion)?全社会能够承受多少货币化、科学化、医疗化、大众传媒化?② 鉴于这一问题,福利国家竭力在运用宪法干预各种社会子秩序与尊重各种社会子秩序的独立宪法之间,取得一种不稳定平衡。③ 但是,如何能够取得这种平衡?

(二) 国家主义社会宪治

在这个问题上,一些学者提出的国家主义社会宪治路径并不恰当。④ 按照他们的观点,国家宪法不仅要为政治过程提供组织规范,也要为各种非国家的社会体制提供组织规范。在他们看来,德国宪法包含了经济宪法、文化宪法、传媒宪法、军事宪法和环境宪法的元素,关于基本权利和立法权限的规定尤其如此。他们由此认为,国家具体规定了这些社会子领域的基本结构。他们不仅将基本权利解释为对个人权利的授予,而且也解释为"组织"各种功能子系统

---

① 对两种倾向的讨论,参见 Vesting (2012) "Ende der Verfassung?", (manuscript) 4 ff. 。

② Luhmann (1997) *Gesellschaft der Gesellschaft*, 757.

③ 这种不稳定的平衡,尤其体现为宪法学说在德国宪法(德意志联邦共和国基本法)是"国家宪法"还是"社会宪法"的问题上摇摆不定,比如 Herzog/Grzeszick (2010) in: Maunz/Dürig, Grundgesetz paras. 50 ff. 。

④ 主要代表人物有:Scholz (1971) *Koalitionsfreiheit als Verfassungsproblem*, 154 ff. , 158 ff. ; Scholz (1978) *Pressefreiheit und Arbeitsverfassung*.

的客观法原则。宪法学和宪法法院的任务,则在于将这些元素整合为一个贯融的体系,这个体系由国家所组织的各种社会子宪法构成。

尽管这种观点正确地追问社会制度是否应当宪治化以及如何宪治化,但其主要错误在于国家主义的答案。依靠国家宪法的规范来"组织"那些"社会的自由—自主行动和功能系统"①,这种赚人眼球的方案显然高估了国家驾驭社会分化之演化动力的能力。披上宪法教义学外衣的国家主义社会宪治必将暴露出自我阻碍的倾向,正如在那些以国家为中心的社会中,"职业群体的法团主义和国家干预主义(dirigisme),已经造就了一种相当严格和高度分层的组织化社会"②。其结果是,国家将对其领导能力提出过高要求;市民社会将过度依赖国家权力;社会子领域内部业已形成的各种权力地位也将通过宪法固定下来。③

(三) 社会部门的政治化

其他社会宪治版本竭力避免国家主义方案的基本错误。当各种社会子领域的宪法被置于国家的控制之下时,这些社会宪治版本清楚地看到了极权主义的危险。它们因此主张,国家宪治的干预必须时时考虑各种社会关系的特殊属性。④ 在它们看来,政治宪法不只是一套组织政府的规范,而是一种面向整个社会的"规范性指令"。它

---

① Scholz(1978)*Pressefreiheit und Arbeitsverfassung*, 131.
② Hayoz(2007)"Regionale organisierte Gesellschaften", 163;法国同时存在这两种趋势,且非常严重,参见 Algan and Cahuc(2007)*La société de défiance*。
③ 这些后果已经显现,参见 Scholz(1978)*Pressefreiheit und Arbeitsverfassung*, 188 ff.。
④ "毕竟,只有宪治国家才在公共权力领域与市民社会之间做出清晰区分并建立制度分离,二者依据不同的社会逻辑以及相应的法律逻辑运作。"参见 Preuss(2012)"The Guarantee of Rights",(manuscript)II;Preuss(2005)"The German *Drittwirkung* Doctrine"。

们指出，国家宪法应当在各个社会部门中实行民主的决策程序并保护基本权利。政治宪法的各项原则，尤其是基本权利，并不仅仅适用于政治决策过程："它们包含了约束社会自身并渗透所有社会关系的规范性原则"。① 但它们不是要求国家直接控制社会过程，而是要求国家仅限于督促各种社会体制按照国家政治过程的模式安排自己的内部决策过程。这样一来，社会的宪治化就成了议会立法者的政治任务，他们将政治宪法扩展到所有社会领域。但国家宪法对社会的此种干预必须尊重市民社会的特殊性，因为市民社会主要由私人行动者之间的横向关系构成，而不是由纵向的公法关系构成。②

在这个方面，通过将商业公司和其他私人组织视为真正的政治性社团加以分析，"私人政府"社会学理论已经进行了开拓性的工作。结论是：宪法原则应当向私人组织转移。私人政府理论将私营企业视同为了产生有集体约束力的决定而形成组织化权力的准政治组织，这种方法确有合理性。③ 商业组织的决策以往被认为仅仅取向于市场效率，私人政府理论则视之为政治现象，从而能够与真正的政治系统相类比。私人政府理论发现了组织化脉络中的政治权力，从法律政策的角度要求宪治化、正当化并限制经济权力。与国家宪法的情况类似，私人政府必须通过具有明确政治形式的组织规则来建立正当性，同时依靠基本权利的等值物来确保其成员的自由空间。作为补充，议会立法者必须负责通过各种社会权力关系的宪治化，特别是通过基本权利来限制各种社会权力关系。

然而，私人政府理论狭隘地局限于正式组织，甚至实际上仅仅

---

① Preuss（2012）"The Guarantee of Rights", III 2 c.
② 参见 Kumm（2006）"Who's Afraid of the Total Constitution?"。
③ 核心文本参见 Selznick（1969）*Law, Society and Industrial Justice*; Dahl（1990）*After the Revolution?*, 80 ff., 100 ff.。

局限于商业公司。更全面的宪法理论则主张将宪治化扩展到整个经济过程,以及其他社会过程。后一理论的起点是政治性的"劳动宪法理念"(idea of the employment constitution),也就是"在法律或者契约规定的特定范围内,授予雇员共同行使以前仅限雇主行使的决策权的那种秩序"①。随后,这一理念被大幅度地一般化了。国家宪法被理解为一种"社会宪法",为了达成这个目标,立法者独断地将民主共决原则和各项基本权利扩展到与社会相关的所有组织。②这种方案试图通过国家的政策干预,规训资本主义秩序。这些干预措施的实施,主要是直接通过对社会进行法律规制,但也采取间接方式,即对社会子系统施加以民主政治为模型的宪法。波兰尼(Polanyi)为这种方案提供了社会学的背景支持,他分析了无可阻挡的社会市场化趋势,同时也看到了旨在对抗社会市场化趋势、重建"具有文化特殊性的各种制度的保护壳"(protective shell of culture-specific institutions)的社会抵抗运动。③

这些针对社会的国家干预措施愿意尊重各种市民社会制度的自主性,但还是系统性地低估了市民社会制度的自我构成潜能。与此同时,这些措施又高估了议会立法者的认知能力和权力行使能力。相信经由民主正当化的政治立法能够自主界定经济、科学、艺术、

---

① Sinzheimer (1976 [1927]) "Wesen des Arbeitsrechts", 108 ff.
② 纲领参见 Ridder (1975) *Soziale Ordnung des Grundgesetzes*, 47 ff.; Ridder (1960) *Verfassungsrechtliche Stellung der Gewerkschaften*, 18; Preuss (2012) "The Guarantee of Rights". 比较视角的研究,参见 Anderson (2005) *Constitutional Rights*; Anderson (2004) "Social Democracy and the Limits". 对于将此纲领转移到欧盟层面的讨论,参见 Rödl (2009) "Constitutional Integration".
③ Polanyi (1995 [1944]) *Great Transformation*, 106 ff., 182 ff. 在关于经济宪法的讨论中,以下研究直接采纳了波兰尼的观点:Amstutz (2001) *Evolutorisches Wirtschaftsrecht*, 16 ff.; Joerges (2011) "The Idea of a Three-Dimensional Conflicts Law as Constitutional Form".

第二章 民族国家的部门宪法

健康照护或者大众传媒的基础规范,并依靠宪法性法律加以执行,这是一种虚妄的想法。弗里德里希·席勒早已深刻揭示艺术和科学的自治属性:"二者都需要绝对免疫于人的恣意。政治立法者可以封锁其边界,但无法在其内部进行支配。"① 即便立法者并不执意开展具体的规制,而是仅限于简单制定各种社会子宪法,情况同样如此。与社会民主观点的良好意愿相反,政治宪法既非"社会应当如何发展的规范性计划",亦非"对好的社会或者可以选择的未来的描绘"。② 因此,直接"将问题政治化……最容易摧毁复杂莫测的社会自我组织过程"。③ 功能分化不是一个有关基本政治选择的问题,而是一个复杂的演化过程——随着各种基本差异准则(differences directrices)的逐渐具体化,各种专门制度逐渐形成。在这个演化过程中,功能系统借助复杂的语意自己规定自己的同一性。如果有必要,国家能够联结到这些发展过程,并在一定程度上施以纠正性的干预,但不可能塑造它们的基础规范。④

此外,这些社会宪治学说经常犯下一种范畴错误。它们在未经实验的情况下,就将政治的决策模式适用于其他社会部门。它们在非政治脉络中制度化各种政治程序——选举、代表、组织化的反对派、群体多元主义、谈判、集体决策——希望能够由此限制社会子系统令人疑虑的自治。其真实目的,是通过在各种社会子系统内部施加"政治"宪法,进而对不同的理性展开由政治主导的整合。正是在这个意义上,德国宪法福利国家条款的含义,被理解为强制各

---

① Schiller (2009 [1879]) *Über die ästhetische Erziehung des Menschen*, Ninth letter.
② Luhmann (1973) "Politische Verfassungen im Kontext", 21.
③ Ladeur (2000) *Negative Freiheitsrechte und gesellschaftliche Selbstorganisation*, 185. 政治化在此被理解为通过政府政策处理问题,而不是社会子系统自身的政治化。参见本书第四章第五节。
④ Luhmann (1997) *Gesellschaft der Gesellschaft*, 745.

种社会制度采用与国家政治决策过程一致的结构。① 出乎意料的是，各种社会制度因此沿着政党的政治路线分裂，走向了政治化的歧路。20 世纪 70 年代的德国高校改革已经为这种过度草率的转换提供了例证：只在政治脉络下有效的正当化机制和控制机制，被毫不犹豫地照搬到各种社会制度中。② 结果，由于在非政治领域模仿政治程序，大学"民主化"陷入了普遍的困境，呈现出加剧官僚化的反直觉效果。

尽管这些理论正确地批判了自由主义的国家—社会分离论，以及对市民社会宪法的忽略，但它们也不知道如何处理公/私区分。解构公/私区分已成老生常谈，但代之以在全社会范围内合并公与私，则完全是误导。③ 社会学家记录了国家与社会之墙的坍塌，然而，除了社会整体的政治化，他们找不到任何可替代物。④ 法律学者同样认为公法与私法的区分不合时宜，但以一种含混的预设作为替代方案，即私法的彻底政治性。⑤ 他们不是用更为复杂的多元分化模型和严格取向于多元分化的社会宪法取代过时的二元论，而是诉诸社会的不断政治化，试图将政治宪法的规范性主张从实践上扩展到每一种社会制度。这就错误地消解了政治逻辑与各种自治社会领域之间的功

---

① Ridder (1975) *Soziale Ordnung des Grundgesetzes*, 47 ff.; Ridder (ed) (1960) *Verfassungsrechtliche Stellung der Gewerkschaften*, 18.

② 对于这种将政治决策模式照搬到非政治领域的做法，哈贝马斯仍然持乐观态度，参见 Habermas (1969) *Protestbewegung und Hochschulreform*。

③ 对这场讨论的重要贡献，参见 Horwitz (1982) "History of the Public/Private Distinction"; Grimm (1987) *Recht und Staat der bürgerlichen Gesellschaft*, 11 ff., 192 ff. 一种持怀疑态度的反对意见，参见 Röhl and Röhl (2008) *Allgemeine Rechtslehre: Ein Lehrbuch*, 412 ff. 。

④ 经典文献，参见 Habermas (1992 [1962]) *The Structural Transformation of the Public Sphere*, 141 ff. ; 经过一定修正的观点，参见 Habermas (1996) *Between Facts and Norms: Contributions to a Discourse Theory of Law and Democracy*, 359 ff. 。

⑤ Kennedy (1999) "Background Noise?"; Engle (1993) "After the Collapse".

能差异。① 确实，社会宪法的社会国概念塑造了

一种幼稚地以为社会结构系由国家等级式地加以规定的国家观，这种国家观误认为国家与其他社会功能领域（特别是法律和经济）之间的紧密联系表征了国家的结构性支配，因此没有看清国家与其他功能领域（特别是法律和经济）相互依赖的根本原因。②

与社会国社会宪法概念的理解相反，关键在于允许不同社会领域各自的宪治化，从而在社会领域的宪法自治与政治宪法的干预之间创造一种不稳定平衡。③ 如前所述，这实际上就是福利国家概念的目标。然而，如果将各种社会子系统理解为（准）政治系统并按政治方式加以组织，就不可能整合各种不同的社会动力。仅仅要求立法者考虑私人之间的横向关系，亦很难见效。对于各种社会功能系统独立的理性和规范性，福利国家理论缺乏起码的尊重。

第四节 社会整体的经济宪治

(一) 秩序自由主义宪治

政治应当绝对尊重独立的经济宪法，这是秩序自由主义宪治观

---

① 拉迪亚（Ladeur）尖锐抨击政治组织化主张的过度扩张倾向，这是她的论证要点，参见 Ladeur（2006）*Der Staat gegen die Gesellschaft*，esp. 119 ff.。
② Thornhill（2012）"State Building, Constitutional Rights and the Social Construction of Norms"，(manuscript) 5 f.
③ 这是斯特菲克（Steffek）的论点，参见 Steffek（2003）"Legitimation of International Governance"，258。他强调，不同的治理形式需要不同的原则和不同的正当化程序。

(ordoliberal constitutionalism)的标志。秩序自由主义理论坚决主张相对于政治而自治的经济宪法。由于经济宪法预示了一种关于自治的部分宪法(partial constitutions)的多元范式,这种理论原本颇有潜力。然而,当秩序自由主义理论将经济宪法改造成一种适用于社会整体的宪法时,其潜力就荡然无存了。与错误地经由全盘政治化整合全社会一样,这种理论犯了通过在所有社会领域中全盘制度化市场机制以整合全社会的错误。

财产制度、契约制度、竞争制度、货币制度——在秩序自由主义中,这些基本制度构成了经济宪法。经济宪法不是从政治性的立法决定那里获得正当性,而是首先从经济行动的内在逻辑中获得正当性。唯有在一种情况下,国家干预是正当的,即当经济释放出解构性动力的时候,特别是当卡特尔和垄断限制了竞争的时候,国家必须采取行动加以防止。不过,这种干预不能采用自由裁量的政治行动形式,只能采用普遍的法治形式。①

实际上,秩序自由主义可能提供关于多元社会子宪法的启发性见解,但它却走向了无可忍受的狭隘的经济主义。特别体现在,经济宪法仅仅关注经济与政治之间的宪法冲突,并且一边倒地支持经济。它忽略了经济与其他社会子系统之间同样重要的宪法冲突。在秩序自由主义的经济基本权利理论中,这个问题十分明显。这些经济基本权利,完全被视为对抗国家扩张主义倾向的经济公民权。然而,经济基本权利理论从未探索过政治基本权利在经济自身之中的实际等值物,也就是从未竭力防止问题同样严重的、经济之于其他

---

① 经典的文献,参见 Böhm(1933)*Wettbewerb und Monopolkampf*;当前受到支持的一种观点,参见 Mestmäcker(2003)*Wirtschaft und Verfassung*。

社会领域的扩张主义倾向。① 如果我们严肃对待经济宪法，那么它就必须也能限制经济的动力。秩序自由主义强烈要求限制国家—政治的扩张，却对经济的扩张主义倾向视而不见。它固然意识到应当限制卡特尔和垄断组织的经济权力，但此种限制止步于经济权力之于市场的内部影响。潜在的极端后果，即经济向其他社会领域的扩张被忽略了，而这些社会领域的完整性亦应得到宪法的保护。政治基本权利的真正等值物，应当是防止经济理性在科学、艺术、医疗、文化和教育之中扩张的各种规则。为了防止经济行动对个人完整性和制度完整性的侵犯，需要宪法规范。秩序自由主义确实试图限制经济权力，比如面向占据市场优势地位的公司颁行强制缔约规则或者反向歧视规则，但没有回答经济宪法中真正的基本权利问题。秩序自由主义甚至也没讨论过，在并不存在经济权力的情境下，也就是在市场、竞争、价格机制或者利润原则正常运转的情境下，纯粹经济理性对个人和制度完整性的威胁。

尤其是，秩序自由主义未能成功处理私有化问题。对于任何一种真正的经济宪法来说，当旧的国家行动按照市场方式组织起来时，私有化就构成了新的挑战，因为威胁基本权利的如今不再是国家行动，而是私人行动。以私有化的大学为例：私立大学董事对科学家研究工作的指示应当被宣告违宪吗？可以允许大多数发达工业社会中普遍存在的、关于校友和捐赠者子女优先入学的规则吗？由于无利可图，私立大学可以减少基础研究，转而支持应用研究吗？当科学和教育自由依附于经济理性而非政治理性时，所受的威胁一点也没有减少。

---

① 尽管如此，阿姆斯特茨（Amstutz）还是通过讨论"超越诸权利的权利"（ius supra iura）发展了这个问题的宪法维度，参见 Amstutz（2001）*Evolutorisches Wirtschaftsrecht*, 11 ff. 。

然而，遭遇经济主义化约的，并不只是基本权利问题。不论在金融危机之前还是之后，秩序自由主义理论都将经济宪法奠基在科学理性的权威之上，这同样大有问题。这种观点认为，各种经济制度的正当性根植于理性选择的哲学，而非政治的投票决定。这样一来，科学似乎就将经济宪法拔高到了国家—政治宪法之上，尽管后者可以诉诸其民主正当性。三个简单的问题揭示了这种新自然法概念的荒诞：一种提供因果解释和预测的认知理论，何以能够创造规范的正当性？难道不需要"政治的"争论和决断来完成从认知到规范的跳跃吗？既然科学内部也面临着无法解决的矛盾，那么根植于科学的宪法又能有多么稳定呢？科学没有强制决策的压力，无需决断上述问题，但经济的宪法性法律必须决断这些问题。可见，在秩序自由主义的经济科学基石之下，明显隐藏着一种"政治"决断。

经济学的技术指令肯定无法将经济宪法予以正当化。与任何一种政治宪法或者社会宪法一样，经济宪法也是无数不确定情境下的决断产物。因此，经济宪法包含了一种不可化约的"政治"因素。忽视经济宪法的非经济基础，经济宪法就将遭遇正当性困境，无论科学理论、专业知识还是竞争机制都无法解决这种困境。当然，我们必须避免鲁莽地将这种政治因素等同于与国家政治的关联。毋宁说，我们应当将上述私人政府理论一般化：更广义的政治决定，即涉及公共利益的决定，不只是由政府做出，而是也在全社会的许多地方、尤其是在经济之中做出。当经济宪法为政治之外的政治提供了基础，就呈现出社会宪法的潜力。经济宪法的自治性不是基于科学理性，也不是基于竞争机制，而是基于经济内部的政治宪治化。下文对此将详加讨论。①

---

① 参见本书第四章第五节。

(二) 宪法经济学

除了秩序自由主义理论之外，经济学家还独立发展了一种宪法理论——宪法经济学。[①] 宪法经济学并非明确限于严格意义上的经济宪法，而是指出每个社会群体、每种社会制度都以经济宪法的宪法规则为基础。这种观点开拓了其他多种社会宪法的远景，是一种进步。但另一种狭隘的观念抵消了进步。这种宪法的规则被认为完全奠基于理性选择原则。这就排除了完整的社会视角，无法洞察经济行动之于其环境的解构效果。

经济学帝国主义在此发生了影响，既驱动了秩序自由主义观点，也驱动了宪法经济学。与帝国主义式的经济实践一样，这些理论的表现也是帝国主义式的。这些理论将理性选择适用于所有社会行为，声称理性选择可以解释货币交易以外的行为。理性选择声称自己无所不包，广泛适用于爱、宗教、科学、健康和政治的内部宪法。它始终无视其他各种理性的自我统一性（proprium internum）。并且，尽管更晚近的行为经济学理论以现实主义为名反对理性选择的普遍规则，但仍然谨守经济学范式，只是对该模型做了一点经验上的修正。经济实践同样也是帝国主义式的：只知道市场、利润、竞争等社会协调形式，而且依靠所有可能的手段甚至政治干预将这些社会协调形式扩展到货币交易之外的各种领域。

经济宪治、交易成本理论、财产权理论、公共选择、制度经济学以及法律经济学是同一场运动的不同分支，妄图以经济效率的理

[①] 奠基之作参见 Buchanan（1991）*Constitutional Economics*；Buchanan（1994）*Economics and the Ethics*。晚近的讨论，参见 Block（2010）"Critical Look at the Calculus"；Vanberg（2005）"Market and State"；Okruch（2004）"Verfassungswahl und Verfassungswandel"。关于私法中的宪法要素的专门讨论，参见 Kerber and Vanberg（2001）"Constitutional Aspects of Party Autonomy"。

念取代所谓陈腐的公共利益、正义和团结概念。这场运动带着自然法的激昂论调，同时以"本质"和"理性"之名发声。市场和组织的内部理性被视为现代社会的本质，应当反映经济和社会的法律构成。① 这场运动自我标榜（stylizes）为范式转换的产物，完全取代了道德—政治的旧式取向，并且主张排他性，不容其他范式并存。② 在这个问题上，这场运动尤其诉诸它在现代社会秩序中的历史性胜利，也就是经济理性在全社会范围、如今实际上是全世界范围的制度化。这无疑是其力量所在：谁能否认现代社会是一种经济社会，现代的宪法性法律必须发展适应于市场和经济的法律形式呢？

但与此同时，这场运动最大的弱点就在于其帝国主义主张。囿于眼界，它只能将社会变革视为经济的单一脉络性对道德—政治的单一脉络性的替代。恰恰相反，从全面的社会视角看，现代性的单一理性已经转变为后现代的多元脉络性，转变为各种部分理性并存的多元主义，不允许政治宪法和社会宪法仅仅包含经济理性。除了经济之外，尤其也存在政治、科学和技术、健康照护、传媒系统以及法律本身，以及分别遵循其自身理性和规范性并相应发展出独立宪法秩序的各种正式组织。无论如何，通过强行的经济化以控制这些不同动力，并不比通过国家宪治化将它们政治化的办法更可靠。

第五节　宪法多元主义

阶段性的结论是：今天，自由主义宪治忽视市民社会的倾向已不足取。与自由主义宪治相对立的极权主义观点，即将国家的普遍

---

① Barry (1989) *Theories of Justice*.
② 例如，Priest (1990) "New Legal Structure of Risk Control".

第二章 民族国家的部门宪法

性主张扩展到所有社会部门，则更不足取。另一方面，当前的福利国家概念正确地强调，国家应当创造各种部门宪法的架构，与此同时，只有尊重部门宪法的自治，这种架构才是正当的。然而，福利国家概念无视各种社会子系统的动力。向社会子领域注入政治权力和共识程序，并无成效。相反，经济学理论正确地划定了经济宪法的自治底线。但当经济学理论将经济理性总体化（totalize），将所有其他部分理性斥为非理性，并推动社会整合为一个经由市场机制而形成的整体时，也丧失了可信度。

因此，有必要在福利国家概念的斯库拉（Scylla）和纯粹经济学理论的卡律布迪斯（Charybdis）之间穿梭航行。鲁道夫·维霍尔特（Rudolf Wiethölter）可以充当这段奥德赛航程的向导：

> 严肃对待自治意味着依靠自我决定，同时也依靠无可避免的外部化。这种外部化不应被理解为外部决定，而毋宁是在无力自助情况下的外部潜在支持。这种外部潜在支持可以类似于法律之外的治疗式帮助（therapeutic assistance）或者支持结构。①

实际上，不同版本的宪法多元主义都尝试驾驭这一艰难的航程。② 西欧实验了多元的社会宪法，只承认政治宪法的"同侪之首"（primus inter pares）地位。社会之中，宪法无处不在：不只是格劳修斯所谓有社会就有法（ubi societas, ibi ius），而且是有社会

---

① Wiethölter（1988）"Zum Fortbildungsrecht der（richterlichen）Rechtsfortbildung"，27f. 合法的宪法性法律纲领，参见 Wiethölter（2005）"Justifications of a Law of Society"。

② 一种牢固的宪法多元主义概念，参见 Walker（2002）"Idea of Constitutional Pluralism"。

就有宪（ubi societas, ibi constitutio）。在全社会的许多地方，自我奠基的秩序正在形成，并经由宪法性法律稳定下来。相应地，法律必须发展为"多边宪治"（multilateral constitutionalism），即不是单边地（unilaterally）以国家宪法或者经济宪法模式约束各种社会子秩序，而是分别采用适应于不同社会子秩序特色的各种宪法模式。①

（一）新法团主义安排

新法团主义的出现在政治实践和社会理论中都有特殊的影响，尤其是在战后德国催生了大量部门宪法（公司、商业协会、工会、大学、职业组织、大众传媒的宪法）。② 尽管新自由主义与国家干预主义两个阵营的论战支配了意识形态争论，但新法团主义的安排主导了社会实践。在政治经济学中，"资本主义多样性"（varieties of capitalism）理论清晰阐述了新法团主义体制的性质。③ 在 20 世纪 70 年代，这种由组织化的利益集团行使准公共职能的体制极富影响④，但被 80 年代的新自由主义浪潮打回。直到近期的严重金融危机之

---

① 威尔斯奇（Wielsch）讨论了信息获取权并发展了"多边宪治"概念，"多边宪治"不是仅仅取向于经济学所需的知识构成，也取向于其他社会系统的知识构成，特别是科学和艺术，参见 Wielsch（2009）"Epistemische Analyse des Rechts"，70；Wielsch（2008）*Zugangsregeln*，31 ff. 。

② 出色的阐释，参见 Streeck and Kenworthy（2005）"Theories and Practices of Neocorporatism"。

③ 在这个问题上，外国观察者比德国人看得更明白。德国人被围绕自由主义与福利国家概念的主流意识形态争论蒙蔽了，并且没有充分注意欧洲大陆团体取向的经济与盎格鲁—美利坚世界市场取向的经济之间的差异。对资本主义多样性的讨论，参见 Hall and Soskice（2005）*Varieties of Capitalism*。

④ 主要的代表性作品，参见 Streeck（2008）"Korporatismus"；Streeck and Schmitter（1985）*Private Interest Government*；Schmitter（1974）"Still the Century of Corporatism？"。

后，这种体制才重新获得越来越多的关注。①

各种利益集团的深远政治影响，已经从单纯的院外活动扩展到由私人行动者真正承担公共职能、劳动者参与公司共同决策的制度化、通过商业协会的自我规制进行市场控制，以及几乎所有社会部门（健康照护、体育、文化、科学、教育、大众传媒）中职业组织的有力地位……这些新法团主义安排，都将社会利益的表达制度化了。所有安排都基于一种特殊的宪法，这种宪法包含着自我规制的构成性规则，同时又允许私人联合在更广泛的政治过程中作为参与者发挥作用。

新法团主义理论对于国家规制与社会自我规制之竞争的分析明显秉持了现实主义。不同于20世纪30年代僵化的极权国家法团主义，新法团主义理论指出，不应存在强制性的成员资格条件和全面的国家规制，只有自由形成的社会组织，才能有效利用社会子系统内部自发要素与组织要素的互动。② 尽管国家立法已经将雇员的共同决策制度化，但新法团主义理论仍然着力反对福利国家的全能幻想，因为没有工会和企业的自我奠基和自我规制，共同决策就不可能成功进行。最终，新法团主义理论反对那种对于联合体之政治影响的常见批评，强调利益协调中的自主宪治要素，这些要素在政治之中反映了社会的功能分化。

与此同时，新法团主义理论也与宪法经济学保持距离。新法团

---

① "除了共产主义和资本主义这两种极端，还有其他选择，比如斯堪的纳维亚模式或者德国模式。德国的福利国家模式在人权方面运转良好，可以成为新的美国行政模式。"参见 Stiglitz, Spiegel-Online 2 April 2009。从经济史角度所做的类似评论，参见 Abelshauser (2003) *Kulturkampf*, 177 ff.。相反，全球化意味着新法团主义终结，这种过于草率的预测已经被证明是错误的，参见 Streeck (2009) *Re-Forming Capitalism*, 230 ff.。

② 关于权威主义和社会法团主义的内容丰富的比较研究，参见 Williamson (1985) *Varieties of Corporatism*, 137 ff.。

主义理论虽然也强调社会组织的自我奠基，但不采用理性选择的各种人为预设。此外，该理论强调，社会自我规制的效果在很大程度上取决于国家宪法的保护，而且阐明了正式法律规则的作用。法律为雇员利益的自发组织奠定了永久基础，从而稳定了这些利益对于商业决策的影响，使之相对独立于市场和权力的变动。

社会子系统的"三角式宪治化"（triangular constitutionalization），亦即子系统在全社会中的自我奠基、国家的宪法干预以及正式法律的稳定化作用这三者的分工，可以视为新法团主义的重要实践和理论贡献。雇员共同决策，是各种社会宪法通过政治和法律与外部宪法进行复杂互动的典范。在此，国家制定法的调整与公司、工会的社会自我组织密切协作，法院则不断再调整这种平衡。

当然，大型社会组织的内部宪法一直是新法团主义的"阿喀琉斯之踵"，由于缺乏代表性和民主正当性，这些宪法经常成为批判目标。①恰在此处，出现了"多元审议式参与民主"（deliberative-participatory polyarchy）这种补充理论，不仅强调市民社会的政治相关性，而且试图发现市民社会的民主潜力，并设计了公民参与的程序。② 与此同时，市民社会理论为现代"组织化社会"提出了一套宪法纲领："恢复有限政府，将管理细节还给市民社会，将市民社会的各种组织政治化，改造为'由宪法组织的民主自我管理联合'。"③

（二）社会宪治

戴维·休利提出的"社会宪治"概念聚焦于新法团主义的另一

---

① 详见 Teubner（1978）*Organisationsdemokratie und Verbandsverfassung*.
② Dorf and Sabel（2003）*Constitution of Democratic Experimentalism*.
③ Hirst（2000）"Democracy and Governance", 28. 也参见 Black（1996）"Constitutionalising Self-Regulation"。

弱点。① 由于受到政治经济二元论的过度束缚，新法团主义在很大程度上忽略了其他社会部门。反复被使用的术语"利益协调"（interest mediation）表明，新法团主义狭隘地关注制度化的政治与经济之间的关系。按照其自我理解，各种新法团主义安排将行业协会和工会改造成政治系统的参与者，并将其制度化的利益协调转换为政治决定。这就低估了其他各种社会子系统的自治属性，这种自治属性使它们相对远离制度化的政治。与此同时，新法团主义理论与经济的关系过于密切，仅仅考虑行业协会、公司和工会，遗漏了新法团主义制度在其他的社会独立逻辑中的再具体化。由于从一开始就针对所有社会子领域，社会宪治理论实际上矫正了这种不足。

韦伯曾经敏锐地分析过现代社会理性化的两难困境，休利在韦伯的基础上，识别出一些可以对抗日益增长的极权主义演化趋势的反作用力。以下四种因素推动了极权主义趋势：

（1）各领域逐渐分化、多元化和相互隔离，导致各种行动逻辑的片段化：社会中的每个行动领域都发展出自己的形式理性，与其他领域的理性产生不可调和的矛盾；

（2）作为唯一一种所有领域都承认的理性，工具性算计取得支配地位：在现代社会理性冲突的背景下，唯有工具性算计在经济和政治中普遍得到接受，在其他行动部门中也越来越是如此；

（3）官僚化组织全面替代非正式的协调机制：在所有生活领域中，作为各种形式理性的担纲者，配备专家且具有正式等级结构的各种组织数量不断激增；

（4）"现代性铁笼"的禁锢作用日益增长：特别是在政治之外的各种社会领域中，正式组织数量激增，这造成了个人的一种全方

---

① Sciulli（2001）*Corporate Power in Civil Society*；Sciulli（1992）*Theory of Societal Constitutionalism*；Sciulli（1988）"Foundations of Societal Constitutionalism"。

位的规则取向。

在全社会范围内，走向极权主义的演化趋势不可避免地导致了围绕权力地位和社会影响的激烈竞争、高度形式化的社会控制以及政治和社会的极权主义。按照休利的观点，过去能够有效抗拒这种演化趋势的唯一社会动力，是各种"社会宪治"制度，未来也同样如此。关键在于将各种非理性（理性选择意义上的非理性）规范的程序加以制度化，在经验层面，我们可以从各种"委员会结构"，亦即各种职业组织及其他规范创制和审议制度中，发现这种程序。它们：

> 不仅典型地存在于公共和私人研究机构、艺术和学术网络以及大学之中，也存在于立法机构、法院和委员会、职业联盟以及私人和公共公司的研究部门……甚至私人和公共公司的董事会之中。①

规范意义上的结果是，这种委员会结构的自治属性获得了公开的正当化、政治保障和法律确认。除了历史上已经实现的对于宗教领域、集体合同谈判伙伴和自由结社的保障，这些保障也应当延伸到现代市民社会的各种审议机构，延伸到职业协会以及公司、大学、医院、艺术网络和其他领域的职业性实践场所。②

多元主义宪治与福利国家和经济学宪治版本的本质区别是，它们在社会宪治化的过程中，各自委诸国家不同的职责。与宪法经济学不同，宪法多元主义没有将国家局限于仅仅规定自主经济宪法的最低限度条件。但宪法多元主义也不像福利国家理论那样，将自己

---

① Sciulli（1992）*Theory of Societal Constitutionalism*, 80.
② Sciulli（1992）*Theory of Societal Constitutionalism*, 208.

理解为在全社会范围内实现政治目标。毋宁说，宪法多元主义聚焦于政治的以下职责：确定各种社会子领域的宪法模式，通过国家与社会行动者的密切合作，控制功能分化的离心倾向。国家承担了整合相互冲突的各种社会子系统的任务，但国家实现该任务的方式不是通过做出有集体约束力的决定，而是通过协调公共组织和私人组织之间的合作。①

在对依靠政治全方位管理社会过程的做法有了令人警醒的经验之后，上述观点看来彻底现实主义地、同时又十分明智地减轻了国家的职责。然而，仍然需要借助制度手段，迫使自主的社会子系统与国家制度合作。这就要求"将组织化的社会行动者之间的关系加以宪治化，以保护它们的自治和保障它们的相互适应性"②。首要的目标，在于使组织化的社会行动者具有谈判能力和妥协能力，成为展开各种政治协调行动的可信赖的合作者。

以这种取向于协调的方式，各种宪法多元主义观点能够相互补充。由于新法团主义战略竭力将各种社会场域——经济、科技、医疗、媒体——转换为集体行动者，以使它们能够成为政治的合作者，功能系统与正式组织之间的差异就成为一个棘手问题。这是因为功能系统本身既无法行动，又无法谈判，也无法沟通。功能系统必须由正式组织代替，即使这些正式组织并不能完全代表所属的整个领域，但它们作为集体行动者毕竟拥有这些能力。③ 此外，还要保障功能领域的各种组织经由等级式的伞状组织充分集中，以使它们能够参与新法团主义谈判。进一步地，"多元的审议式参与民主"战略要

---

① 在这个问题上，赫尔穆特·维尔克（Helmut Willke）阐发了最为精致的理论，参见 Willke（1992）*Ironie des Staates*；Willke（1995）*Systemtheorie III*。
② Willke（1992）*Ironie des Staates*, 358.
③ Luhmann（1997）*Gesellschaft der Gesellschaft*, 843.

求将各种社会制度加以宪治化,从而使集体行动者有能力处理内部问题。而社会宪治战略,则试图通过委员会制度的机制,提升各种社会制度的审议能力。

很明显,这种复杂的安排是为民族国家的特殊条件量身打造的。沃尔夫冈·施特雷克(Wolfgang Streeck)的研究尤其表明,虽然宪法多元主义已被证明十分成功,但其成功取决于仅仅存在于民族国家背景下的各种制度性宪法(institutional constitutions)。[1] 这首先是因为,国家组织拥有充分的权力和认知资源,能够应对不同子系统的复杂协调过程。迄今为止,这些条件只存在于民族国家之中。同样,在参与性社会制度方面,也有一些条件只存在于民族国家背景之下:社会组织的网络化、社会组织长期合作的意愿、普遍化的相互性原则以及出于未来利益预期而接受短期限制。在全球化条件下,能否形成这种宪法多元主义的等值物,则是一个开放的问题。然而,社会宪治所应对的基本问题已经很清楚了:如何建构外部的压力,使自治社会子系统的内部自我限制能够遏制其负外部性?较之民族国家,在全球化条件下,这个问题可能变得更加尖锐。

---

[1] Streeck (2009) *Re-Forming Capitalism*; Streeck and Kenworthy (2005) "Theories and Practices of Neocorporatism".

第三章 超国家的宪治主体：
体制、组织、网络

第一节 各种全球结构

随着全球化的展开，情况发生了什么样的改变？全球化包含许多方面的内容，但它尤其意味着，历史上首先在欧洲和北美的民族国家内部实现的功能分化，如今扩展到了整个世界。当然，并非所有子系统都同步地全球化了，它们全球化的速度和强度并不一致。今天，宗教、科学和经济已经稳固确立为全球系统，但政治和法律仍然主要聚焦民族国家。① 在大多数情况下，政治和法律的跨境沟通只是通过国际关系加以组织，而真正超国家的政治和法律过程，亦即由沟通直接产生全球网络、无需民族国家行动者进行协调的法律和政治过程，还只是逐渐浮现。国际政治关系、国际公法和国际私法，还只是缓慢地被超国家的政治和法律过程层叠覆盖（over-layered）。

由于这种跛脚的全球化，较之民族国家子系统的内部宪治化，全球子系统的内部宪治化要困难很多。一个原因是，全球子系统之间的相互协调问题更加严峻。一旦各种功能系统成为全球性的系统，它们就从民族国家的政治支配之下释放出来，再也没有机构为它们

---

① Luhmann（1997）*Gesellschaft der Gesellschaft*, 145 ff., 806 ff.

设定界限，防止它们的离心倾向，或者规制它们之间的冲突。① 况且，宪法问题还不仅仅涉及协调问题。系统的高度自治带来了更广泛的宪法难题，不同自治系统的相互协调只是其中一部分。② 在缺乏能够支撑这一过程的政治—法律体制，与此同时，民族国家的政治甚至采取行动，以其领土效力主张阻碍这一过程的情况下，全球化的诸子系统能否（如果能，怎样）获得高度自治？这又是一个宪法问题。就此而言，在诸全球社会自治系统的自我奠基与其政治—法律层面的宪治化之间，全球化的跛脚特质导致了一种紧张关系。③

在民族国家内部，上述两种过程是同时发生的。领土不仅是国家宪法的基础，也是其他社会子系统的宪法基础。领土应当被理解为权力关系的象征性空间，而不只是一个地理概念。④ 当权力作为政治的沟通媒介，在物理力量的基础上建立起来之时，形成的不是统治者和臣民的实际关系，而毋宁是存在于领土之内的抽象的、不对称的权威主张，这种权威不仅统治人民，也统治着物质性的资源和关系。这反过来又影响了其他自治系统，因为支撑它们自治的政治—法律基础设施，仍然与特定的领土相联系。⑤ 在长期的自我奠基历程中已经产生的各种自治子系统，一般说来独立于领土的边界，其有效范围仅仅取决于沟通手段。然而，它们的政治—法律宪治化却受到领土边界的束缚。民族国家的政治和法律所提供的宪法基础

---

① 关于世界社会不同系统理性的相互协调，详细的讨论参见 Fischer-Lescano and Teubner（2004）"Regime-Collisions"，1005 ff.；也参见 Kjaer（2010）"Metamorphosis of the Functional Synthesis"，494，533。

② Prandini（2010）"Morphogenesis of Constitutionalism"，312 ff.

③ 本书第四章第一节和第三节将讨论宪法的概念维度。目前我们只需要鉴别新的超国家宪法实体，因此简要勾勒宪法功能和宪法过程的特征就足够了。

④ Sack（1986）*Human Territoriality*，19，31 ff.

⑤ 对领土社会整合作用的讨论，参见 Preuss（2010）"Disconnecting Constitutions from Statehood"，30 ff.。

第三章 超国家的宪治主体：体制、组织、网络

设施伴随着、稳定着、强化着而又限制着社会子系统不断增长的独立性，但这一过程仅仅发生在领土国家的边界之内。因此，不仅政治宪法在民族国家边界之内主张其效力，而且经济、社会安全、出版、健康照护以及某种程度上的科学和宗教同样如此。这就在不受限于领土边界的各种功能系统与受限于领土边界的宪法之间，导致了一种潜在的紧张。经济沟通是全球性的，但经济宪法以国家为基础。科学宣称普世真理，但科学宪法仍然是国家的宪法。与政治或者法律不同，在这些社会子系统中，显然没有一个将其自我奠基局限于特定领土。尽管如此，由于政治和法律只在民族国家的边界之内提供支撑作用，这些社会子系统的大部分制度化沟通也都发生在边界之内。

功能系统自我奠基与宪治化之间的紧张关系，早已存在于民族国家时代，伴随着沟通媒介全球化的进程，这种紧张关系愈演愈烈。如今，国家边界不再是社会、经济、文化系统的有意义的分割者。① 全球层面的自我奠基和国家层面的宪治化不可逆转地疏离②，这造成了社会子宪法的去领土化压力。如前所述，政治—法律—子系统的三角系列（triangle constellation）孕育了民族国家的社会子宪法，但它在全球背景中并无对应之物，无法发挥促成并限制系统自治的作用。

就前文讨论的新法团主义安排而言，这一点尤其明显。新法团主义安排由于严格限制了各种社会制度的可选项，因此可以允许这些社会制度更高程度的自治。但在全球范围，无法复制社会组织与政治制度之间这种复杂的良性调整。此外，相互的信任和社会—文化的规范性共识无法被动员到必要的程度。③ 即便在欧洲层面，欧洲

---

① Murphy（1996）"Sovereign State System"，90.
② 关于这个问题的大量经验材料，参见 Sassen（2006）*Territory-Authority-Rights—From Medieval to Global Assemblages*。
③ Streeck（2009）*Re-Forming Capitalism*，93 ff.

委员会、欧洲工会联合会和各种欧洲贸易协会实验了一种"社会对话",新法团主义超越民族国家的扩张也只是取得了有限的成功。①而在全球层面,新法团主义的安排注定彻底失败。以下矛盾仍然存在:社会子系统的自我奠基正在走全球路线,而只有民族国家的各种制度能够保障它们的政治—法律宪治化。这就改变了作为社会宪治之基础的政治—法律—子系统三角的内部平衡。那么,哪些宪治主体将取代民族国家,推动全球各部门的宪治化?国际政治体系能够扮演这个角色吗?或许,各种全球功能系统将发展它们自己的宪法?又或许,其他超国家集合(configurations)——各种体制、正式组织、网络、集会(assemblages)或团体(ensembles)将取代它们?②

第二节 通过国家的社会宪治?

(一)联合国宪章

联合国最早主张世界社会的全面宪治化。按照哈贝马斯的理解,联合国宪章建立了一种新的宪法秩序,在这种新的宪法秩序中,成员国不再是国际条约的唯一缔约者,而是"连同其公民一道,如今均可以将自己理解为从政治上建构的世界社会的宪治支柱"③。按照

---

① 相关证据,参见 Streeck and Schmitter(1991)"From National Corporatism to Transnational Pluralism"。

② 与体制和网络不同,集会(Assemblages)、集合(configurations)、群组(constellations)、团体(ensembles)都是非常弥散的社会实体。关于集会的讨论,参见 Sassen(2006)*Territory-Authority-Rights—From Medieval to Global Assemblages*;关于集合的讨论,参见 Kjaer(2010)"Metamorphosis of the Functional Synthesis",517 ff.;关于团体的讨论,参见 Delmas Marty(2009)*Ordering Pluralism*。

③ Habermas(2006)"Does the Constitutionalisation of International Law Still Have a Chance?",161. 对世界宪法的呼吁,参见 Höffe(2005)"Vision Weltrepublik"。

这个观点，联合国宪章已经超越了最初的纯粹条约性质。与其他基本国际法条约如《国际人权公约》《消除一切形式种族歧视国际公约》以及《国际刑事法院罗马规约》一道，联合国宪章已经成为国际共同体真正的宪法。① 与本书相关的主张则是：联合国的实践不仅应当包含狭义的国际政治，也应当在世界社会的各种主要问题领域发挥支配作用。尤其是国际劳工组织、世界卫生组织、联合国儿童基金会和其他联合国机构，已经在发展世界社会子领域的宪法规范方面取得了重大进展。②

一项颇具挑衅意味的分析指出，这些抱负不过是"宪法幻觉"，亦即关于一种全球国家宪法的幻想。③ 其实质是，民族国家的宪法概念被不加检验地转换到了全球关系层面，迫使联合国承担创制世界宪法规范这项不可能完成的任务，仿佛联合国只是一个巨大的民族国家集合体。这种"方法论民族主义"代表了一种认知障碍（obstacle epistémologique），以为只有国家是国际关系的元素。即便在关乎世界社会的问题上，"方法论民族主义"也没能超越宪法的国家中心论调。④ 现实的考量将否定这种夸张的观点，但又必须承认联合国之中确实出现了宪法规范。虽然联合国自身已经经历了宪治化进程，但其产物确实不是一种世界宪法，而是关于一个正式组织的相对有

---

① 对这个问题的着重强调，参见 Fassbender（2007）"We the Peoples of the United Nations"；Fassbender（2005）"Meaning of International Constitutional Law"；Dupuy（2002）"L'unité de l'ordre"；Dupuy（1997）"Constitutional Dimension"。

② 一些有代表性的宪法规范的发展，参见 Walter（2001）"Constitutionalizing (Inter) national Governance"。

③ Fischer-Lescano（2005）*Globalverfassung*，247 ff. 社会学视角的分析，参见 Stichweh（2007）"Dimensionen des Weltstaats"，esp. 34 f.。

④ 准确的批评，参见 Chernilo（2007）*Social Theory of the Nation-State*；Beck and Sznaider（2006）"Unpacking Cosmopolitanism"；Wimmer and Glick-Schiller（2002）"Methodological Nationalism and Beyond"。

限的宪法。事实上，联合国创造了一种组织宪法，而非世界宪法。当联合国致力于更大抱负的时候，这些宪法规范顶多只是发生在别处的宪治化进程的政治动力。从国际劳工组织、世界卫生组织、联合国儿童基金会、人权委员会在其特定主题领域颁布的规范来看，这一点尤其明确。①

（二）民族国家的软法

在社会宪法问题上，民族国家只能作为推动者发挥有限的作用，跨国公司"公""私"行为准则的相互关系对此提供了鲜活的例子。② 较之民族国家背景下的情况，国家在跨国公司宪法中扮演了一个明显不同的角色。联合国行为准则规定的面向各种全球制度的"软法"，无法与国家议会和宪法法院颁布的有约束力的宪法规范相提并论。尤其是，较之民族国家内部的公司宪法规定，跨国公司享有高度自治，而这种高度自治改变了国家与私人集体行动者之间的关系。一位观察者激烈地指出：

> 合同代替了法律；关系网络代替了政治共同体；利益代替了领土；被规制者成为了规制者。③

根据国家规范与私人规范之间的相互关系模式，民族国家的公司

---

① 对联合国组织世界宪法主张的批评，参见 Ladeur and Viellechner（2008）"Transnationale Expansion staatlicher Grundrechte"，46 f.。
② 参见 2003 年 5 月 30 日，联合国经济及社会理事会（ECOSOC）促进和保障人权、经济、社会和文化权利下属委员会：《跨国公司和其他工商企业人权责任准则草案》（U. N. Doc. E/CN. 4/Sub. 2/2003/12）。详见 Teubner（2012）"Self-constitutionalization of Transnational Corporations?"。
③ Backer（2008）"Multinational Corporations as Objects and Sources"，26.

宪法（章程）可以被划分为三重等级结构的形式。按照新法团主义的原则，国家立法将各种社会组织加以宪治化。各种公司宪法建立在国家法律优先的基础上，采用宪法性法律和普通法律的形式。国家依靠监事会的共决规则、雇员理事会的决策权以及各种关于集体谈判制度的规范，来组织资本、劳动与国家自身之间的新法团主义合作。国家的私法和公司法提供了责任规则，并将"公司利益"导向各种利害关系者的利益和公共福利。在工作场所的健康与安全、产品质量和环境保护领域，国家对公司行为施加了严格限制。相应地，公司的私人秩序明显从属于国家立法，仅仅规制那些国家允许其规制的自治领域。

这种民族国家的规范等级，可以用"硬"法与"软"法之间的相互影响来加以描述。国家以有约束力的规范的形式设立硬法——公司法、共同决策法、劳动法和监管法，违反硬法都将受到惩罚。相反，公司内部规则只是一种软法，不被视为真正的法律规范，而仅仅是私人自治的表达。软法的约束力和执行取决于国家的承认，也受国家法院的控制。

与这种传统的等级结构不同，今天，跨国公司的行为准则并不适合这种由来已久的范畴。

> 从传统的法律概念出发——比如，如果我们将法律理解为国家组织发布的有制裁力的命令——我们很难理解法律存在方式的改变，或者说法律是什么的改变。法律科学的法概念指向要么有效要么无效的法效力，不适合用来揭示法律发挥功能的方式的精微变迁，以及体验法律意义的方式的精微变迁。[①]

跨国公司行为准则显示了国家法与私人秩序之间等级关系的逆

---

① Luhmann（1985）*A Sociological Theory of Law*, 263.

转。从硬法/软法维度看，这种逆转十分明显。现在，国家规则只是"软法"，跨国公司的纯私人秩序反而在很大程度上变成了"硬法"。

比如，较之具有约束力的民族国家公司法，联合国行为准则的各项规则相去甚远。2003 年的《跨国公司和其他工商企业人权责任准则草案》还规定了一个超国家的监管机构，该机构能够直接管理跨国公司，有权依据国际法颁布有约束力的规范，并且拥有制裁能力。① 然而，在富有影响力的民族国家和公司游说集团的强烈抵制下，这项计划改变了。最终得到采纳的版本，仅仅包含各种无约束力的"软法"建议，也不存在保障它们实施的法律制裁措施。②

相反，确属非国家"私人秩序"的公司内部准则却是有效的法律，具有很强的约束力，且附带有效的制裁措施。私法学说仍在激烈否认公司内部规则的法律属性，坚持认为有效的规范必须来自于国家，拒绝承认私人秩序的法律效力。③ 只有经济学分析和社会学分析所创造的法律概念逐渐地有所进展，承认跨国行动者的私人秩序在特定条件下具有法的属性。④ 然而，不论公司内部准则是否是法律，这些准则都直接地约束相关行动者，且拥有有效的制裁措施，这些制裁措施能够由为此专门设立的监察部门加以执行。⑤

---

① 参见本书第 54 页注释②提及的文件。

② 参见 Backer（2008）"Multinational Corporations as Objects and Sources"。评论十分精彩。

③ 对传统学说处理私人秩序的方式的尖锐批评，参见 Köndgen（2006）"Privatisierung des Rechts"，479 ff.。

④ 新的一元论视角，参见 Köndgen（2006）"Privatisierung des Rechts"，508 ff.；Calliess（2006）*Grenzüberschreitende Verbraucherverträge*，182 ff.；Michaels（2005）"Re-State-ment of Non-State-Law"，1224 ff.；Schanze（2005）"International Standards"。法律多元论的视角，参见 Teubner（1997）"Global Bukowina"，11 ff. 两种视角的差异在于：新的一元论继续寻找归属于全球法律体系的国家规范（包括不成文规范！），而法律多元论预设了归属于全球法律体系的私人秩序。

⑤ Herberg（2007）*Globalisierung und private Selbstregulierung.*

这就意味着，跨国公司的内部组织规则独立于国家规制。与国家规范与私人规范之间通常的等级关系截然不同，国家准则并非私人准则具有效力的法律基础：私人准则从私人秩序世界的初级规范与次级规范的独立结合中获得效力。它们形成了一个非国家的封闭式规范性效力体系，这个体系内部是等级式的结构。公司宪法的各项原则位于顶端，关于执行和监督的规定位于中间，而更低层次包含各种具体的行为指令。这样一来，私人准则就依靠自己的宪法规范，产生自己的效力基础。基于这种宪法规范，那些按照法律符码（合法/非法）规制具体行为的公司内部准则，要受到按照宪法符码（合宪/违宪）运作的程序的评判。

因此，在实践中，公共的行为准则只是产生了宪法的推动力，公认有影响力的国际组织向跨国公司施加了这种推动力。不过，这种推动力能否具体转化为宪法规范，则取决于跨国公司的内部过程，而非国家的内部过程。

（三）国际公法和全球行政法

对于国际政治之外的其他世界社会子系统的宪治化问题，即便是被充分讨论的"国际法宪法化"[①]，也只能发挥次要作用。以下三种规范集合体具有事实上的宪法性质：强行法（jus cogens）、具有普世（erga omnes）效力的规范以及人权。彼得斯雄辩地提出五项标准以论证人权的宪法性质：(1) 它们限制了各国主权；(2) 它们编制了一份具有普世约束力的基本价值目录；(3) 它们设立了规范等级；

[①] 对晚近相关观点的讨论，参见 Dunoff and Trachtman (eds) (2008) *Ruling the World?*; Erika de Wet (2006) "International Constitutional Order"; Peters (2006) "Compensatory Constitutionalism"; Frowein (2000) "Konstitutionalisierung des Völkerrechts"。对先驱者及其政治和理论背景的讨论，参见 Rasilla del Moral (2011) "At King Agramant's Camp", 583 ff.。

强制性的高阶法律优先于低阶法律；（4）它们不仅是纲领，而且也是具有宪法优先性的国际实证法；（5）在国际宪法性法律领域，它们为法官续造法律的活动提供了论证基础。① 人权的宪法品格尤其表现为：作为普世价值的表达，它们无需各国达成合意，甚至可以约束不同意的国家。这种真正的宪法规范，出现在国际法从纯粹的主权国家条约秩序向独立的法律秩序转变的过程中，后者创造了自己的宪法性法律基础——"超国家公共秩序"。今天，这种宪法化使国际法得以做到纯粹条约秩序无法想象之事：即便在违反条约缔结者明确意志的情况下，也能设立对其有约束力的规范，这些规范的正当化不是通过国家条约，而是通过法律的公共利益取向。②

尽管这种"正在创制的宪法性法律"十分重要，但我们绝对不能忘记这一发展过程的部门性质。上述三种规范集合体都只能限制国际公约，因此只在狭义的国际政治领域内起作用。马迪亚斯·库姆曾为基于普世原则的国际宪治提供了迄今为止最强有力的理论论证，但即便是他，也承认合法性、自主权、参与、责任和基本权利等宪法原则仅仅关乎国际政治，并不意味着全部的世界宪法或者其他全球部门的宪法。③ 因此，这些宪法原则漠视商人法（lex mercatoria）和其他私法秩序，不足为怪。④ 国际宪法性法律无法像福利国家在民族国家之中所做的那样，创造超越政治的宪法。

---

① Peters（2006）"Compensatory Constitutionalism"，585 ff.；根据某种不同标准得出的相同结论，参见 Gardbaum（2008）"Human Rights and International Constitutionalism"。

② Nowrot（2007）"Transnationale Verantwortungsgemeinschaft"，59 ff.；Seiderman（2001）*Hierarchy in International Law*，123 ff.，284 ff.

③ Kumm（2007）"Constitutional Democracy Encounters International Law"；Kumm（2004）"Legitimacy of International Law"。

④ 这种漠视态度的典型（尽管饱受自我怀疑的折磨），参见 Walker（2010）"Beyond the Holistic Constitution?"，300 ff.。

"全球行政法"是世界社会宪治化最晚近的候选方案。[①] 2004年,有超过2000个全球监管机构以国际组织或政府间组织的形式存在。[②] 不同于在制度化政治背景下运转的联合国组织法和普通的国际法,这种行政法规范确实直接适用于相应的全球子系统。金斯伯里尤其清楚地论证了全球行政法的"社会"性质。[③] 在超国家主题的规制领域,数量日渐增长的"私人秩序"形式被激活,它们无法被包含在传统的行政"公"法之下。"看来,规制的职权在纵向上从国家向国际机构上移,在横向上从国家向跨国公司和全球公民社会的各种元素等非公共行动者流出。"[④] 然而,我们也必须认识到,各种宪法规范——正当的规制程序、通知和评论规则、向专家进行咨询的义务、比例原则、尊重基本权利等等[⑤]——本身最终着眼于监管机构的内部宪法,不可能作为被监管领域的宪法规范发挥作用。

第三节 全球制度的独立宪法

(一) 宪法的片段化

上述三个领域(联合国宪章、国际公法、全球行政法),都无法满足国家宪法学家(尤其是迪特尔·格林)对宪治主体提出的野心

[①] 纲领参见 Kingsbury, et al. (2005) "Emergence of Global Administrative Law". 也可参见 Esty (2006) "Good Governance at the Supranational Scale". 大多数作者都回避宪治这个术语,满足于全球行政法的行政法一般原则地位,没有充分讨论全球行政法在超国家领域的有效性基础。

[②] Cassese (2005) "Adminstrative Law Without the State", 671.

[③] Kingsbury (2009) "International Law as Inter-Public Law".

[④] Backer (2005) "Multinational Corporations, Transnational Law", 107.。

[⑤] Kumm (2007) "Constitutional Democracy Encounters International Law".

勃勃的要。① 只有民族国家的宪法，才符合"覆盖所有生活领域的宪法"这种预期。但我们也应该认识到，这种野心勃勃的要求错误地理解了宪治化过程的真正性质。确实，成熟的民族国家宪法主张全面性，试图组织整个政治共同体。但由于建立在全球层面的各种社会子系统与龟缩在国际层面的政治之间存在矛盾，宪法的总体性分裂了，因而只能由宪法的片段化形式取而代之。② 这种情况反映在"数量迅速增长的各种规制领域，这些领域的相应体制已经建立起来，它们作为全球体制，正在抵御民族国家、地区的地方自治或区域自治"③。

从公共与私人的张力之中，或者地方、国家与全球的张力之中，共同法的片段已经浮现，模糊了那些区分普遍主义与相对主义的范畴。④

在全球性的汪洋之中，只会浮现宪治的岛屿。新的宪治现实的特征是：各种自主秩序共同存在，不仅存在国家的自主秩序，而且

---

① Grimm (2005) "Constitution in the Process of Denationalization". 对格林宪法理论前提的尖锐批评，参见 Preuss (2010) "Disconnecting Constitutions from Statehood", 42。

② 以下文献特别强调了宪法的片段化发展进程：Klabbers (2009) "Setting the Scene", 11 ff.; Gardbaum (2008) "Human Rights and International Constitutionalism"; Skordas (2007) "Self-Determination of Peoples"; Fischer-Lescano (2005) *Globalverfassung*, 247 ff.; Teubner (2007) "Societal Constitutionalism"; Walker (2002) "Idea of Constitutional Pluralism"; Walter (2001) "Constitutionalizing (Inter) national Governance"。社会学视角对片段化观点的支持，参见 Sassen (2006) *Territory-Authority-Rights—From Medieval to Global Assemblages*。

③ Stichweh (2007) "Dimensionen des Weltstaats", 35. 对各种片段化的超国家宪法（联合国、欧盟、世贸组织、人权委员会）的分析，参见 Dunoff and Trachtman (eds) (2008) *Ruling the World*？

④ Delmas Marty (2009) *Ordering Pluralism*, 13.

第三章 超国家的宪治主体：体制、组织、网络

同时也存在各种非国家的自治社会结构的自主秩序。① 卢曼曾经观察到，在世界社会层面上，民族国家宪法那种政治与法律的全面结构耦合明显没有等值物。② 与此同时，当各种社会问题需要的时候，我们可以看到各种临时的耦合。一旦当前的冲突呈现宪治维度并要求做出宪法决断，宪法规范就会被特别地发展出来。③ 这就从两个方面降低了民族国家政治宪法那种全面构造社会的典型要求。世界社会的政治系统本身并没有无所不包的宪法。相反，只是在特定的政治领域中，亦即在联合国及其下属组织、国际法的一些子领域以及全球行政法中，才形成了各种宪法片段。实际上，至今仍然没有任何迹象表明，国际政治的宪治主张能够像民族国家的宪治主张那样，扩展到其他社会子领域。如前所述，我们最多只能谈论来源于政治系统的宪治推动力，这种推动力作用于全球社会的其他子领域。

　　没有政治—法律的宪治支撑，全球社会各子系统还能够维持自我奠基吗？没有法律—政治的宪治化过程，经济、科学、医疗以及各种沟通媒介的全球自治还能够长期存续吗？它们会因此注定无法发挥全部潜力吗？或者，它们将不得不仰赖民族国家的法律，尽管后者只能提供各种受限于领土且效力主张相互冲突的宪法规范大杂烩？又或者，它们必须等待各国宪法标准的逐渐靠拢？在此，我们突然遭遇了一种奇特的新现象：各种全球秩序在没有国家的情况下自我宪治化。④ 世界社会各子系统已经开始形成它们自己的宪法性法律规范。正如尼尔·沃克所指出的，在当前的全球社会中，存在着

---

① Hurrell（2007）*Global Order*.
② Luhmann（2004）*Law as a Social System*, 487 f.
③ Renner（2011）*Zwingendes transnationales Recht*, 233 ff.
④ 关于"私人"全球子系统的宪法，全面的证据参见本书第 5 页注释①和注释②。

宪法多元主义的种种迹象。① 当紧迫的社会问题在诸全球部门逐渐积聚，社会冲突就会出现，从而引致各种个别的具有宪法性质的法律规范。久而久之，这些规范逐渐汇集成世界社会各子系统的宪法。

与通常的宣称②不同，上述观点不只是理论思考的结果，毋宁是基于经验观察。一项范围广泛的经验研究已经进行了数年，考察了非国家制度中的法律创造。令人难掩惊讶的研究结果被总结如下：③

> 在某些方面，世界社会自身的准法律秩序显示了宪法属性。除了各种不同的社会和生态标准以及既有的控制和执行机制之外，更高级的规范已经形成，这些规范规定了决策权应当设在何处，如何处理违反行为，如何涵括第三方。类似于国家宪法，这些私人规制也包含自我限制机制，以减少对其他行动者和其他领域的干扰。

这些社会宪法与国家宪法的相对疏离会带来什么，形势很难预测。④ 无论如何，一个宪法规范层正在出现，它不会跟随20世纪占据主导地位的法律实质化趋势，在这种趋势下，法律为了国家政治的目的而被工具化。这种由诸全球片段制造出来的宪法性法律将更少取决于国家权力，更少受到国家政策和政党意识形态的影响。然而，这种相对独立性将被一种新的依赖性所替代，亦即依赖于各种

---

① 在此，对于是否应该将各种"私人"体制视为全球宪法多元主义的组成部分，沃克犹豫不决或者至少是情绪矛盾。参见 Walker（2002）"Idea of Constitutional Pluralism"；详细的讨论，参见 Walker（2010）"Beyond the Holistic Constitution?"，300 ff.。

② 特别的强调，参见 Wahl（2010）"In Defence of Constitution"，233 ff.。

③ Dilling et al.（2008）*Responsible Business*，8.

④ 深刻的评论，参见 Engi（2007）"Gemachtes Recht"，58 f.。

全球片段内部的特定权力和利益汇聚。各种部门理性不仅会发挥几乎无可回避的影响,而且会带来更强的针对社会需求的回应性(与国家权威颁布的宪法性法律相比)。但也存在宪法规范的"败坏"(corrupt)风险,这种风险源于子宪法与部门利益过于紧密的耦合。① 对于法律自治来说,这是一个严峻的挑战。面对相关社会系统之于法律自我统一性的败坏作用,法律还能够维持自治吗?民族国家宪法的文明化成就之一,就在于以如下方式强化了政治与法律的结构耦合:法律过程相对独立于政治的势力和操纵,并且反过来通过法治对政治施加温和的影响。全球宪法性法律的诸片段能否经得起这样的比较?答案部分地取决于来自国家法院、制度化的政治和市民社会的外部影响。②

(二) 国际组织的宪法

功能分化推动了宪治化的进程,但宪法规范显然并非直接指向各种主要功能系统自身。金融和产品市场完全全球化,科学沟通在全球层次进行,通讯媒介系统、新闻机构、电视和互联网将新闻传遍世界。然而,尽管这些全球系统都封闭地运作着,自成一体(sui generis)的全球经济宪法、科学宪法或者传媒宪法却尚无踪影。经由各种决策前提或者基本权利而被宪治化的,并非各种功能系统。民族国家的新法团主义宪法已经表明,功能系统自身缺乏行动和组

---

① 以商人法(lex mercatoria)为例说明这种"败坏"影响,参见 Teubner (1997) "Global Bukowina", 19。"超国家公共秩序"(ordre public transnational) 能够起到多少补救作用,是个开放性问题。国际仲裁中的初步尝试,参见 Renner (2011) *Zwingendes transnationales Recht*, 91 ff.。

② 在此,国家法院如果基于法治和民主原则的考量选择性地承认私人秩序,则将发挥特别的影响。对这个问题的强调,参见 Joerges (2011) "New Type of Conflicts Law", 483 ff.。

织化的能力，从而亦缺乏宪治化的能力。① 全球的宪治化过程毋宁是指向功能系统"之下"的社会过程、正式组织和契约安排。全球功能系统的宪治化，只能间接地进行。②

独立宪法的首要候选者是超国家组织，亦即国家世界的国际组织、跨国公司和全球性的非政府组织。各种组织，无论是通过国际条约产生，比如世贸组织，还是通过私人秩序形成，比如跨国公司的公司准则，都倾向于从创始成员的原初协议中解放出来，就此而言，到处都可以观察到组织的自我宪治化过程。

一个众所周知的例子是世贸组织的宪法解放。世贸组织的宪治化过程沿着四个不同方向展开：（1）冲突解决的法律化；（2）最惠国条款；（3）贸易规则优先于政治的原则；（4）直接效力的选择权。冲突解决的法律化最为重要。最初建立的是简单的"专家组"（panels），它们通过外交谈判，协调成员国与世贸组织之间关于条约解释的冲突。然而日久生变，专家组逐渐发展为成熟的法庭，拥有广泛的管辖权、自己的裁判等级和更高程度的执行可能性。③ 它们不仅裁判普通的法律问题，而且裁判与宪法性规范相关的问题，这些宪法性规范界定了世贸组织与各民族国家的外部关系。④

---

① 本章第四节第二小节以下考察宪治化在多大程度上以集体为前提。

② 克亚尔（Kjaer）在这个意义上谈论作为"群组"或"集合"的功能系统的全球宪治化。参见 Kjaer（2010）"Metamorphosis of the Functional Synthesis"，522，524。

③ Zangl（2008）"Judicialization Matters"；Peters（2006）"Compensatory Constitutionalism"。对这些发展态势的理论分析，参见 Skordas（2007）"Self-Determination of Peoples"。

④ 对世贸组织宪治困境的讨论，参见 Carmody（2008）"Theory of WTO Law"；Dunoff（2006）"Constitutional Conceits"；Cass（2005）*Constitutionalization of the World Trade Organisation*；Howse and Nicolaidis（2003）"Enhancing WTO Legitimacy"；Picciotto（2005）"WTO's Appellate Body"。Petersmann（2006）"Human Rights, Constitutionalism and the WTO"；Petersmann（2000）"WTO Constitution and Human Rights"；Mortensen（2000）"Institutional Requirements of the WTO"。

第三章 超国家的宪治主体：体制、组织、网络

宪治化过程并不仅仅局限于国际公法下的组织。各种非国家组织也基于其私人秩序将自身宪治化。由于原则上不适用国际法的宪法规范，非国家组织的宪治化需求甚至更大。根据加利福利亚州法律建立的纯粹私人社团——互联网规制机构 ICANN（互联网名称与数字地址分配机构），就是一个很好的例子。时光荏苒，如今的 ICANN 已经发展出了功能代表制和地域代表制、各种分权形式以及针对域名分配问题的有效"司法权"。这就催生了"具有宪法意义"的"治理问题"。① 当被问及互联网是否以及如何适用基本权利时，ICANN 仲裁庭（panels）没有诉诸仅仅适用于国家内部互联网片段的国家宪法，而是提出了自己的自主基本权利标准。② 在"companynamesucks"系列案件中，一些公司试图阻止对其政策的批评，但 ICANN 仲裁庭提出了互联网专属的言论自由标准。③

通过私人秩序创制宪法性法律的最典型情况，当属跨国公司的"公司宪治"。与地方组织、社会运动、非政府组织和国际组织的长期冲突，迫使跨国公司出台"行为准则"，作为国家公司宪法的功能等值物发挥作用。④ "这些情况表明跨国公司宪法初现端倪，跨国公司作为由诸多实体组成的自治共同体，开始通过建构独立于国家的治理体系来规制自身。"⑤

甚至 ISO 等国际标准化组织，现在也将自己从相应的国家机构中解放出来，发展自主的宪法性法律。它们形成了国家机构、专家

---

① Post (1997) "Governing Cyberspace".
② Karavas (2006) *Digitale Grundrechte*，136 ff.
③ Renner (2009) "Towards a Hierarchy"，551 f.
④ 特别参见 Anderson (2009) "Corporate Constitutionalism"；Abbott and Snidal (2009) "Strengthening International Regulation"；Herberg (2007) *Globalisierung und private Selbstregulierung*；相关经验研究，也可参见 Dilling et al. (eds) (2008) *Responsible Business*。
⑤ Backer (2006) "Autonomous Global Enterprise"，567.

和利益群体代表制的相关规范，正当程序和制度化对话的规范，以及各种实体裁判原则。① 企业联合组织（corporate groupings）如"社会责任国际"发展出了其他宪法性的自我规制形式。作为一个 NGO 组织，"社会责任国际"代表各方利益，根据《国际劳工组织公约》和《联合国人权宣言》形成了劳动标准（SA 8000）。② 另一个例子是"康克斯圆桌会议"，它是"一个有原则的商业领袖的国际网络，致力于推进讲道德的资本主义"。③

最后但并非最不重要的是，商人法（lex mercatoria）这一由全球经济自我创制的法律，已经产生了法律规范的内部等级，其中，宪法性的规范、原则、程序规则和基本权利居于顶端，均属于"国际仲裁的公共秩序"（ordre public d'arbitrage international）。④ 详细的判例分析揭示了该仲裁机构如何创制一整套"自我生产的国际仲裁宪法规范"。⑤ 甚至在颇具政治争议的国际投资仲裁裁决中，也出现了这种发展迹象。与创立者的意图相左，在大规模公众抗议的压力下，仲裁庭开始发展各种宪法原则——私有财产的社会责任、法治原则和比例原则。⑥

---

① Schepel（2005）*Constitution of Private Governance*, 403 ff.
② 社会责任国际（SAI）的治理结构，见 http：//www.saintl.org/index.cfm?fuseaction = Page.viewPage&pageId = 594&parentID = 472 2006。
③ "康克斯圆桌会议"的基本情况，见 http：//www.cauxroundtable.org/about.html。
④ 详见 Collins（2011）"Flipping Wreck"；Renner（2011）*Zwingendes transnationales Recht*, 92 ff.；Dalhuisen（2006）"Legal Orders and their Manifestations"；Voser（1996）"Mandatory Rules of Law"。对商人法法律性质的谨慎分析，参见 Linarelli（2009）"Analytical Jurisprudence", 184 ff.。
⑤ Renner（2009）"Towards a Hierarchy", 554.
⑥ 详细的案例分析，参见 Schneiderman（2011）"Legitimacy and Reflexivity in International Investment Arbitration"；Renner（2011）*Zwingendes transnationales Recht*, 126 ff.。

(三) 各种体制的宪法

然而，如果像国际制度的相关文献常做的那样，将宪法仅仅归属于国际组织，就太过草率了。[1] 除了内部决策过程以外，国际组织与各方"支持者"的外部关系也是宪治的对象。固然，在内部决策过程中加强法治、建立内部规则和准则，以及设置监督机构、监查人员和准司法职能，这些措施都具有宪法上的重要性；通过国家和国际法院审查国际组织的决定，也同样重要。[2] 但仅仅将国际组织的内部结构加以宪治化，还远远不够。只考虑 ICANN 的正式组织形态，只将 ICANN 视为根据加利福尼亚州法律登记的一个私人团体，尚不足以理解 ICANN 的私人秩序。实际上，ICANN 通过整个契约网络发挥作用，这个契约网络在 ICANN 的正式组织之外形成了全方位的规制体系。ICANN 通过合同授权 VeriSign 公司成为域管理员，VeriSign 公司再与各国的域管理者缔结合约。各国域管理者与互联网用户缔结分配域名的标准合同，这些标准合同援引了《统一域名争议解决政策》（UDRP）的互联网规则。此外，ICANN 还通过契约关系与政府机构联合，从而使美国政府能够对这种私人治理机制发挥影响。因此，ICANN 宪法包含一个复杂的契约网络，这个契约网络既不同于正式组织，也不同于一系列双务契约的总合：诸多单个契约和正式组织形成了一个规制网络，旨在实现一项最主要的目标。[3]

行为准则作为跨国公司的宪法性法律，根本不受单个跨国公司

---

[1] Amerasinghe (2005) *Principles of the Institutional Law*; Schermers and Blokker (2004) *International Institutional Law*; Alvarez (2001) "Constitutional Interpretation".

[2] 对这个问题的讨论，参见 Klabbers (2009) "Setting the Scene", 25。

[3] 对 ICANN 治理的讨论，参见 Renner (2011) *Zwingendes transnationales Recht*, 169 ff.; Viellechner (2007) "Können Netzwerke die Demokratie ersetzen?", 42 f.; Hutter (2003) "Global Regulation of the Internet Domain Name System".

的边界限制。毋宁说，公司宪法支配着一个由各种集体行动者建造的法律空间，这些集体行动者都在一个封闭的网络之中行动。公司准则早已冲破了单个公司的边界。如今，公司准则适用于大量的企业集团，这些企业集团往往包含成千上万个独立的子公司。此外，来自公众和市民社会组织的压力，进一步促使公司准则的适用范围扩展到集团的边界之外。企业集团通过契约要求供应商和经销商符合其公司准则，并利用这些契约引入了有效的监督和制裁体系。①

因此，仅仅将国际组织作为新的宪治主体是不够的。但即使加上国际组织的各种管理契约和网络的内部结构，也还是不够。合理界定宪治化过程各种矢量的概念，倒不如说是"跨国体制"。跨国体制一般被定义为"一系列原则、规范、规则和决策程序，各种行动者预期据此在给定的动机领域中汇聚"，换言之，跨国体制包含各种正式组织、契约或者网络，也包含其他附加的价值。② 不可否认，在关于体制的讨论中，这种附加价值的性质尚未完全明确。除了组织、契约或者网络等内部结构，还必须考虑相关的环境。③

区分体制的中心与边缘大有助益。在一种体制的中心，通常存在一个具有职业核心能力的正式组织（或者多个存在契约关系的正式组织）。但体制还有一个边缘部分，这个边缘部分由中心与其各式

---

① 一项关于盖璞公司（GAP）及其供给和分配体系的颇有启示性的研究，参见 Backer (2008) "Multinational Corporations as Objects and Sources", 10 ff.。关于通过网络进行治理的一般研究，参见 Anderson (2009) "Corporate Constitutionalism"。

② Krasner (1982) "Structural Causes and Regime Consequences", 186; Keohane and Nye (2001) *Power and Interdependence*, 5, 19: "管理安排系列"包括"调整行为并控制其影响的规则、规范、程序网络"。对"正式和非正式的制度、组织、行动者、关系、规范和规则集合体"的讨论，参见 Grande et al. (2006) "Politische Transnationalisierung", 123。一种有用的体制类型学，参见 Young (2011) "Introduction: The Productive Friction Between Regimes", 4 ff.。

③ 这个方向的讨论，参见 Baecker (2009) "Power to Rule the World"; White (1992) *Identity and Control*, 226。

第三章　超国家的宪治主体：体制、组织、网络

支持者的互动构成。因此，一种体制的宪法既支配正式组织、契约或者网络的内部关系，也支配存在于其相关环境部分的外部关系。①

第四节　作为宪治主体的超国家体制？

然而，超国家体制能够成为适格的宪治主体吗？换言之，各种社会制度能够拥有自己的宪法吗？宪法学家已经提出了这个问题，并且明确地回答："不能！"② 在他们看来，只有民族国家可以拥有自己的宪法——国际组织或者超国家体制不能，"私人的"超国家体制更加不能。他们强调，所谓超越民族国家的宪法缺乏社会基础，无法提供宪法的适格资质。这些批评者竭力列举了一份令人印象深刻的缺陷清单，以驳斥超越民族国家的宪治化。根据这份清单，诸超国家体制缺乏能够为真正的宪法提供基础的下列特征：

——"人民"，即宪法背后的集合体；

——制宪权/宪定权的辩证关系；

——源于所有利益相关者之民主合意的正当性；

——政治多元主义的基础架构；

——集体创始神话的意义盈余。③

---

① 这个观点与西玛接近，参见 Simma（2009）"Universality of International Law"，275。

② Loughlin（2010）"What Is Constitutionalisation?"，64 f.；Grimm（2009）"Gesellschaftlicher Konstitutionalismus"；Grimm（2005）"Constitution in the Process of Denationalization"，460 ff.；Wahl（2002）"Leitbegriff oder Allerweltsbegriff"。

③ 对这些缺陷的详细讨论，参见 Wahl（2010）"In Defence of Constitution"，232 ff.；Dobner（2010）"More Law, Less Democracy?"，148 ff.；Vesting（2009）"Politische Verfassung?"，617 ff.；Somek（2008）*Individualism*, ch 8；Haltern（2003）"Internationales Verfassungsrecht?"。

确实，我们不应无差别地对待超国家体制和民族国家这两种宪治主体。然而，如果我们希望避免方法论民族主义的陷阱，就不应接受只有民族国家才是宪治候选者的教条。相反，我们要修正作为宪法基础的各种先决条件。首先，宪法应切断与国家地位的关联，从而使处理专门问题的超国家监管体制能够被视为宪治候选者。① 其次，宪法应与制度化的政治相分离，从而使全球市民社会的其他领域被认定为可能的宪治主体。第三，宪法应当与权力媒介相分离，从而使其他沟通媒介成为可能的宪治对象。② 但是，即便经过这些重要的修正，我们仍然应当继续使用"宪法"这个概念。诸如"元规则"（meta-regulation）、"必要规范"或者"高级法律原则"等其他术语，都不足以充分容纳"宪法"概念所涵盖的问题复杂性。③ 在经验层面和规范层面，我们都可以从民族国家宪法的丰富历史中获益良多。我们确实应当从为民族国家量身订制的"宪治主体"概念出发，然后将这个概念一般化和再特殊化，获致这个概念在超国家层面和市民社会层面的等值物。宪法社会学能够帮助我们完成这两方面的任务，因为对于各种社会系统的宪法的支撑条件，以及法律规范在宪治化过程中的作用，宪法社会学已经做出了迄今为止最为

---

① 对这种去耦合过程的详细讨论，参见 Preuss（2010）"Disconnecting Constitutions from Statehood"，30 ff.；Brunkhorst（2005）"Demokratie in der globalen Rechtsgenossenschaft"，332 ff.；Möllers（2000）*Staat als Argument*；Hofmann（1999）"Von der Staatssoziologie"。

② 甚至最前沿的宪法社会学家唐希尔（Thornhill）也没有落实宪法与权力的这种去分化理念，因此在非权力媒介的构成和限制方面留下了一个特殊的盲点。参见 Thornhill（2011）"Constitutional Law from the Perspective of Power"，247。

③ 这些替代性的术语通常仅仅反映了规范的等级结构，漠视宪法的其他功能和结构（更详细的阐述，参见本书第四章）。将宪法问题简化为元规则问题相当令人遗憾，对此的讨论，参见 Bomhoff and Meuwese（2011）"Meta-Regulation"；对必要规范的讨论，参见 Luhmann（2008）"Are There Still Indispensable Norms in Our Society?"，27 ff.。

清晰的分析。①

（一）制宪权/宪定权

制宪权/宪定权的悖论式关联构成民族国家宪法的基础，这种悖论式关联是否也适用于非国家的社会秩序？这当然是最困难的问题。② 私人的超国家体制是否也遇到了被雅克·德里达描述为"神秘递归"（mystical recursivity）的现象？介于施行性（performativity）与记述性（constativity）之间游移不定的制宪权，在"神秘递归"处奠定了自己，同时又以自己的存在为前提条件。③ 或许，国家之所以独一无二，就是因为其他脉络中都缺少"政治体"（polity）的存在条件？当我们讨论其他社会子秩序的时候，可以回避"自决"这个术语吗？还是我们应当采用"宪法"概念的纯"功能"定义？④ 又或许我们可以放弃"激进共和主义"的自决概念，仅仅将之视为宪法奠基的多种可能性之一？⑤ 可选的方案，可能是为非国家宪法保

---

① 关于各种不同社会领域宪法的一般化和再特殊化，普兰蒂尼（Prandini）用帕森斯的理论进行了分析，详见 Prandini（2010）"Morphogenesis of Constitutionalism"，310。

② 对这个问题的详细讨论，参见 Kalyvas（2005）"Popular Sovereignty"；Michelman（1998）"Constitutional Authorship"；这个问题尤其来源于德国的讨论，参见 Böckenförde（1991）"Verfassungsgebende Gewalt des Volkes"。

③ Derrida（1984）*Otobiographies: l'enseignement de Nietzsche et la politique du nom propre*，13. 对超国家背景下的奠基悖论的讨论，参见 Buchanan（2008）"Reconceptualizing Law and Politics"，7 ff.。

④ 这是雷纳（Renner）的建议，参见 Renner（2011）*Zwingendes transnationales Recht*，232 f.。他只倾向于在非政治脉络中"从功能角度"使用宪法概念，将宪法概念还原为两个要素：结构耦合和规范等级，参见本书第四章第五节第（二）小节以下。

⑤ 例如 Kumm（2006）"Beyond Golf Clubs". 库姆诉诸原初宪法行为中内含的"共和原则"，将集体自决概念重置为宪法最高原则。然而，这一深思熟虑的方案的纯粹结构主义前提遇到了问题：从"原则"奠基，没有充分考虑原则形成的过程性。如果我们仔细观察这些过程，明显可以看到：在历史上，是孕育在政治之中的反思程序产生了这些"共和原则"。这样一来，制宪"权力"概念就再次具有了社会学意义。

留集体自决原则，但对该原则予以重新界定。①

如果抛弃形式法的视角，不再将制宪权简化为根据成员、职权和程序要求组织制宪会议的问题②，我们就能确定"制宪权"究竟是指哪种社会现象。在宪法理论中，关于"制宪权"基础的争议很大。以下是各种选项：

——诸个人，他们构成了一个政治意义上的积极公民整体；

——全体"人民"，它作为前宪治共同体（"我们人民"）构成了"政治体"；

——各种前政治关系，它们随后才获得真正的政治属性；

——各种事实关系，它们随后才借助"界限概念"（border concept）转化为规范形式；

——各种社会群体之间的权力关系，它们围绕宪法的妥协随后从意识形态层面被拔高；

——各种语义虚构，它们为想象的共同体提供了一种创始神话。③

从系统理论的观点看，这些建议没有一项令人满意。系统理论拒绝将"制宪权"与诸个人、全体人民或者社会群体间的纯粹权力关系联系在一起。系统理论选择了一种社会沟通现象，建议将"制

---

① 确实，斯科达斯（Skordas）重新界定了自决概念，将这一概念的民族意涵向领土意涵再向功能意涵转变，参见 Skordas（2007）"Self-Determination of Peoples"。类似的，安德森（Anderson）将跨国社会运动视为全球制宪权现象，参见 Anderson（2011）"Counterhegemonic Constitutionalism"。

② 比如 Herdegen in: Maunz/Dürig（2010），Grundgesetz, Art. 79 Rn 7 – 12.

③ 关于这个问题，更晚近的宪法理论讨论参见 Loughlin and Walker（2007）*Paradox of Constitutionalism*。对各种古典预设的出色讨论，参见 Möllers（2003）"Verfassunggebende Gewalt"。全球宪法对权力精英特权的强化，参见 Hirschl（2006）"New Constitutionalism"；Hirschl（2004）*Towards Juristocracy*. 对语义虚构的讨论，参见 Vesting（2012）"Ende der Verfassung?"（manuscript），8 ff.。

第三章　超国家的宪治主体：体制、组织、网络

宪权"理解为一种沟通潜力，一种社会能量类型，一种实实在在的"权力"。这种"权力"经由宪法规范转化为"宪定权"，但又继续不断地刺激着宪定权。①

不出所料，系统理论的批评者声称，上述定义将整个制宪权"去人格化"了。作为反驳，我们应当指出，该定义并未切断宪法与现实的人的联系。恰恰相反，该定义重建了这种联系。首先，将"人民""共同体""集体"或"群体"这些人群形态与制宪权/宪定权联结起来，这绝对是引人误解的。宪治化的效果何在？宪治化构造了各种沟通，但肯定无法塑造出人民。这一崇高的任务，应当交给医学博士、心理学家和牧师。尽管如此，将制宪权与人民相联结还是有一定道理的，因为这种说法引起了对能量和意义的关注，这种能量和意义构成了自我宪治化沟通的背景，亦即作为"血肉之躯"的人。如果从一种设计低劣的系统论视角出发，仅仅关注社会系统内部的沟通过程，我们就无法恰当地理解宪治的潜力。这种宪治潜力，毋宁是存在于社会系统与现实存在之人的意识和肉体的结构耦合处。正是社会与个人、沟通与意识的相互激扰催生了制宪权，催生了自我宪治化的潜力、能力、能量，也就是实实在在的自我宪治化的权力。这种路径唤醒了主体间性的理念，但二者的核心差异在于，这里没有一致分享的意义，没有参与者意见的视域融合，只有一系列分离但交叉的意识和沟通过程。就宪治问题而言尤其重要的是，我们在此发现了各种反思过程的"相互交织"（interweaving）——个

---

① 这里可以联系门克（Menke）对"力量"（force）的思考，他将社会系统和心理系统的差异理解为来源于力量的效果，这种力量主张二者的统一。参见 Menke（2011）"The Self-Reflection of Law and the Politics of Rights"。群体（multitudo）和潜力（potentia）的概念，参见 Hardt and Negri（2004）Multitude。主权（Souveränität）、领土（Territorialität）、人民（Volk）的概念，参见 Preuss（2010）"Disconnecting Constitutions from Statehood", 35 ff.。

人的同一性反思与社会系统的同一性反思的相互交织。这样一来，"宪治主体"就不再只是沟通的语义拟制，而是意识与沟通相互连接的真实搏动（pulsating）过程，制宪权由此茁生。然而，此种观点不应使我们重新陷入由多人构成的集体这种误解。制宪权既不只是诸个人之总体的能力，也不是一种社会关系。毋宁说，这种权力是作为沟通潜力、社会能量出现的，形成于个人意识遭遇社会沟通时的扰动领域。因此，恰当的术语应当是"沟通权力"，虽然其他理论传统从未采纳过这个术语。

到了这个阶段，我们应该戳破政治的全能幻觉了。① 国家的政治宪法无法将整个社会的集体能量全部捆绑起来，以建立国家的统一性。在现代社会，集体的潜力不再可能作为一个整体加以利用，而是已经分散为各种特殊的社会潜力、能量、权力。这是由于诸沟通媒介狭隘的特定化，亦即权力、金钱、知识、法律的特定化。诸社会系统的单一取向，同时意味着了功能分化的祝福与诅咒。而今天的宪法，不得不反映此种高度的片段化。② 政治宪法无法建立在所有社会沟通的潜力之上，只能建立在权力的潜力之上；科学宪法也只能建立在科学的潜力之上。总而言之，诸部门宪法都只能建立在其特殊沟通媒介的潜力之上。

任何权威都再不可能代表社会整体。对于政治来说，这种缺失是一个特别的问题，一个被体验为痛苦创伤的问题，因此时常遭到

---

① 对这个问题的讨论，参见 Schütz（1997）"Twilight of the Global Polis"；更激进的阐述，参见 Schütz（2009）"Imperatives without an Imperator"。

② 确实，在当前的全球化进程中，由于社会分化而出现的"宪法权威的分离（disembodiment of constitutional authority）"趋势特别明显。参见 Kuo（2009）"(Dis) Embodiments of Constitutional Authorship"，223 ff.。然而，如果我们像郭明松（音译）那样将这一趋势简单地看成衰落的过程，看成一个原初"日常政治"堕落成专家精英未经正当化的决定的过程，我们就看不到制宪权/宪定权悖论的加倍增长所释放的各种社会潜力。

第三章　超国家的宪治主体：体制、组织、网络

否认。① 甚至，托马斯·威斯汀虽然在别处批判了国家相对于社会的膨胀，最终却仍然维护政治宪法支配整个社会的主张，而不是将政治宪法局限于对权力媒介的确定。② 然而，威斯汀陷入了矛盾之中：只是诸社会子系统之一的政治，却要创制支配其他所有社会部门的宪法，这如何能够自圆其说？一位以功能分化作为研究基础的宪法学家，怎么能够假定政治的优先性（不再是国家的优先性，此处是政治宪法的优先性）？法经济学家同样可以主张经济的优先性，梅斯特梅克尔（Mestmäcker）及其经济宪法理论就是这样。③ 尤其在当今的"知识社会"中，其他各种学科同样可以坚持其社会领域的优先地位。因为不独政治领域，所有社会领域都可以主张其各自的部分理性在全社会范围的相关性。然而，唯有在特定的地域背景下或者情境背景下，才能主张某种功能系统的优先性，这种优先性随着空间和情境而改变。④ 我们不能像威斯汀那样，在阐述无中心或无顶点

---

① 对于这种政治创伤的细致入微的观察，参见 Schütz（1997）"Twilight of the Global Polis"。[德文版在此句之后还有如下文字：在此可以发现宪法讨论中的分歧。对于这一分歧，施泰因豪尔清晰地用卡尔·施密特的"构建"（Konstitution）和艾比·华伯的"恢复"（Restitution）这对概念进行了概括（Steinhauer，"Medienverfassung"，162 ff.，166 ff.）。二者都涉及对无法诉诸整体的创伤的处理，这种创伤产生了社会分化的过程。二者都对片段化做出回应，都对社会功能、媒介以及社会子系统的分化做出回应。二者都涉及重置社会精神紧张与社会代表之间的关系。卡尔·施密特的构建，致力于抵御与此社会功能分化相结合的暴动（Rebellionen），他在政治宪法中发现了社会整体的代表，这种代表通过政治决断的力量来抵御社会功能的分化。"所能进行代表者，只能是独裁的人，或者是某种理念，而这种理念一旦被代表，它也要被拟人化。"（Carl Schmitt, Römischer Katholizismus und politische Form, Stuttgart 1984, S. 35 f.）相反，艾比·华伯的"恢复"概念虽然也对新主体的分化做出回应，但此处的宪法并不对抗片段化，而是"刺激"新的思维空间，并固定新的集体身份。——校对者注]

② Vesting（2009）"Politische Verfassung?"，616 ff.

③ Mestmäcker（2003）Wirtschaft und Verfassung.

④ Stichweh（2011）"General Theory of Function System Crisis"，53.

的现代社会的同时,又给出一个隐蔽的中心和顶点:政治宪法。政治宪法并没有汇聚起全社会的集体潜力,并通过法律为其赋予政治形式。政治宪法毋宁是为了集体决策的目的,独自代表了全社会特殊的政治性潜力,亦即全社会的资产(assets)、权力来源和共识。①

除了这种特殊的政治性"制宪权"以外,现代社会还存在许多其他社会潜力,这些社会潜力经过法律规范的确定而成为宪法。塔利的意见与此相近,他回溯洛克、马克思和韦伯,识别出"政治权力""劳动权力"和"安全权力",当它们经由法律规范确定下来,就创制出了诸多"超越国家法律体系的宪法"。② 施特菲克(Steffek)指出,不同的跨国治理形式需要不同的正当化原则和程序。③ 一些互联网法学家也支持这种观点,认为人民主权在现代条件下被分割成了多个片段,其中之一转化为互联网的媒介权力。④

制宪权/宪定权的悖论由此成倍增长。不仅政治,其他社会系统也通过自我指涉的过程建立自身,"无中生有"(ex nihilo)地构成各自的自治。⑤ 实际上,宪法通过将悖论外部化到周遭背景之中,

---

① 在其后期研究中,威斯汀试图消解这个他自己制造的问题。参见 Vesting (2012) "Ende der Verfassung?"(manuscript), 8 ff.。他区分了总体宪法的象征性统一与子系统宪法的多元性,前一种叙事试图建立作为整体的社会,后者则更直接地涉及各种技术问题。他仍然坚持集体共享的关于宪法"统一性"的信条,在这种宪法统一体中,整个社会表达和表现了自身。在民族国家背景下,这种区分或许有用,因为这种区分可以解释面向社会整体的国家宪法的无节制(excesses)。但对于世界社会来说,这种区分没有解释力,因为想象的世界共同体的宪法"统一性"仅仅存在于"国际共同体"或者"人类"的微弱象征之中。到处都在讲述着更加厚实的叙事,在世界社会的各种片段中,在宗教、族群、国家、功能系统和各种组织中,都不仅仅存在技术性质的宪法。
② Tully (2007) "Imperialism of Modern Constitutional Democracy", 319, 323 ff.
③ Steffek (2003) "Legitimation of International Governance", 258.
④ Post (1998) "Unsettled Paradox".
⑤ 对经济系统悖论的讨论,参见 Luhmann (1988) *Wirtschaft der Gesellschaft*, 181; Derrida (1991) *Donner le temps 1. La fausse monnaie*, 39。

处理自我指涉的悖论。各种社会系统都从未彻底自治：他治（heteronomy）的因素总是存在。如果外部化过程系借由宪法而发生，那么相关社会系统指涉法律之时，就是他治降临之时。一个社会系统的"自我"首先由法律规范他治地界定，而后才能自治地界定。尽管一个社会系统通过一连串自身运作形成了统一性（unity），但它的同一性（identity）由它的宪法之中创造，这一宪法使外部的法律描述再进入该社会系统的自我描述。

在政治宪法理论中，传统上将"自我"理解为"某种事物"，亦即既有实质属性和实质特征的集合体。林达尔（Lindahl）反对这种思路："自我建构的'自我'说的是反思的同一性、作为集体自我性（collective selfhood）的同一性，而不是千篇一律的同一性。"①因此，自我建构总是兼具"客观和主观属性"（genitivus objectives and subjectives）。宪法的"自我"同时是自我建构的主体和客体："集体的自我建构，既意味着通过集体自我进行建构，又意味着集体自我得到建构。"以这种方式，宪法与创制规范的法律一道，构造了作为社会系统之自我描述的集体同一性。这种集体同一性形成于政治之中，也形成于经济和其他社会系统之中。在超国家背景下，正是前面分析的各种主题特定的体制，塑造了各种新的内核，集体同一性围绕这些新的内核结晶而形成。

（二）集体同一性

尽管如此，我们还是必须警惕我们所使用的术语。"集体同一性"这个概念涉及一个社会系统的自我描述，不应与一种不同的社会现象相混淆，亦即不应与严格意义上的"集体"——集体行动者

---

① Lindahl（2007）"Constituent Power and Reflexive Identity", 10.

或正式组织相混淆。① 在民族国家宪法的场合,很容易犯这种错误,因为"国家"既是政治对于一种纯粹的集体的自我描述,又是一个完全成熟的正式组织,它作为集体行动者对内等级式地运行,对外与它的环境沟通。一些作者因此强调,非国家宪法也需要创造一种新的集体行动者。比如,乌尔里希·普罗伊斯(Ulrich Preuss)声称,非国家宪治过程的必然结果,就是团体行动者(corporate actor)的出现。② 这种观点再度陷入了法团主义的历史性误解——20世纪30年代国家权威主义的法团主义以及民主的新法团主义,都将各种功能子系统视为正式组织,并试图强加一种组织宪法。与这种观点不同,我们应当明确区分社会系统的运作封闭与社会系统的宪治化。在政治之中,系统封闭不仅要求政治自我描述为"国家",还要求政治正式组织为"国家"。否则,特殊的政治权力过程与全社会的其他权力过程就无从区分。但在其他系统中,同样的运作封闭问题系以不同的方式解决:在经济系统区分支付行为与交换行为,或者在法律系统中区分法律行为与道德评价,要容易得多。然而,就"宪治化"目标而言,单纯的自我描述,亦即集体同一性的建立,便已足够。

因此,我们应当放弃一项错误的预设:宪治化无可避免地意味着一群个人转化为一个集体行动者。以下观点也是错误的:社会系统的集体同一性暗示了一个有效的正式组织。对于民族国家来说,这个观点可能正确,因为国家确实被构造为政治集体行动者。但对于其他社会系统来说,这个观点就错了。其他功能系统——经济、科学、法律、健康照护、传媒——都无需集体行动者,这些系统之

---

① 对集体的深刻讨论,参见 Beckenkamp(2006)"Herd Moves?"贝肯坎普按照不同本文的标准,区分了"集体行动者"和"团体行动者"。将行动之于沟通性同一体的作用作为标准的文本,参见 Teubner(1988)"Enterprise Corporatism: New Industrial Policy and the "Essence" of the Legal Person"。

② Preuss(2010)"Disconnecting Constitutions from Statehood",33,37.

第三章 超国家的宪治主体：体制、组织、网络

中并不存在国家的等值物，它们也并非由一个正式组织对内对外作为代表。它们的自我奠基是一个沟通过程，这个过程发生在整个系统没有被正式组织化的情形下，并不依靠一个被正式组织化的集体。各种超国家体制又如何呢？商人法（lex mercatoria）已经表明，超国家体制的宪治化也不需要集体行动者。如前所述，没有国家组织的任何等值物，较高级的宪法规范也出现了。不过在有些情况下，某一体制的中心确实存在有效的国际组织，比如 ICANN 之于"数字法"（lex digitalis），或者 WTO 之于贸易法。此时，该体制确实在集体同一性之外，形成了类似于国家集体行动者的属性。①

与民族国家不同，在国际关系层面，即便是政治系统也没有自主的集体行动者，国际共同体这个概念仅仅被政治系统在其宪治过程中用于自我描述。的确，图姆夏特（Tomuschat）的"国际共同体"定义涉及一种超国家的政治宪法，但绝对无关一个成熟的集体。按照他的理解：

> 国际共同体是一系列旨在保护人类集体利益的规则、程序和机制的集合体，建立在对共享价值的某种理解的基础上。②

这一定义所使用的"共同体"概念非常容易让人误解。众所周知，按照滕尼斯（Tönniess）的观点，"共同体"意指一种与"社会"截然不同的特别密集的社会关联形式，而在国际政治的世界，很难找到、实际上根本不可能找到这种社会关联形式。即便在民族

---

① 对这个问题的讨论，参见 Dunoff（2011）"New Approach to Regime Interaction", 150 ff. 。

② Tomuschat（1999）"Ensuring the Survival of Mankind", 88；也参见 Bogdandy（2006）"Constitutionalism in International Law", hier S. 233 ff. 。

国家内部，由于全社会的片段化，"共同体"这个术语似乎也不再像以往那样富有说服力。后现代性的特征在于社会身份和世界观的多元化；这样一来，"共同体"这个概念就更不恰当了。如果我们是在寻找共同体，那么"在（后）现代社会中，就必然没有宪治主体的位置"。① 在民族国家背景之外，这一观点尤其正确。民族国家之外存在着太多不同的对于政治共同体的文化理解，因此不可能发展出一种世界主义意义上的"国际共同体"。我们最好不要谈论共同体，而是谈论世界社会的政治系统。世界社会的政治系统既不是一群人民，也不是一个拟制的共同体，更不是真正的人类，它只是一些世界范围的沟通，这些沟通为了集体决定的目标而着眼于构造权力和共识。它包括各种相互分离的实体：民族国家、国际政治体制，以及二者各自的管理机构和公众。

在经济、法律和科学中，情况也大同小异。被一些人认为有益的概念，诸如"知识共同体""经济共同体"或者"次级规范共同体"（nomic community）等等，都应当极其谨慎地使用。原因仍然在于，它们没有呈现共同体的任何一项社会学特征。由此可见，伯尔曼的观点也是成问题的，他的人类学路径总是预设各种文化共同体的存在，这些文化共同体作为宪治主体发挥作用。② 然而，各种社会宪法中涉及的共同体，实际上都只是想象的同一，只是对该社会宪法运作统一的自我描述。

反对非民族国家宪治的其他观点，也倾向于将共同体的理念具象化。它们宣扬民族国家的宪治特权：只有国家，而不是其他任何社会秩序，能够借助创始神话而被识别为一个集体。尤其是哈尔腾

---

① Vesting（2009）"Politische Verfassung?"，612.
② Berman（2007）"Global Legal Pluralism". 除了将文化共同体实体化之外，伯尔曼对全球法的分析很大程度上与此处的预设一致。

(Haltern),他只承认这样一种宪法:这种宪法的法律想象能够唤起一个集体的创始神话,这种创始神话最终要求成员的牺牲和死亡行动。① 他正确地强调,宪法并不必然需要一群人民、一个初始族群或者各种中介结构,但的的确确需要关于革命和记忆的法律想象。这种对于宪法的有趣的文化理解,在宪法与集体同一性之间建立了重要的关联。哈尔腾再次正确地强调,民族国家无需用"科学的"宪法理论描述自己,而是可以采取其他方式,比如创始神话。与政治学和经济学的宪法思想不同,创始神话能够用法律语言表述。然而,哈尔腾扯上自我牺牲和死亡,似乎就复活了某种特定的集体理念。这种集体理念,说得客气点,即便对于民族国家来说也已经不合时宜,当然更不适合其他社会系统。尽管这种概念可能比其他概念显得"更深刻",但国家的宪治神话只是展现了一种短暂的现象,这种现象仅仅存在于 18 世纪中叶到 20 世纪之间。②

按照哈尔腾的观点,并非只有民族国家需要作为宪法基础的创始神话。许多非国家法律秩序,特别是宗教或族群,其创始神话的强度、复杂性和"深度"一点也不亚于国家神话。③ 许多制度的创始神话都被它们的宪法所宣扬,充当了集体记忆和意义宝藏。各种超国家体制的宪法,也通过持续发展和不断指涉对自身起点的虚构解释,创造自己的起源神话。④ 但这些叙事不是无中生有:它们必须被奠定虚构陈述之基础的外部环境所证实。跨国体制的宪法没有选

---

① Haltern (2003) "Internationales Verfassungsrecht?"; Haltern (2003) "Pathos und Patina".

② 作为检验,或许可以问问,那些准备支持牺牲和杀戮的宗教激进群体,是否也因而构成宪法主体?

③ 非国家法律秩序创始神话的基本情况,参见 Cover (1983) "The Supreme Court, 1982"。

④ 用大量实例详细讨论这个问题,参见 Dunoff (2011) "New Approach to Regime Interaction", 150 ff. 。

择典型的政治创始神话即立法者意志,而是发明了自己的创始叙事。它们将自身的起源追溯到与之结构耦合的社会子系统。在这些社会子系统中,必然有充足的非法律素材可资利用,以便提供能够被它们的法律秩序"曲解"为先例的意义。每种体制的创始神话都证实了这种运作性误解的存在。所需要的一切,只是"能够貌似相当可信地断言前人也遵守法律规范的情况。"①

正如科斯肯涅米(Koskenniemi)所说,在超国家背景下,创始神话并非产生于全面的国际公法叙事,它们毋宁是:

> 通过专业化产生的,亦即通过在诸如"贸易法""人权法""环境法""安全法""国际刑法""欧盟法"等领域中创造的特殊的知识和专家体制产生的。在各种制度工程中,法律实践的世界正在被分割,以迎合有特殊利益和特殊社会精神的特殊受众。②

联合国人权体制、WTO自由贸易体制以及更晚近的全球环境体制都掌握了这种宪治叙事。③ 甚至各种私人体制也有它们的创始神话,这些创始神话存在于它们的宪法的中心,将它们的"法律生产权"(jurisgenerative power)予以正当化。在商人法中,已缔结的协议无法诉诸国家宪法。尽管如此,商人法还是发展出一种宪治基础,以证明以下观点的正确性:由这些协议产生的所有预期,都具有法律上的拘束力。商人法不是诉诸国家宪法,而是诉诸从世界市场的混乱环境中产生的大量相关的非法律材料——国际贸易惯例、交易

---

① Luhmann (2004) *Law as a Social System*, 57.
② Koskenniemi (2009) "Politics of International Law", 12 f.
③ 特别参见 Dunoff (2011) "New Approach to Regime Interaction", 150 ff.

习俗以及商业实践。在纠纷解决过程中，政治和立法产生的制度被绕开，而上述鲜有事实基础的社会实践被宣称为"总是"具有法律效力，并且很早以前就拥有宪定权威。类似地，先前的仲裁裁决也被援引，这些仲裁裁决不是根据既有的国家法，而是根据"公平"标准做出的。它们先前明显没有法律属性(ex aequo et bono，依据公允及善良原则裁断)，后来却突然像有法律拘束力的先例那样被援引，并且因此适用区别和推翻的技术。以这种方式，在古代贸易习惯的历史延续中，商人法也发生了宪法性的自我效力确认。

威斯汀认为他的以下意见仅限于整体社会的宪法，但实际上，各种部门宪法同样如此：

> 不过，宪法在其象征维度，也就是它能够发现自身同一性的唯一维度，无可避免地与诸如语言、媒介、文化、共同知识、文化记忆等制度相联系。因此，它依赖于一种被象征性地填充的空间、一种文化背景，这种空间和背景超越个体或者集体行动者的有限生命，将持续展开的自我逻辑刻写进命名过程和名字（"宪法"），从而在历史时间中创造了同一性。①

林达尔更为准确地描述了叙事、部门宪法与集体同一性的关系。在深入讨论了围绕宪法集体的争论之后，他没有将集体同一性界定为一个群体的实质属性，而是将集体同一性不断消解在沟通过程之中："行动就是回应。"

---

① Vesting (2012) "Ende der Verfassung?" (manuscript), 11. 威斯汀本人用广播宪法的例子，承认了不仅只有总体宪法生产了自己的"叙事性同一"，各种部分宪法同样形成了这种同一性。

因此，制宪权悖论对于集体自我本体论的主要贡献就在于：集体自我以可被提问的模式存在，依靠其行动和回应性存在。①

这种模式基本上就是纯粹的沟通—提问—回应，无需假定集体行动者的存在。集体自我的凝结，并非依靠国家、体制或者正式组织一锤定音的实际奠基行动，而是依靠一个持续展开的过程，在这个过程中，集体自我的同一性经由一系列反思行动，经由轮番的提问与回答不断变动。因此，宪法是一个活的过程：法律辅助下社会系统的自我同一化过程。

所有类型的宪治主体的自我同一化，最终都取决于对其社会同一性的反思。任何宪法的核心问题，都在于在指涉自我、他者与全社会之间找到平衡。很明显，这个公式回溯了自主个体的主观权利传统。② 主体自治的意义，不仅源于个人利益的追逐或者自我实现的愿望。毋宁是，在自治与面向整体和他者的责任之间，存在着具有构成意义的关联；这种责任不是从外部强加的，而是只能由个体自己通过自主地重构世界做出规划。同样地，就各种社会系统的自治而言，自治与责任的关联也具有构成性的意义。③ 自治与责任的双重关联，亦即个体、社会系统二者的自治与责任的关联，可能是（宪）法的社会学启蒙带来的最重要信息。一个系统，如何能够平衡它的全社会功能与它对其他系统的贡献呢？答案是：只有这个系统在其特定历史情境中的内在反思，能够决定它自身的功能和贡献。这就

---

① Lindahl（2007）"Constituent Power and Reflexive Identity"，21.

② 康德在道德自主的基础上谈论人对自己的责任，参见 Kant（1977）*Metaphysik der Sitten*，547. 从哲学观点对这个问题的讨论，参见 Menke（2011）"The Self-Reflection of Law and the Politics of Rights".

③ 这一点，最终成为了涂尔干社会理论及其区分机械团结与有机团结的基础。参见 Durkheim（2004 [1883]）*Teilung der sozialen Arbeit*，152 ff.。

是宪法对共同利益做出贡献的方式；所有社会领域的共同利益要求，不是在中心得到确定，不是在政治系统中得到确定，而是去中心化地，在每一个独立的社会系统内部分别被确定。只有独立的宪法能够界定相应社会系统的同一性，并且使之适应于全社会和周遭环境。如果各种超国家体制形成了此种反思能力，并且运用法律规范支撑这种反思能力，那么它们就奠定了宪治主体的地位。

第四章 超国家的宪法规范：
功能、领域、过程、结构

各种社会宪治主体具有不同的特征，这些特征取决于它们是在国家领域还是超国家领域形成。这一点，我们可以视为前两章的暂时结论。在全球化进程中，新的宪治主体已经浮现：国际组织、超国家体制和网络。它们的特征，在于去国家化、片段化、高度自治以及特定的功能取向。尽管遭到国家主义宪法学者的反对，我们还是无可选择地承认，许多超国家制度都是宪治主体。上一章已经表明，如果我们试图公平看待全球的现实，就必须考虑接受以下三项判断：（1）不能再将民族国家视为唯一可能的宪治主体。（2）全球社会片段化为各种功能有限的体制，如今已成现实。（3）不仅狭义上的公共制度被宪治化了；必须承认，私人部门的各种制度也被宪治化了。

然而，宪法学者们进一步提出了反对意见：即便超国家体制是宪法的候选者，其规则也并未呈现宪法规则的各种特征。他们认为，在宪治化名义之下展开的，不过是社会空间的法律化过程，要么是借助国际公法，要么是借助私人秩序；真正的宪法规范并没有出现。要言之：这只是法律化，不是宪治化。世贸组织（WTO）、国际劳工组织（ILO）、国际商会（ICC）、互联网名称与数字地址分配机构（ICANN）、商人法（*lex mercatoria*）、体育法（*lex sportiva*）以及其他超国家体制，都仅仅执行管理职能，而非宪治功能。据说，与在国

第四章　超国家的宪法规范：功能、领域、过程、结构

家政治之中可以观察到的情况不同，这些超国家体制不可能促成公共意见领域与有约束力的决策制定领域的相互作用。更不用说，所谓超国家空间的宪法，顶多只是呈现了一种法律规范等级，却无法通过以民主方式加以组织的政治过程确立这种规范等级。①

　　这些反对意见不再关乎宪治主体，而是关乎规范属性。回应这些反对意见需要大量的分析工作——仅仅隐喻式地谈论宪法，当然是应该避免的。② 下文将根据四项标准，讨论超国家体制是否正在形成超越单纯的普通法律的真正宪法。③ 在这个问题上，我们不会局限于宪法的"形式"概念的标准，这一点应该是不证自明的。④ 恰恰相反，外在于国家的宪法需要满足"宪法"的"实质"概念的要求。按照这种实质概念，宪法确立了明确的法律权威，由此构造了一种通过宪法得以正当化的社会过程（而不只是像民族国家的宪法

---

①　Grimm (2005) "Constitution in the Process of Denationalization", 460 ff.；更谨慎的负面判断，参见 Grimm (2009) "Gesellschaftlicher Konstitutionalismus"; Loughlin (2010) "What is Constitutionalisation?", 64 f.；Wahl (2010) "In Defence of Constitution"; Wahl (2008) "Verfassungsdenken jenseits des Staates"。一项反批评，参见 Holmes (2011) "Rhetoric of Legal Fragmentation", 125 ff.。

②　沃尔（Wahl）对超国家宪治倡导者的批评，参见 Wahl (2002) "Leitbegriff oder Allerweltsbegriff"。

③　超国家背景下法律化与宪治化的清晰界分，参见 Klabbers (2009) "Setting the Scene", 8 ff.。对相关标准（宪治功能和宪治结构）的详尽分析，参见 Gardbaum (2008) "Human Rights and International Constitutionalism"。正如系统理论所建议的，如果我们关注超国家体制的内部分化和事件链条，就有必要使用额外的标准（宪治场所和宪治过程）。

④　关于形式宪法的经典论述，参见 Kelsen (1978 [1934]) *Pure Theory of Law*, 221 ff.。一些超国家体制宪法（比如 WTO）实际上符合三项必要条件：(1) 成文的文本；(2) 规范的等级；(3) 复杂的程序。其他超国家体制宪法，如商人法，只满足第二项，较低程度上满足第三项，但不满足第一项条件。参见 Dalhuisen (2006) "Legal Orders and their Manifestations"。因此，像英国宪法这个著名的特殊案例一样，这些超国家体制宪法属于非正式的或者潜在的宪法。经典文献，参见 Dicey (1964 [1889]) *Study of the Law of the Constitution*, 23。

那样，构造政治过程）。① 超国家体制的规范必须通过以下质量检验，才算得上宪法规范：

（1）宪治功能（constitutional functions）：超国家体制创制的法律规范，是否执行了规制和冲突解决以外的功能，亦即是否既作为严格意义上的"构成性规则"运行，又作为严格意义上的"限制性规则"运行？

（2）宪治领域（constitutional arenas）：能否从超国家体制中识别出宪治化过程的不同领域？亦即类似于组织化的政治过程领域与自发的公共意见过程领域，它们受国家宪法的组织法部分规制。

（3）宪治过程（constitutional processes）：超国家体制的法律规范是否形成了与其社会背景或者"次级规范共同体"（nomic community）之间的紧密连结？亦即类似于宪法规范与民族国家"次级规范共同体"的紧密连结。

（4）宪治结构（constitutional structures）：超国家体制是否形成了民族国家内部那样的典型宪治结构，尤其是众所周知的宪法规则至高无上，以及对普通法律的司法审查？

第一节 宪治功能：构成功能／限制功能

（一）社会系统的自我奠基

根据系统理论，民族国家的政治宪法具有构成功能，能够相对于宗教、家庭、经济和军事等"其他"权力来源，保障政治在现代获得的自治。宪法通过将政治权力媒介予以形式化（formalizing），

---

① 实质宪法的定义，参见 Kumm（2006）"Beyond Golf Clubs"，508。市民社会宪法的类似定义，参见 Amstutz, et al.（2007）"Civil Society Constitutionalism"，245。

第四章　超国家的宪法规范：功能、领域、过程、结构

执行了这项功能。① 用唐希尔（Thornhill）的话说：

> 宪法（无论其表述和设计意图如何）通常具有一种功能，即通过构造客观化的权利体制，支持国家权力被抽象为一种自主的社会物品，并尽可能在不同历史条件下，确保有利于在全社会中实现权力普遍化的各种条件。为了达到这个目的，宪法也应当为全社会提供一种灵敏的政治机制，这种政治机制用权利来确定和法律化（identify and codify），各种社会空间之间的裂缝，防止它们融为一体从而保障全社会内部所有明显的交换空间的更有宽度的分化。②

将唐希尔的以上论述略加修改（*Mutatis mutandis*），我们可以说，如今在全球范围内，经济、科学、传媒和医疗系统等其他部门的宪法也执行着类似的构成功能，也保障着它们的特定媒介的自治。每种部分宪法都运用"构成性规则"，将某种单一的抽象沟通媒介——权力、货币、法律、知识——塑造成某个全球功能系统内部的自主社会结构。③ 与此同时，这些宪法也确保在不同的历史条件下，各种全球功能系统的沟通媒介能够发挥全社会影响。这些宪法发展了

---

① 在这个方向上的讨论，参见 Thornhill（2008）"Towards a Historical Sociology"，169 ff.。这一讨论是对卢曼宪法理论的发展，参见 Luhmann（1990）"Verfassung als evolutionäre Errungenschaft"; Luhmann（1973）"Politische Verfassungen im Kontext"。
② Thornhill（2011）"The Future of the State"（manuscript），18。
③ 约翰·塞尔（John Searle）强调，对于宪法理论来说，构成性规范与规制性规范（regulative norms）的差异是最具根本性的。参见 Searle（2006）"Social Ontology"。在许多社会部门中，都存在构成性规范，这就是为何林达尔和普鲁斯都将宪法这个术语与其狭隘的国家指涉相分离，进而扩展到超国家制度和社会制度的整个系列。参见 Lindahl（2007）"Constituent Power and Reflexive Identity"，14 ff.; Preuss（2010）"Disconnecting Constitutions from Statehood"，40 ff.。

上述两种取向的组织规则、程序、资格和主观权利,将各种社会空间的分离从法律上确定下来,从而支撑着全社会的功能分化。①

关于各种全球功能体制的宪法,最引人注目的情况是,它们在过去数年中专注于提升构成功能——换言之,它们完全聚焦于保障各自自治的制度条件。这些体制宪法被一个压倒一切的问题困扰着:民族国家边界不仅正在经济领域制造障碍,而且也在科学、教育、健康照护和传媒领域制造障碍,限制着各种功能特定的沟通在全球层面的相互关联。对于这个问题,各种国家"生产体制"负有主要责任:虽然它们有效地支持了诸功能系统,但它们的支持止于民族国家的边界。② 拆除民族国家藩篱,已经成为超国家体制的首要宪法目标。因此,当前的全球宪治旨在完成两件事情:打破功能系统与民族国家政治、法律之间的封闭结构耦合,以及促使各种功能特定的沟通在全球范围相互关联。就此而言,构成性规则有助于在全球层面上释放功能系统的内在动力。

无论是"新宪治主义"的倡导者,还是秩序自由主义全球经济宪法的支持者,都准确地看到了各种全球体制的上述构成取向,尽管他们对这种构成取向的政治评价截然相反。③ 过去30年,"华盛顿

---

① 这种表述将唐希尔对政治宪法的功能设计一般化了,使之适用于所有部分宪法,参见 Thornhill (2008) "Towards a Historical Sociology", 169 ff.。

② 生产体制,是经济、政治、法律在国家或者地区内部的稳定联结。它们的差异导致了资本主义的多样性,参见 Hall and Soskice (eds) (2005) *Varieties of Capitalism*. 对于将生产体制解释为不同功能系统之间的结构耦合的讨论,参见 Teubner (1998) "Legal Irritants"。

③ 对新全球宪治的讨论,参见 Anderson (2009) "Corporate Constitutionalism"; Schneiderman (2008) *Constitutionalizing Economic Globalization*, 340 ff.; Bieling (2007) "Konstitutionalisierung der Weltwirtschaft"; Tully (2007) "Imperialism of Modern Constitutional Democracy", 328 ff.。对世界经济宪法的讨论,参见 Behrens (2000) "Weltwirtschaftsverfassung"。国际法学也注意到真正的宪法的发展,参见 Klabbers (2009) "Setting the Scene", 4 ff.。

第四章　超国家的宪法规范：功能、领域、过程、结构

共识"提出了全球范围的"新自由主义"宪治，旨在实现社会子系统的自治，尤其是全球市场的自治。华盛顿共识不仅产生了特殊的政治规则，也产生了基本的宪法原则。在经济领域，这些宪法原则试图赋予跨国公司无限的行动选择权、废除公司的政府股权、与贸易保护主义展开斗争，并将商业公司从政治管制中解放出来。① 国际货币基金组织和世界银行的首要宪法原则，就是开放各国资本市场。在各自的区域，世贸组织、欧盟内部市场、北美自由贸易协议（NAFTA）、南方共同市场（MERCOSUR）以及亚太经合组织（APEC）的宪法分别建立了自由贸易和直接投资的宪法保障。②

已经在一般契约法规则之上形成宪法规范层次的"商人法"，也主要聚焦上述构成功能。"私人的"仲裁法院已将私人产权、契约和竞争自由界定为"超国家公共政策"的组成部分。③ 跨国公司宪法牢固确立了公司治理的三项"新自由主义"原则：几乎不受限制的公司自治、公司法的资本市场取向以及股东价值的确立。④ 为了执行这些原则，公司宪法政治已经成功解除了各种阻碍公司活动向全球扩张的民族国家生产体制。⑤ 因此，新兴的全球公司宪法追寻两个目

---

① 详细的分析和批评，参见 Stiglitz（2002）*Globalization and Its Discontents*, 53 ff.。

② 对跨国贸易体制宪治现象的讨论，参见 Cass（2005）*Constitutionalization of the World Trade Organization*; Gill（2003）*Power and Resistance*; Stone（1994）"What Is a Supranational Constitution?"。

③ 雷纳确认了"私人"仲裁体制中的超国家经济宪法元素，参见 Renner（2011）*Zwingendes transnationales Recht*, 91 ff., 229 ff.。实际上同样强调相关法律规范的根本性，但使用自然法术语的讨论，参见 Dalhuisen（2006）"Legal Orders and their Manifestations"。

④ 对全球公司治理中正在出现的公司宪法的讨论，参见 Backer（2006）"Autonomous Global Enterprise"。

⑤ 作为经济、政治、法律的稳定构造的不同生产体制，参见第90页注释②所引用的文献。

标：减少民族国家政治和法律对于公司活动的影响，促进"法治"以利于全球范围的贸易。这种构成性的宪法规范致力于在全球层面释放商业公司的内部动力。

（二）全球宪治的"双向运动"

然而，单向度的"新自由主义"使全球宪治局限于构成功能，无法长期持续。被释放出来的系统能量无疑富有生产性效果，但也会引发灾难性后果，这只是时间问题。当前的宪法政治需要从根本上重新调整，以应对社会冲突的爆发。这就令人联想到波兰尼所谓"双向运动"，正如施特雷克（Streeck）所说，这种双向运动发现了：

> ……负责资本主义发展的特殊动力机制的力量，这些力量不仅是复数的，而且相互之间内在地矛盾，这些力量不是推动资本主义直线发展，而是使之时断时续（in its fits and spurts），并且陷入制度化和去制度化的周期性摇摆。①

在这种"动态非均衡"（dynamic disequilibrium）的过程中，系统能量的解放与限制反复交替，如今来到了临界点。经过长期的构成阶段，与无限制自由化的风险展开斗争已不可避免。② 较之构成性的宪法规范，当前更需要限制性的宪法规范。

这就是在全球层面解除民族国家管制的后果。民族国家的生产体制不再阻碍功能特定的全球沟通，与此同时，华盛顿共识的构成

---

① Streeck (2009) *Re-Forming Capitalism*, 235 f. 波兰尼理论与超国家宪治的联系，参见 Joerges and Falke (2011) *Karl Polanyi, Globalisation and the Potential of Law*.

② Augsberg et al. (2009) *Denken in Netzwerken*, 82 ff.; Ladeur and Viellechner (2008) "Transnationale Expansion Staatlicher Grundrechte".

第四章　超国家的宪法规范：功能、领域、过程、结构

性宪法政治也已否定了民族国家对功能系统动力的限制。今天，由于缺乏民族国家的限制，系统很容易在全球层面采用最大化其部分理性的方案。卡尔·马克思、马克斯·韦伯和尼可拉斯·卢曼传统的社会学分析，尽管理论预设各不相同，但都同意这一诊断结果。无论是资本的运动规律，还是社会行动空间的理性化，亦或是功能分化的动力学，都看到了各种社会部门的单一功能取向所产生的破坏性能量。全球化具有加速效果。在各种全球系统中，取消国家生产体制释放了破坏性的动力；在单向度的理性最大化过程中，一个社会部门的破坏性动力，与其他社会动力发生了碰撞。

这种态势尖锐地提出了一个问题：功能分化是否必然将功能系统"正常的"自我再生产转化为一种无限制发展的冲动？自创生系统理论早已颠覆了结构功能主义的定理：纯粹的系统维持迫令。新的迫令是各种递归运作的关联性——自创生要么继续，要么停滞。①然而除此之外，另一个令人疑惑的问题在于：功能分化是否秘密地暗含着一种独特的发展冲动？既然功能系统将自身导向一组且唯一一组二元符码，它们就摧毁了曾经在多功能的传统社会制度中有效运转的各种内在自我限制。功能系统的自我再生产和正式组织化，其结果是带来了一种无可抗拒的发展冲动。

符号生产的轻微膨胀倾向十分正常；否则功能系统就会陷入紧缩螺旋，危及其生产力。②然而，除了"正常的"发展以外，功能系统的递归性似乎屈从于加速复制和加速发展的压力。若如此，是什么促动了这种"涡轮增压自创生"（turbo-autopoiesis）呢？功能系统臭名昭著的扩张倾向——世界的政治化、经济化、法律化、传媒

---

①　Luhmann（1995）*Social Systems*, 54.
②　在经济学领域倡导这种观点的学者，参见 Binswanger（2009）*Vorwärts zur Mässigung*, 11 ff.。

化、医疗化,确实显示了难以抑制的发展动力,其程度在每个功能系统中或高或低。施迪西维(Stichweh)在观察了若干系统符号生产的加剧趋势后,断言这种内在的发展冲动确实存在。他指出了"轻微膨胀的发展过程"与导致危机的过度发展过程之间的差异。① 货币、权力、真理、爱等沟通媒介应当为此负责。它们不仅增加了接受沟通的动机,与此同时,还制造了过度发展的预期,亦即一种在未来进行沟通的"信用"。要偿还这个信用,只能依靠更多的贡献,以及这些贡献对于同样不断增长的"信用"预期的回溯性影响。这样一来,就形成了增长螺旋。病态的增长螺旋似乎不仅仅在经济系统中产生,而是也存在于许多功能系统中(如果不是所有功能系统的话)。

这种发展态势超出了罗莎(Rosa)对当今"高速社会"的诊断——加速循环。② 社会进程加速,只是更大的发展态势的局部现象。这种更大的发展态势表现在三个维度:除了时间维度,还有物质维度和社会维度。尽管罗莎正确地观察了时间维度,但在符号生产的发展冲动中,也存在物质维度,亦即同类运作加倍增长的倾向。而在社会维度,还发现了一种社会流行病,亦即模仿、散布和传染,特别表现为金融市场的"羊群心理"(herd behaviour)。③

经济系统制造更多产品的内在压力早已得到确认。这种压力是经济自我再生产的前提,但当它们爆发时,就会突然变成破坏性的倾向。④ 其他功能系统中也发现了这种压力。能否识别出"正常"发展形式与"病态"发展形式的差异?就法律而言,我们可以清楚

---

① Stichweh (2011) "General Theory of Function System Crisis", 55 ff.

② Rosa (2005) *Beschleunigung*, esp. 295 ff. ; Rosa and Scheuerman (2009) *High-Speed Society*.

③ 相关论述参见 Stäheli (2011) "Political Epidemiology"。

④ Binswanger (2009) *Vorwärts zur Mässigung*.

地看到，法律并非只是处理冲突、恢复和平。实际上，法律规制本身就制造了冲突，这些冲突反过来又要求法律的进一步规制。首先，尽管法律在日常生活中介入规制，但它本身就制造了引发冲突的各种情境。① 其次，每项规范都导致了解释问题，这些解释问题又导致了进一步的冲突。最后，数量巨大的法律规则生产了规则之间的冲突，这些规则冲突又要求生产更多规则。法律的高度自治，似乎增加了冲突的数量。所有这一切，都还只是法律正常的轻微膨胀倾向。需要批判性审视的是一种法律依赖症，表现为规范生产开始依赖于外部刺激——经济性的契约机制和政治性的立法，在国家和超国家层面，这种依赖症都导致了饱受批评的病状——世界的过度法律化。这些情况属于晚期现代性的法律过度发展现象吗？在政治中，福利国家的过度发展压力是明显的例证。在科学中，研究产生了越来越大的不确定性，只能依靠进一步的研究加以消除，而进一步的研究反过来又滋生新的不确定性。更有甚者，在当今的科学领域，"不发表就淘汰"这一众所周知的压力已经臻于极致，以至于"学术代笔"成了兴旺发达的产业，严重威胁了学术出版的信用。② 在所有这些领域，都有必要区分系统延续所需的正常发展与威胁系统维持的过度发展。

（三）发展压力的自我限制

因此，重要的问题在于识别出：哪些动力将发展螺旋加速到濒临毁灭的程度。当今全球功能系统的发展加速，对于系统自身、全社会和环境来说，都是一种沉重的负担。发展加速造成了严重的

---

① Luhmann (2004) *Law as a Social System*, 153.
② 关于这些发展压力（pressures of enhancement），详见（2011）"General Theory of Function System Crisis"。

"源于功能系统自身分化、特定化和高成效取向的后果"①。我们可以发现三方面的问题：(1) 特定子理性与其他子理性的碰撞；(2) 特定子理性与世界社会总体理性的碰撞；② 以及 (3) 特定子理性的功能最大化与其自我再生产的碰撞。三种碰撞的演化态势完全可能造成一场社会灾难。但卡尔·马克思所预想的崩溃，以及马克斯·韦伯所谓现代性"铁笼"，都并非必然发生。尼可拉斯·卢曼的说法更为可信：灾难的发生是偶连的（contingent）。是否发生灾难，取决于是否出现阻止灾难正反馈的抵销结构。

偶连的灾难体验现实化的时刻，可以视为"宪治时刻"。③ 这一时刻，不是自我解构动力导致抽象崩溃危险的时刻——那还是正常状态。这一时刻，毋宁是崩溃即将降临的时刻。功能分化社会似乎无视先前的自我纠正机会；无视敏感的观察者们聚焦迫近的危险，发出警告、念动咒语的事实。在子理性最大化的自我助力过程中，似乎只有到了最后一刻，自我纠正才是可能的。这种情况，明显类似于个人的成瘾治疗："触底！"（Hit the bottom！）必然要等到午夜前的最后一分钟。只有那时，当今这个成瘾社会才有自我纠正的机会。只有那时，才存在足够清醒的理解、足够痛苦的遭遇、足够强烈的改变愿望，来一次根本的方向性变革。不仅经济经常无视下一次危机的警告，政治同样如此，当专家批评不良发展态势时，政治不做回应，一直等到发生了政治丑剧——才慌忙做出回应。在科学之中，库恩（Kuhn）所谓范式变迁现象似乎也与此类似：除非"理

---

① Luhmann (1997) *Gesellschaft der Gesellschaft*, 802.

② 存在一种世界社会的总体理性吗？我们持适度保留意见。没有能够界定这种理性的权威。但可能性还是存在的：子系统从它们各自的去中心化视角，可能反思一种宏观理性（macro-rationality）。

③ 此处对该术语的使用方式明显不同于阿克曼，参见 Ackerman (2000) We the People, 266 ff., 285 ff.。

第四章 超国家的宪法规范：功能、领域、过程、结构

论灾难"迫使范式变迁，当前的主导范式导致的畸形（aberrations），只是作为反常情况被排除。

宪治时刻关乎迫在眉睫的危机体验，一种对于在全社会中释放的能量即将带来毁灭性后果的体验，一种只有通过自我批判的反思过程和自我限制的决断过程才能战胜的体验。从最终结果看，社会系统体验到其进步承诺的黑暗面，这种现象并未偏离"健康"的事物发展进程，并非需要避免的错误。恰恰相反，这种体验几乎是改善社会系统内部宪法的必要前提。因此，最终正是系统的病态倾向引致了宪治时刻，在这个危急的灾难时刻，系统在能量的完全毁灭与自我限制之间做出了决断。

功能分化要求进行一项大胆的实验，亦即从全社会的全面统一，走向诸多片段化的社会能量的释放。这些社会能量产生了巨大的内在发展动力，因为它们不受任何内置其中的对立原则限制。确实，在艺术、科学、医疗、经济、政治和法律系统中，这种片段化进程带来了伟大的文明化成就。然而，每一进程的黑暗面都潜在地导向灾难时刻——宪治时刻——而恰是灾难时刻促成了自我限制的集体学习。就国际政治而言，1945 年堪称典范。1945 年是全世界在经历了政治极权主义的非人实践之后，转而宣告人权的宪治时刻，是全世界的政治权力都准备限制自身的时刻。同样地，在 1789 年和 1989 年，在发生了毁灭性扩张趋势的时代之后，政治通过在政治宪法中牢固确定权力分立和基本权利，对自身加以限制。①

宪治时刻并不局限于政治。在功能分化的社会，所有子系统都形成了发展的能量，其生产性和毁灭性高度纠缠在一起。许多地方都提出了新的宪法问题，亦即："全社会以这种方式产生了多少内部

---

① Thornhill（2008）"Towards a Historical Sociology".

膨胀？全社会能够产生和适应多少货币化、法律化、科学化和政治化？再者，全社会能够同时产生和适应多少以上诸"化"（而非仅仅是货币化）？"① 在功能分化的当前阶段，这是社会宪法的核心问题。这个核心问题涉及对自主功能系统大获全胜之后的晚期现代性的真实体验。问题不再是"系统自治可能性的制度条件为何？"，而是"子系统扩张趋势的限制措施何在？"经济系统是典型例证，在全球涡轮增加资本主义（turbo-capitalism）的背景下，经济系统正在赢得自己的胜利，同时也遭遇自己的失败。

（四）"毛细管宪法"

如果一个社会子系统由于过度发展而失控，有两种选择：一是国家干预，二是内部宪治化。在经历了极权主义体系之后，长期性的国家控制不再是值得严肃考虑的选项。相反，采用全球监管体制的模式对社会过程进行政治支配更合适一点，尽管这些全球监管体制的含义还很模糊。模糊之处在于，可供选择的选项究竟是什么？是对全球沟通加以行政引导，还是从外部对系统选择强加自我限制？如果以下判断是正确的，亦即如果核心的问题在于避免三种碰撞危险（系统的自我毁灭、广义的环境破坏、对世界社会的危害），那么后一选项更为可取。社会宪治的启示即在于此。任何全球宪治秩序都面临一项任务：如何形成一种足够强大的外部压力，推动各子系统对其选择加以自我限制。

但为何是自我限制而不是外部限制？难道经验不是表明：自我限制只会导致引狼入室，过度发展只能依靠外部力量阻止吗？可是，经验不是也同样表明：依靠外部干预控制内部过程的努力，常常以

---

① Luhmann（1997）*Gesellschaft der Gesellschaft*，757.

第四章 超国家的宪法规范：功能、领域、过程、结构

失败告终吗？① 就这个问题而言，在外部干预与自我管理之间，社会宪治展开了艰难的平衡行动。② 我们需要一种"混合宪治"，除了国家权力，还需要各种外部社会力量，包括正式的法律规范以及源于其他各种背景的"市民社会"反向力量（媒体、公共讨论、自发抗议、知识分子、非政府组织、贸易联盟、行业协会及职业组织）③，这些外部社会力量对扩张主义的功能系统施加强大压力，迫使其逐步建立实际有效的内部自我限制。

然而，只有在系统自身逻辑之内而非之外，有效的限制措施才能发挥作用。

> 每种功能系统都决定了自己的统一性……精心编织着自我解释、反思和自治的语意。原则上，系统之间的相互依赖关系无法被规范。确实，这些相互依赖关系根本不可能继续作为整体社会层次上的秩序条件得到合法化。④

唯有通过系统的内在反思，才可能完成在高水平层次上协调系统功能及其环境成效的艰巨任务；系统的这种内部反思当然可以从

---

① 关于政治规制的界限，参见 Braithwaite（1982）"Enforced Self-regulation"; Ogus（1995）"Rethinking Self-Regulation"; Gunningham and Rees（1997）"Industry Self-Regulation"; Ayres and Braithwaite（1992）*Responsive Regulation*。

② 对政治与法律的指导能力的衍生讨论，得出了"自我规制的规制"这一结论。参见 Haines（2009）"Regulatory Failures and Regulatory Solutions: A Characteristic Analysis of the Aftermath of Disaster"; Hoffmann-Riem（2001）*Regulierte Selbstregulierung*。

③ 对 NGO 政治的分析，参见 Brunnengräber et al.（2005）*NGOs im Prozess der Globalisierung*。对跨国背景下作为抵消力量的职业的讨论，参见 Herberg（2011）"Bringing Professions Back in"，115 ff.。

④ Luhmann（1997）*Gesellschaft der Gesellschaft*，745.

外部获得促进，但无法被外部反思所替代。① 正是由于这个原因，对于超国家部门宪法，我们不可能进行外部的政治限定，只可能间接施加政治刺激或者政治宪法的激扰。从这个意义上讲，根本不存在关于社会系统自我限制措施的知识。这种知识无法直接获得，而是首先必须内在地形成。只有内生的发展抑制，才能克服内生的发展迫令。为此所必需的知识，只能产生于外部压力和内部发现过程的共同作用，无法作为可由中心提供的经验知识，从外部观察的角度加以建构。

源于国家世界和其他外部压力的国家干预和国际干预确实在认知层面要求极高，原因就在于它们无法直接指挥行动，而只能选择性地制造激扰。"国家不能为了达到特定的目标情境或者'结果'评估而直接进行干预；相反，国家必须观察各种社会系统，将其干预目标精确地定位于社会系统的自我变革"。② 当子系统的理性产生自我毁灭倾向之时，外部的政治干预确实不可避免，但外部的政治干预必须适合于"通过打破自我封锁来创造新的可能性，而不是强加一种不同的国家理性"③。政治—法律的规制和外部社会的影响除非被转化为系统发展动力的自我驯化，否则无法取得成功。这就要求大量来自政治、法律和市民社会的外部干预：准确地说，是那种适合转译为自我引导的外部干预。

如果一切顺利的话，这项任务就是，将外部的政治、法律和社会压力与内部宪法的变革相结合。再一次地，按照德里达的想法，有必要将"毛细管宪法"改造为沟通循环的真正动脉，也就是"宪

---

① Luhmann（1997）*Gesellschaft der Gesellschaft*，757.

② Ladeur（2006）"Methodische Überlegungen"，657.

③ Ladeur（1984）"*Abwägung*"—*Ein neues Paradigma des Verwaltungsrechts. Von der Einheit der Rechtsordnung zum Rechtspluralismus*，60.

法的精髓以微观形式显现之处",以及国家的"大写宪法"(capital constitution)无力触碰之处。① 德里达似乎受福柯重构的权力概念启发:当今社会的问题,不是由于政治主权掌握的司法权过度扩张,而毋宁是反映为一种"毛细管权力"现象,这种"毛细管权力"产生于科学学科的进步,依赖于技术发展。它弥散在社会机体之中,深深渗入其微观结构。②

谁都不知道这种毛细管宪治实际如何运转。事先做出预测,几乎是不可能的。出于这个理由,除了开展宪治试验之外,别无他法。利用外部压力,意味着政治、法律或者其他子系统通过自我引导,制造对目标系统的激扰,最终促使外部纲要与内部纲要沿着希望的方向相互作用。这无法计划,只能试验。③ 如前所述,社会子宪法被期待的发展方向,在于限制自我摧毁和环境破坏的内生倾向。艰难地操控目标子系统及其环境系统的自我转变,正是宪治问题的核心。

(五) 魔鬼与魔王

值得注意的是,政治系统竟然扮演了先行者的历史角色,在自己的领域中做出了一项悖论性的承诺:对自我扩张加以自我限制。④ 只有魔王能够赶走魔鬼!民族国家的政治宪法史给我们上了一课,讲的是社会系统如何能够凭借自身资源,限制由于功能分化而急剧增长的各种自身可能性。这些自我限制不是在功能迫令下自动产生

---

① Derrida (1991) *L'autre cap*, 44.
② Foucault (1976) "Räderwerke des Überwachens und Strafens", 45.
③ 外部的激扰努力和内部的回应必须汇聚到公差最小化的方向,参见 Luhmann (1997) "Limits of Steering", 43 ff.; Luhmann (1989) "Politische Steuerung"; Luhmann (1990) "Steuerung durch Recht?"。系统控制理论面向不同自我引导过程的相互作用,而不像经常讲的那样,仅仅面向经济或者其他社会系统的自我引导。
④ 关于运用大量历史材料对这一命题的讨论,参见 Thornhill (2008) "Towards a Historical Sociology"。

的，它们只可能是在巨大外部压力下的激烈宪治斗争的结果，这一点怎么强调也不为过。关于宪法怎样帮助社会系统限制自身的发展冲动，民族国家的政治已经通过这种自动限制作用确立了标杆。

当然，政治系统的扩张倾向不同，限制措施的进攻路线也就不同。作为现代早期政治专制的反向运动，政治的权力分立试图分解绝对权力，并通过子权力之间的相互控制限制子权力。法治国（Rechtsstaat）原则试图对全能君主的特权施加规范性限制。随着政治、行政和司法的分立，行政和司法的政治化倾向被认为应当受到限制。最终，基本权利作为伟大的文明化成就出现，要求政治本身不应将全社会中的个人空间和自治制度空间加以政治化。在今天这种变化了的条件下，新的自我限制被附加在上述古典的政治限制之上。一方面，西方工业化国家之间的激烈竞争，以及发展中国家执行的现代化政策，已经使得对自然环境的威胁变成了政治宪法的紧迫问题，只能依靠超国家的宪治化予以应对。另一方面，政治不得不采用宪法性的自我限制措施，回应福利国家著名/臭名昭著的"加速增长法则"。就此而言，保障中央银行的独立性、有效限制国家债务，已经明显具有宪法意义。① 相反，检验各种补贴和其他过度的国家支出是否与公共福利充分相关，这类问题的宪法意义则要隐蔽得多。福利国家政治开展宪法性自我限制的当务之急，是让独立于国家的机构（类似于审计法庭）从社会科学和政治角度进行绩效审查，从而暴露错误并避免错误。

然而，对于其他子宪法来说，这段历史意味着什么？其他社会子系统如何借鉴政治的这种限制功能，取决于子系统的社会协调性标准，这些社会协调性标准向子系统施加各种限制：

---

① Luhmann（2004）*Law as a Social System*, 412.

第四章 超国家的宪法规范：功能、领域、过程、结构

因此，子系统从属于全社会这个问题，使所有子系统的自身功能和变异能力都受限于结构协调性的条件。宪法重新阐述了这种社会协调性条件，以供政治系统内部使用，亦即将之变成了可用于决策的形式。①

从与全社会相协调的意义上讲，宪法性的自我限制并非政治特有的问题，而是一个所有全社会子系统都面临的问题。② 同样地，协调性虽然可以从外部赋予，但不可能完全由外部规定：协调性必须主要从系统内部产生。其他社会宪法与政治宪法的不同之处，在于它们各自特有的内部再生产方式：正如政治按照权力设置模式构造自己的宪法，并且只能使用权力确保自我约束，其他社会系统也必须将自己独立的宪法与这一宪法对自身沟通媒介的约束结合起来（比如，经济宪法约束支付运作、科学宪法约束认知、大众传媒宪法约束新闻运作）。不同社会系统的不同内部再生产方式，决定了系统的内部宪法及其限制措施的形式。"宪法"一词的原意（本是关于机体疾病或健康情况的医学表述）仍然存在于各种宪法之中，因为各种宪法都涉及两个方面：内部组织的正常运转，以及机体对于生活环境的适应性。③

遵循政治自我限制的历史模式，为了抑制病态的发展迫令，对变革的刺激应当能够形成永久性的反向结构，使其效果通过支付的循环（payment cycle）渗透到最细的毛细管处。正如在政治宪法中，权力被用来限制权力，每个系统的特定媒介也必须转而对抗自身。以火攻火；以权抗权；以法制法；以钱御钱。这样一种媒介的自我

---

① Luhmann (1973) "Politische Verfassungen im Kontext", 6.
② 相关论证，参见 Prandini (2010) "Morphogenesis of Constitutionalism", 312 ff. 。
③ Luhmann (1973) "Politische Verfassungen im Kontext", 178.

限制,可能是区分经济的"内部宪法"改革与外部政治规制的真正标准。

第二节 宪治领域:各社会系统的内部分化

进一步的问题是:社会宪法是否也像政治宪法那样提供各种制度,以保障"散布在全社会中的作为独立选择前提的异议可能性"?① 在自由主义宪治下,关于财产权和自由权的法律制度在全社会(尤其是经济)中执行此项任务。但从当前的情况来看,仅仅这些法律制度还不够。今天,各种在全球层面构成的功能系统,都需要一种具有更强反思性的政治,以引导围绕系统对环境的贡献及其全社会职责的争论。对于全球经济来说,经济宪法规范所支持的异议可能性尤其重要。在过去,特别是集体谈判、共同决策和罢工权体系,为经济系统内部的社会异议提供了由新宪法支撑的保障。在企业中,伦理委员会和支持"内部举报人"的外部机制则起到了类似的作用。②

社会宪治将全社会中(尤其是经济制度中)是否存在"反思中心"变成民主社会的判断标准,由此找到了自己的用力点。③ 就各种反思中心的相互关联而言,各功能系统的组织化—职业化领域与自发领域的内部分化起到了关键作用。在组织化—职业化领域,还可以看到去中心化的各种组织与中心化的自我规制机制之间的进一步

---

① Luhmann(1973)"Politische Verfassungen im Kontext",182.

② 从法律理论视角出发对这个问题的讨论,参见 Calliess(1999)*Prozedurales Recht*,224 ff. 。

③ Sciulli(2001)*Corporate Power in Civil Society*;Sciulli(1992)*Theory of Societal Constitutionalism*;Sciulli(1988)"Foundations of Societal Constitutionalism"。

分化。政治宪法已经塑造了相应的政治内部分化。在其组织法部分，政治宪法颁布了关于选举、议会决议和政府决策在内的一系列详尽的规范和程序规则。此外，甚至其他功能系统也正在将不同的内部领域宪治化，这种宪治化过程既发生在组织化—职业化领域（即公司、银行、互联网媒体、医疗组织、行业协会和大学），也发生在其自发领域（即各种功能特定的公共领域）。①

（一）自发领域

组织化—职业化领域与自发领域的内部分化，在经济系统（公司/消费者）和政治系统（政府/公共意见）之中反映得最清楚，在法律系统（法院/被法律约束的人）、传媒系统（媒体组织和专业人士/公众）和医疗系统（医院和医生/患者）中也十分明显。这就是社会宪治的起点，因为在两种领域中，反思政治分别以不同的方式实现。每个社会部门的民主属性都依赖于两种领域的相互作用。在政治之中，由政党和国家行政构成的组织化领域，与由选民、社团和公共意见构成的自发领域相对应。类似地，经济之中也牢固地确立了由市场构成的自发领域与由企业构成的组织化领域。尽管企业的组织化能够极大地增强其专业技术、组织能力和金融技能，但经济中的企业部分仍然无法成功控制整个经济领域。这就意味着，政治和经济内部都存在一个高度理性化的决策领域，这个领域暴露在它无法最终控制的混乱挑战之下。当然，从自发领域那里，组织化的决策领域无法接收到任何明确的信号。自发空间被判定为自由

---

① 功能系统自发领域与组织化—职业化领域的分化，以及它们与（世界）社会各子领域民主化的相关性，参见 Teubner (2003) "Global Private Regimes"。哈贝马斯提出的"局部公共领域"（partial publics）概念近似于此处所谓自发领域，但他低估了这个概念与不同功能系统的理性标准的联系，参见 Habermas (1996) Between Facts and Norms: Contributions to a Discourse Theory of Law and Democracy, 359 ff.。

的——唯有在已经做出关键决定之后，民主或者市场的特定回应机制才开始运转。

这种"自发/组织化"差异，恰恰是超越当前宪法状态的宪治化过程的关注焦点。自发空间与组织化空间不稳定平衡需要不断被修正，尤其是需要抵制组织化领域支配自发领域的趋势。如果我们希望提升超越古典宪治制度（政治中的参与、审议、选举机制，以及经济中的去中心化的市场机制）的民主潜力，就应当扩展由自发领域控制组织化领域这种方式。

自发领域和组织化领域的二元论是功能分化的基本原则。然而，在宪治和民主维度，这种二元论还很少获得承认。尽管每个社会系统的决策潜力都已在很大程度上特定化、组织化和理性化，但民主宪治还是取决于组织化—职业化部门没有能力对整个系统加以全面控制。相反，大量去中心化的自发沟通过程控制着组织化—职业化部门。在美国和法国革命中，这种关键区分被有意置入国家宪法，以民主和人权的自发性，对抗高度理性化的国家政治组织。但在其他领域，旨在支撑自发空间与组织化空间不稳定关系的宪治努力还相当不足。

91　　有没有可能将一些宪法保障措施制度化，使自发空间能够对组织化空间施加更强有力的控制呢？许多人担心全球化只会引发民主和法治的风险，恰恰相反，全球化带来的机会就在此处浮现。全球化的态势开放了重塑自发领域与组织化领域之关系的机会。这是因为，全球化将许多社会部门从民族国家的政治约束中释放了出来。现在，牌被重洗过了。科研、教育、医疗、传媒、艺术——全球化带来了提升它们自主性的机会，以及通过一种二元宪法将"自发/组织化"差异予以制度化的机会。

全球科研呈现出全球性自发领域日益形成的显著趋势。这一趋势的关键词是：去国家化、去官僚化、非经济性的竞争形式、研究资助的多样化、研究资助机构之间的竞争。教育部门也可以发现类似趋势：大学之间的全球竞争，逼迫大学离开政治和官僚的照顾，越来越强烈地暴露在相应自发领域的控制动力之下。

由此可见，社会宪法应当着力保障自发领域的内部政治化，从而抵御组织化—职业化领域的支配主张。在今天的各种功能系统中，都可以观察到全球性的抗议运动，这些抗议运动增进了规范形成过程的再政治化、再区域化和再个人化，使自发空间能够对组织化空间施加更有力的控制。当前的关键词包括：布兰特史帕尔（Brent Spar）海上储油平台、戈尔本（Gorleben）核废料储藏设施、动物权利保护、"companynamesucks.com"域名、斯图加特 21 世纪工程（Stuttgart 21）、维基解密、马德里"愤怒者"（indegnados）游行、占领华尔街运动。这些市民社会的抗议运动并不只是指向国家，而是也指向了经济系统和其他功能系统的组织化—职业化领域。①

经济自发领域的宪治化，意味着保障"私人"消费偏好的政治化。如果这些偏好不是直接给定的，而是通过消费者能动主义、消费者运动、联合抵制、产品批判、环保标志、环保投资、公共利益立法以及其他生态可持续性要求而被公开政治化的，就不应视为政治对自我规制的经济施加了外部干预。这种政治化毋宁是改变了经济的内部宪法，因为它触及了支付循环最敏感的部分，也就是消费者和投资者的支付意愿。一个宪法问题是：这种新"群体政治"的政治正当性何在？② 其他关于基本权利的问题随即出现：如何保护自

---

① 从这些直接接触中，一些学者看到了一种新的政治性质，参见 Crouch (2011) *The Strange Non-Death of Neoliberalism*；O'Brien et al. (2002) *Contesting Global Governance*, 2。

② 实践中，详尽的公共质询程序已经形成，被用来将上述取向于经济可持续发展的社会过程加以正当化。参见 Perez (2011) "Private Environmental Governance as Ensemble Regulation"。

主的偏好不受公司利益的限制？在产品批评、揭露恶劣工作环境、抗议破坏环境的公司政策、揭发有组织的不负责任等案例中，基本权利的横向效力问题被论题化了，这并不是偶然的。经济公民的基本权利被发展出来，用于对抗一再企图限制基本权利的公司。"companynamesucks.com"和维基解密等焦点事件再次表明，经济基本权利未来将更具政治爆炸性，需要更多的法律保护。① 这种经济权利不应仅仅取向于市场效率（如市场失灵、信息不对称或者不完全契约等理论所强调的）②，而是应当取向于经济的社会协调性和环境协调性。③

（二）组织化—职业化领域

在各种社会子系统的组织化—职业化领域，主要的宪治问题在于如何处理所谓动机—能力的两难困境：职业组织之外的行动者，特别是公众、法院和国家政治，常常有限制功能系统的强烈动机，但它们缺乏知识、实践能力和持久的精力去实际执行这种变革。相反，组织化—职业化领域拥有高度发达的上述能力，但由于其利益在于系统维持，因此十分缺乏严格自我限制的动机。在这样的情况下，政治公众唯一可行的策略是"包围"职业组织，亦即对职业组

---

① 对超国家领域基本权利横向效力的一般讨论，参见 Ladeur and Viellechner (2008) "Transnationale Expansion staatlicher Grundrechte"。对互联网基本权利保护的专门讨论，参见 Karavas (2006) *Digitale Grundrechte*。对公司批评的讨论，参见 Karavas and Teubner (2005) "The Horizontal Effect of Fundamental Rights on 'Private Parties' within Autonomous Internet Law"。

② 采用这种狭隘视角的论证，参见 Rühl (2007) "Party Autonomy in the Private International Law", 177 ff.; Schäfer and Lantermann (2006) "Choice of Law", 87, 104。

③ 本书下一章详细讨论这个问题，该章将提出基本权利的超国家第三方效力。

第四章　超国家的宪法规范：功能、领域、过程、结构

织施加足够的政治压力。① 就此而言，宪法性法律的恰当回应，可能在于提高组织对公众、法院和国家政治要求的刺激敏感性。

在经济系统中，这就意味着公司宪法的"生态化"（ecologization），亦即提升公司宪法之于（自然、社会和人类）的环境敏感度。应当重新定位当前的公司治理，从优先关注公司与资本市场的关系，转而取向于公司的社会责任。这并非意味着新的管理伦理，而是意味着对投机倾向、过度发展冲动和环境破坏加以约束的公司结构内在变革，这种结构变革由议会、政府、工会、行业、社会运动、社会组织以及媒体的外部压力所引致。② 取向于可持续性的公司宪法能够提升公司对环境的关注，调整公司的内部执行和外部控制。在劳资关系领域，抵制恶劣工作环境的方案：

……结合了来自国家、工会、劳工权利社会组织、全面透明的监督体系，以及各种"管理体系"的外部（起抵御作用的）压力，这些干预措施旨在从根本上消除恶劣的工作环境。③

在此，外部的直接干预也应由各种间接的"压力"代替。这些间接压力采用了学习压力（learning pressures）的形式，亦即一种迫

---

① Habermas（1986）"The New Obscurity"，12 ff.
② Binswanger（2009）*Vorwärts zur Mässigung*，150 ff.，157 ff. 该书明确讨论了这种相互关联。作者提出了具体的公司法改革建议："股份公司是19世纪的产物，必须加以现代化。我的建议，是将资本分为有限转让的记名股和无记名股。记名股无限期，但不能在证券交易所交易，只能最早三年之后场外交易。而无记名股份有20到30年的限期，逾期就被按照原支付价格赎回。无记名股份可以在证券交易所交易……这样就能大大减少投机，减缓无意识的利润最大化，防止未来的经济和金融危机。" Binswanger，"Die deutsche Wirtschaft wächst zu schnell"，*Spiegel-Online* dated 12 December 2010.
③ Locke et al.（2006）"Does Monitoring Improve Labour Standards?"，3.

使超国家组织进行学习性调适的外部影响力。促成外部压力和内部调适的互动需要同时具备两个要素：认知结构的改变和旨在改变认知结构的压力。否则，全社会的诉求就仍然只是无效的外部推动力。这个问题涉及社会子系统的相互封闭。"开放立足于封闭"（L'ouvert s'appuye sur le fermé）。① 封闭本身就要求一种新的相互开放。因此，直接进行规范转换前途渺茫；倒是各种学习压力被强化了，这是另一种相互开放机制。

就此而言，在全球化过程中，逐渐可以看到一种重要的变化。卢曼对这种变化的描述是：

> 在自我巩固的世界社会层面，规范（采用价值、规定或目标的形式）不再引导重要的知识选择，相反，学习性的调适问题获得了结构上的首要地位。因此，必须为所有子系统的学习能力提供结构条件的支持。②

这样一来，未来公司与其利益相关者的典型沟通形态，就不再是从外部强加法律规则。将学习过程引入公司准则的，将是非法律媒介、专业知识、政治权力、社会压力以及经济刺激和经济惩罚，它们实际上几乎是逼迫着学习过程的发生。③ 认知优先并不是说公司准则失去了规范性质，仅仅作为认知性预期运转。而是说，利益相关者与公司的沟通关系去规范化了，从规范性的沟通关系变成认知性的沟通关系；公司准则本身，则仍然保持规范性质。

---

① Morin（1986）*La méthode*：3 *La connaissance*, 206.
② Luhmann（1975）"Weltgesellschaft", 63（my emphasis, GT）.
③ 对这种学习过程的详细讨论，参见 Crouch（2011）*The Strange Non-Death of Neoliberalism*；Kjaer（2010）"Metamorphosis of the Functional Synthesis", 518；Amstutz and Karavas（2009）"Weltrecht", 655 ff.。

第四章 超国家的宪法规范：功能、领域、过程、结构

何为学习压力的第一要素——认知性学习？答案是：源于利益相关者的推动力只是公司准则的"模版"，包括行为模式、原则、最佳实践、建议等。这种推动力促使学习过程超出并跨越不同沟通媒介的边界。① 正是诸沟通媒介的相互分离带来了认知增值，而且，只要扰动的火花越过相关系统的边界，就总是会产生认知增值，导致那里的规范变革。

一种特殊的学习效果由此形成：利益相关者制定各种规范，通过这些规范，公司就能够理解指向自己的社会预期，但又不必将所有社会预期照单全收。社会和国家的要求弥补了私人准则的狭隘视野，并且提升了私人准则，使之发展出超国家公共政策的取向。以这种间接的方式，国家机构、抗议运动和市民社会的各种组织提供了宪法学习的动力。

何为学习压力的第二要素——压力？答案是：法律惩罚并不起关键的学习压力作用。相反，只有依靠非法律的惩罚机制，才能逼迫公司接受社会组织的抗议和国家的软法，使它们成为变革公司准则的学习动力。逼迫公司制定行为准则的，首先是跨组织的权力———边倒的压力和政治交易。这就又一次表明，要让外在的软法规范发挥影响，外部压力是必不可少的条件。② 就此而言，尽管民族国家和国际性政府组织同样能够形成权力资源，施加外部压力，但程度着实有限。抗议运动、社会组织、工会、非营利组织、行业协会和公共意见所施加的强大压力，已被证明更加有效。最终起到关键作用的，往往是经济上的制裁措施——消费者（公司倚赖其购

---

① Murphy (2005) "Taking Multinational Corporate Codes".

② Abbott and Snidal (2009) "Strengthening International Regulation", 506. 该书总结道："从法律并未提出要求这个意义上讲，这些规范是'自愿的'；然而，公司遵守这些规范，常常是因为来自NGO、顾客需要、行业协会规则以及其他实际使这些规范具有强制性的力量。"

买行为）的敏感性，以及某些投资群体（以其投资决策对公司施加经济压力）的敏感性。① 至于当前的金融危机，我们也可以看看政府能否扮演有力的领导角色，对公司施加外部压力。在这个问题上，最近的新闻让我们更有理由持怀疑而非乐观态度。

因此，"自愿准则"隐喻的背后绝对不是自愿。跨国公司之所以采纳准则，既不是因为它们接受公共利益的诉求，也不是由于它们被公司伦理所促动。只有受到外来的巨大学习压力，跨国公司才会"自愿地"行动。学习过程并非在法律系统内部发生，经过效力转换由国家规范变成公司准则，而是只能从其他功能系统绕道而行。将这种情况描述为社会制裁对法律制裁的替代，还很不够。这种描述可能掩盖了上述绕道式学习压力的重要后果。倒不如说，系统边界在复杂的"转译过程"中被超越了，并且，在社会和政治预期、政治和社会权力施加的压力、认知共同体的知识运作、经济制裁与公司准则的执行之间，出现了一种扰动循环。② 联合国、国际劳工组织和欧盟就跨国公司行为提出的软法建议并没有直接的法律效力，它们毋宁是经过了一种复杂的"转译过程"的转换。当软法规范被"转译"为设计模型和组织审查的专业知识语言，转译为国家组织、社会组织和跨国公司之间的跨组织政治谈判权力，转译为公共领域的名誉机制和经济鼓励、经济制裁的权力，以及最终转译为公司内部准则的硬法法律语言时，软法规范的初始内容已经从根本上发生了改变。这种外部与内部过程的间接连结，阐释了公司的自我宪治化过程。公司的自我宪治化不是源于内在、自愿的动机，也不是源

---

① 关于外部压力与内部公司结构之间的关系，详细的分析参见 Howard-Grenville et al. (2008) "Constructing the License to Operate"。

② 参见 Ellis (2009) "Sustainable Development and Fragmentation"。通过对海洋管理委员会的经验性案例分析，指出转译过程是公司宪治成功的关键。

于法律的制裁机制,而是完全基于外部的学习压力。

(三) 沟通媒介的自我规制领域

在功能系统中,除了自发领域和组织化—职业化领域之外,还存在第三种宪治领域。在这种宪治领域中,存在着一些负责沟通媒介(权力、货币、法律和真理)的自我规制的制度。宪治化过程为这些制度及其自我反思的权限和程序建立了各种规则。

我们用一个例子加以说明,这个例子涉及近年来提出的一种遏制全球金融系统过度发展的手段——纯货币改革。为了回应全球金融危机,目前已经提出了各种规制措施。这些规制措施包括:取消银行家奖金、提高银行股本、托宾税(the Tobin tax)、金融产品质量控制、在国家层面和跨国层面加强银行监管(尤其是加强监管对冲基金)、更严格的资本和证券交易控制、更完善的会计制度和风险评估。① 这些措施典型地立足于一种要素分析,经由因果归因孤立出个别的要素,要求其对危机负责。这些措施的规制目标,在于将起抵御作用的要素引入因果链条,从而防止危机再次发生。此处不拟具体讨论这些措施的成功可能性,但它们确实都面临着同一个问题:每条法律都有空子可钻(*fatta la legge trovato l'inganno*),也就是说,制定法律的速度总是赶不上设计法律规避策略的速度。这类规制措施的阿喀琉斯之踵就在于,国家规则和国际规则都不断遭到规避,难以充分发挥作用。既然人们颇有能力规避规制,那么任何事前视角(ex ante)的措施都无法奏效。②

一种更具根本意义的方案将要素分析中的各种要素仅仅视为可

---

① 例如参见"Der Erreger lebt weiter", *Der Spiegel* dated 14 September 2009, 108 ff. 。

② 详细的讨论,参见 Streeck(2009)*Re-Forming Capitalism*, 236 ff. 。

互换的条件，并尝试揭示潜在的动力。若要驯服制定越发老练的规避策略的潜在动力，必须改变全球金融系统的"内部宪法"本身。一个颇具启发性的例子，就是经济学家和社会科学家提出的上述纯货币改革。① 在英国、瑞士和德国，已经出现了积极的政治行动，面向公众提出金融宪法的具体建议。② 作为经济宪法核心的货币机制是这些行动的出发点。长期以来，通过印制不与金本位挂钩的纸币（paper currency）来发行货币的中央银行，早已不再垄断货币创造（money creation）。经常账户（current accounts）存款的迅速和普遍增长、非现金交易的扩展、新通讯技术的成功推进，以及一种特别强大的因素——外汇交易和资本交易的全球化，都促成了国家中央银行货币创造垄断权的丧失。③ 结果，尽管存款货币（money on deposit，money deposit）④ 还被委婉地说成只是货币的替代品，但各种全球性的商业银行已经独立于中央银行获得了实际的货币创造权。在欧洲，存款货币与纸币的比例是 80：20，而在英国，存款货币占流通货币总量的 92%。德国联邦银行网站称："今天，商业银行发放的贷款是货币创造的主要来源（主动的货币创造）：借方的经常账户中计入了贷款额（算活期存款，sight deposit），从而直接增加了经济中的货币

---

① 最早的提议，参见 Fisher（1997 [1935]）*100% Money*；晚近的倡导者，参见 Binswanger（2006）*Wachstumsspirale*；Huber and Robertson（2008）*Geldschöpfung in öffentlicher Hand*。也参见 Creutz（2002）"Vollgeld"；Zarlenga（2002）*Lost Science of Money*；Robertson（2009）*National and International Financial Architecture*；Senf（2009）*Bankgeheimnis Geldschöpfung*。

② UK："Positive Money"，< http：//www. positivemoney. org. uk/draft-legislation/ >；Switzerland："Monetative"，< http：//www. monetative. ch/ >；Mastronardi（2011）*Monetäre Modernisierung*；Germany："Monetative" < http：//www. monetative. de/ >。

③ Graziani（2003）*Monetary Theory of Production*，82 f.，讨论了 Schumpeter（1926）*Theorie der wirtschaftlichen Entwicklung*，153。

④ 德文为 Buchgeld，意为"簿记货币"，即不体现为纸币或硬币形式，在转账账户中可以转账形式进行支付的存款。——校对者注

供给。"① 这是真正的"无中生有",因为银行用存款货币发放贷款并不受现有储蓄存款量的限制,银行可以根据自主的风险计算决定发放多少贷款。公共的中央银行只能间接影响这种私人的货币创造,尤其是通过提高或者降低优惠贷款利率。

当前,私人银行的大规模货币创造正在造成全球金融领域的过度发展压力。实际上,这种货币创造是用预先融资(advance financing)逼迫实体经济发展,因此给全社会带来了负外部性。与此同时,私人货币创造也导致自我指涉的金融投机空前增长。

> 与其他经济行动者一样,银行的行为是:正循环的、自利的,没有任何全局经济意识,不负任何政治或者社会责任。结果,银行创造了过度正循环的货币。这就导致了经济和股票市场极端过度的循环:
>
> ——上行并到达高点时,货币供给过度,物价上涨接踵而至,资本市场价格也不断上涨(投机泡沫、资产价格上涨);
>
> ——下行并到达低点时,危机降临——作为股市/资产价格内爆和贷款违约的结果——货币紧缺,以及货币从经济中流失。
>
> 与国家政府、公司和社会一样,各种金融制度本身也易于陷入这种循环。②

然而,以下论断才是这一理论的精妙之处:金融不可能选择零发展,只可能限制过度的发展冲动。这是因为,"在今天的货币体系中,稳定和零发展是不可行的"③。货币创造通过价值增值有力地推

---

① <http://www.bundesbank.de/bildung/bildung_glossar_g.php>.
② Huber (2009) Geldordnung II.
③ Binswanger (2009) *Vorwärts zur Mässigung*, 21.

动了利润增长，而利润增长不可避免地反过来引导着货币创造和价值增值。由此必然形成发展螺旋。经济紧缩是一种选择，但从长期来看，经济紧缩并不适合目前这种奠基在货币之上的经济系统。货币经济的运行依赖于某种发展冲动。但这个程式的关注重心并不在于发展冲动，而在于必要增长与自我毁灭的过度增长之间的差异，后者造成了有害的发展。①

由于运作的递归性，一个社会系统的自我再生产承受了上述取向于复制和发展的沟通压力，造成了自我毁灭的后果。哪些机制对此负有责任？在我们刚刚考察的案例中，应当负责的机制是商业银行"无中生有"的存款货币，它将支付运作如此紧密地相互连结，引致了金融和实体经济的过度发展。在通过贷款创造货币的过程中，商业银行制造了不断增长的盈利预期，点燃了实体经济的发展冲动，这又反过来造成了金融经济中盈利预期的提高，从而触发了一种静态经济循环中没有的态势，这种态势只能被表述为加速增长螺旋。与此同时，作为货币创造动力的一部分，银行发放的贷款没有被用于为生产性投资提供资金，而是被用于购买投机性的资产价值。如果银行贷款利率超过了预期的资产价值增幅，投机交易就崩塌了，金融危机就会接踵而至，随后演变成经济危机。很明显，沟通性发展压力的产生，无关个人的贪婪或者成瘾行为。实际上，在很大程度上，甚至那些抵制成瘾诱惑的个人也不得不接受这些压力，否则就会从游戏中出局。而与此同时，那些有成瘾心理倾向的个人也卷入游戏之中，这样一来，个人和社会的成瘾行为就相互强化了。

作为一种可靠的解毒剂，生态取向的经济学家提出了纯货币改革方案。存款货币这种使人上瘾的毒品，必须被逐出商业银行——

---

① Binswanger (2009) *Vorwärts zur Mässigung*, 11 ff. 该书区分了必要的发展迫令和有害社会的发展压力。

这得依靠一种有效的"戒断疗法"（withdrawal treatment）。商业银行将被禁止通过经常账目信贷创造新的货币。它们受到限制，只能基于现有货币安排贷款，这样一来，货币创造就重新成为国家和国际中央银行独有的特权。

应对金融市场有损公共利益的过度投机，最重要的长效防止手段，就是终结商业银行的货币创造行动。其目标，在于对货币供给过度正循环的扩张与收缩设置障碍，以立足于实体经济的稳健的货币供给政策取而代之。①

铸币税改革（seigniorage reform）的目标是：
（1）只允许中央银行创造货币——包括现金和非现金的信用；
（2）将上述货币通过公共开支投放到无债务循环中（没有利率或者无需偿还）；
为此目的，
（3）禁止银行基于活期存款创造货币。②

这项关键改革的实施，要求简单而根本的法律规则变更，这些法律规则支配着国家、欧洲以及国际层面的中央银行。具体到欧洲中央银行章程，现行第16条（注意重点词）必须变更：

行长理事会应当享有排他性的权利，决定共同体内部的法

---

① Huber（2009）*Geldordnung II*, ad 4; Huber（2010）*Monetäre Modernisierung*.
② Huber（2009）*Geldordnung II*; Fisher（1997 [1935]）*100% Money*; Binswanger（2009）*Vorwärts zur Mässigung*, 139 ff.

定货币事宜。法定货币包括硬币、纸币和活期存款。欧洲中央银行和各国中央银行可以发行上述支付工具。欧洲中央银行和各国中央银行发行的硬币、纸币和活期存款，应当是共同体内唯一享有法定货币地位的货币。①

由于金融市场的全球化，纯货币改革最终需要全球性的宪治措施。然而，即便是这一方案的支持者也认为，由于主要的民族国家可能进行抵制，采取统一的全球措施机会渺茫。尽管如此，他们还是相信，单个民族国家在本国的主动行动（或者，更进一步，数个民族国家之间的合作安排）肯定是可能的，甚至是现实的。② 这种经济集团内部的地区性方案最可能出现在欧元区，较不可能出现在美国或者日本。目前的最佳方案，是通过"自愿联盟"（coalition of the willing）的各中央银行的合作，形成一种全球性的金融宪治体制。

因此，纯货币改革涉及推动全球市场宪治化的两股对立力量，这种情况（按照波兰尼的前述理论）可以用超国家宪治的"双向运动"来描述。③ 超国家宪治首先通过构成性规范支撑子系统的扩张，但接着又试图运用限制性规范抑制这种扩张。金融宪法纯经济取向的扩张也引发了全世界的反向运动，这种反向运动试图重建"具有文化特殊性的各种制度的保护壳"。

在社会宪治的支持者看来，适合判断和决策这些自我限制措施的社会机构，是不同社会空间中的各种协调机构。他们要求通过宪法将这些协调机构加以制度化。④ 在两种意义上，这些协调机构是旨

---

① Huber and Robertson（2008）Geldschöpfung in öffentlicher Hand, 24.
② Huber and Robertson（2008）Geldschöpfung in öffentlicher Hand, 61 ff.
③ Polanyi（1995 [1944]）*Great Transformation*, 182 ff.
④ Sciulli（1992）*Theory of Societal Constitutionalism*.

在实现社会自我同一化的反思性机构：它们确立了相应社会领域的特殊理性和规范性，同时又试图使该社会领域与其环境相适应。这些协调机构作为子宪法的智库发挥作用，治理社会系统的系统/环境关系。

纯货币改革将协调机构的设置从商业银行调整回中央银行。这种做法，可以视为对经济支付循环发展冲动的激烈自我限制。支持者宣称，对于信贷领域的成瘾行为，这是有效的戒断疗法。特别突出的限制扩张效果有三：

（1）由于禁止"无中生有"的货币创造，私人银行的扩张主义受到限制。这可能有助于约束转账账户型信贷的投机性使用。

（2）全球金融市场相对于实体经济的扩张主义受到限制，二者的相互关系现在由中央银行而非私人银行决定。金融与实体经济的耦合不再取决于商业银行的利润激励，而是取决于中央银行的宏观经济考量。

（3）通过根除因转账账户型信贷而加剧的发展冲动，金融和实体经济相对于其他社会部门以及自然环境的扩张主义受到约束。"这不是放弃发展，而是降低指数增长的冲动和压力"①。未来，私人银行将不再创造作为无担保汇票（unsecured bill of exchange）的货币。如果中央银行根据对于社会整体和生态的影响审慎斟酌货币创造，那么货币创造就可以抑制有害社会的发展冲动。就这种从外部强加的自我限制而言，最重要的方面莫过于此。②

---

① Binswanger（2009）*Vorwärts zur Mässigung*, 12.
② 参见第114页注释①的证据。

第三节　宪治过程：双重反思性

我们的暂时结论是：超国家宪治远不只是社会空间的单纯法律化，而是通过构成性规则，以及当前尤其重要的限制性规则执行宪治功能。而且，与政治系统内部分化为公共领域和组织化—职业化空间（后者本身再分成去中心化和中心化的各种制度）相对应，在每种社会系统中都可以发现各种宪治领域。接下来的问题是：在各种超国家子宪法中，有没有可能识别出一些真正的宪治过程和结构。我们将再次考察纯货币改革，看看这些规范是否展现了宪治过程和宪治结构——不仅是隐喻意义上的，而是严格意义上的。

(一) 社会系统的反思性

在国家宪法和其他社会子宪法中，法律并未扮演最重要的角色，尽管法学家可能不愿意承认这一点。宪治化过程的首要方面，始终是社会系统的自我构成：政治、经济、通讯媒体或者公共医疗的自我构成。① 在这一过程中，法律必不可少，但仅仅起到了辅助作用。要准确定义全球宪治，就必须认识到：宪治化首先是社会过程，其次才是法律过程。一种有益的社会宪法定义这样表述上述判断：

---

① 在社会学分析中，宪法规范与社会系统自我奠基之间的关系变得特别清晰。参见 Prandini（2010）"Morphogenesis of Constitutionalism"，316 ff.；Thornhill（2008）"Towards a Historical Sociology"，169 ff.。类似地，与法律形式主义不同，一些超国家宪治理论坚持宪法的政治特征和宪治"观念模式"的创造。特别参见 Koskenniemi（2007）"Constitutionalism as Mindset"；Klabbers（2009）"Setting the Scene"，30。

第四章　超国家的宪法规范：功能、领域、过程、结构

……将宪治的所有客体和概念工具（包括权利、规范文本乃至宪法法院）视为从政治权力自身内部产生的一系列制度，亦即视为既实证而又有所分化的权力自治的前提，这些前提必然是自我生成的。①

宪法首先服务于社会系统的自我奠基，不仅政治系统如此，其他社会领域同样如此。除了别的方式之外，政治、经济、科学、大众传媒，都通过正式化自身沟通媒介的方式来生产自主性。② 宪治过程属于海因茨·冯·佛斯特（Heinz von Foerster）所描述的严格意义上的"双重封闭"情况。③ 通过将自我生产的诸运作相互连结，使这些运作与环境分离，社会系统形成了一阶的封闭。通过将自身的运作反思性地适用于自身运作，社会系统形成二阶的封闭。是故，当科学在取向于二元的真理/谬误符码的一阶运作之外，确立了第二个认识层次时，科学就获得了自主性。此时，一阶的运作经由二阶的真理—价值层次，亦即方法论和认识论层次，得到了检验。④ 当政治通过权力过程引导权力过程，并借助选举程序、组织形式、权限界定、权力分立和基本权利制造出双重封闭时，政治就成为了全社会的自主权力空间。在货币循环中，当支付运作不仅被用于进行交易，而且被用于引导货币供给本身，经济就成为自主的。⑤ 以这种方式，当双重封闭界定了外部边界和内部同一性时，子系统就在严格意义上成为自主的。这种"媒介反思性"（medial reflexivity）为每种

---

① Thornhill (2010) "Niklas Luhmann and the Sociology of Constitutions", 18.
② Prandini (2010) "Morphogenesis of Constitutionalism", 310.
③ Foerster (1981) *Observing Systems*, 304 ff.
④ Luhmann (1990) *Wissenschaft der Gesellschaft*, 469 ff.
⑤ Luhmann (1990) *Wissenschaft der Gesellschaft*, 289 ff.; Luhmann (2000) *Politik der Gesellschaft*, 64; Luhmann (1988) *Wirtschaft der Gesellschaft*, 117 f., 144 ff., 209.

功能系统制造了"媒介获得区分度和自主性的形式"。①

然而，媒介反思性，以及对与社会相协调的同一性结构的认知性反思和规范性反思，都还没有产生技术意义上的宪法，而是仅仅使社会系统的自我奠基——而非宪治化成为可能。认识论、权力的制约和授予、货币供给的控制，本身都尚未构成社会宪法，只是各自系统的反思性运作。② 仅仅是媒介自主性的构成，还不能等同于宪治化。③ 只有当一个社会系统的媒介反思性得到法律的支持，或者更准确地说，得到法律反思性的支持时，我们才能在严格意义上谈及宪法。宪法出现在双重反思性现象——自我构成的社会系统的反思性，以及支持其自我奠基的法律的反思性——发生之时。④

（二）法律系统的反思性

这样一来，社会宪法就被界定为法律的反思机制（也就是规范

---

① Luhmann（1997）*Gesellschaft der Gesellschaft*，373.

② 反思性既不限于适用于运作的运作，也不限于社会同一化的过程，而是还表现为一种常常同时伴随着认知反思性和规范反思性的媒介反思性（沟通媒介的自我适用）。

③ 本书上一章暂时定义了构成/宪治化（constitution/constitutionalization）概念，以便说明宪治主体性从国家向体制的转移。现在的问题是要清晰阐述两个过程的特殊性。

④ 宪法的"双重反思性"，相关讨论参见 Teubner（2009）"The Corporate Codes of Multinationals"，268 ff.；Fischer-Lescano and Teubner（2004）"Regime-Collisions"，1014 ff.；Kjaer（2010）"Metamorphosis of the Functional Synthesis"，532。郭在其超国家经济宪法定义中同样预设了双重反思性，参见 Kuo（2009）"Between Fragmentation and Unity"，465 ff.。多里（Tuori）也将社会宪法界定为法律与相应社会领域的关系。然而，他的宪治化概念太接近法律化，因为他继续将这种关系界定为"与其规制客体的互动"，忽略了双重反思性。他尝试将宪法性法律界定为"与真正外于法律的行动领域相关的高级法律"（第24页），从而忽略了这一社会领域中的媒介反思性。相应地，他将社会宪法仅仅与权力相联系，忽略了其他沟通媒介（货币、真理等）。参见 Tuori（2010）"Many Constitutions of Europe"，8 f.。

第四章　超国家的宪法规范：功能、领域、过程、结构

被适用于规范的次级法律规范创造机制）与相关社会部门的反思机制的结构耦合。这种定义与卢曼的宪法概念起点一致，卢曼认为，国家宪法是政治与法律的结构耦合。① 然而，结构耦合只是国家宪法的必要而非充分条件，因为所有政治—法律现象，比如对政治冲突的立法和司法决定，本身都是政治与法律的结构耦合。我们应当以更为具体又更为一般的方式讨论这种耦合关系。更为具体是指：并非所有政治与法律的结构耦合都能产生宪法属性（比如旨在达成政治目标的规制性法律规范，就不具有宪法属性），而是只有两种系统的媒介反思性的耦合能够产生宪法属性。更为一般是指：与卢曼的设想不同，宪法并不仅仅出现在政治系统中，而是出现在所有社会系统中，只要该社会系统的反思性获得次级法律规范的支撑，宪法就出现了。此外，结构耦合必须达到一定的密度和持续度，才能从法律与某个社会领域只是偶然地、松散地耦合在一起的大量情境中识别出宪法现象。只有在这个时候，才产生了典型的宪治动力，亦即两个相关社会系统制度化的共同演化。因此，为了区分宪法与其他结构耦合情况，有必要选择法律与社会领域的"黏合制度"（binding institution）这一要求更高的术语。②

由此可见，每种宪法都需要次级法律规范。③ 某个社会领域存在初级法律规范，仅仅标志着法律化而非宪治化。实际上，如果只是颁布了控制行为的初级规范，根本就还没有确立宪法。④ 单纯的冲突

---

① Luhmann (1990) "Verfassung als evolutionäre Errungenschaft".
② 其他脉络下的"黏合制度"，参见 Teubner (1998) "Legal Irritants"。
③ 尽管并非只有次级规范：大量宪法不仅包含次级规范，还包含实体性的法律原则和规范，特别是基本权利。这种现象与社会子领域的基本原则再进入宪法性法律中有关（下文详述）。
④ 迪特·格林（Dieter Grimm）对超国家宪治的指责反映了这个问题：欧洲或者世界社会或者私人秩序的"宪法"不过是法律化。参见 Grimm (2009) "Gesellschaftlicher Konstitutionalismus"。

解决规范和规制性规范,亦复如此。只有当规范的规范——即次级规范——规定了识别、设置、修改、规制颁行和委托颁行初级规范的权限时,宪治化才即将到来。① 只有如下两种反思过程紧密地相互联系之时——也就是,当通过自我适用自主产生的社会理性的反思性社会过程,经由自我反思的法律过程得以正当化之时,政治宪法和市民社会宪法才开始形成。② 只有当自治的社会过程与自治的法律过程之间出现了复杂的相互作用,只有当社会子系统与法律持久、严密地(而非只是暂时、松散地)耦合在一起时,才谈得上一种严格意义上的独立宪法。在此我们遇到了奇特的双重宪治现象,这种现象否定了杂糅的一元宪法(亦即统一了法律秩序与社会秩序的宪法)这种普遍理解。汉斯·凯尔森和卡尔·施密特的两种极端宪法理论应当被结合起来。③ "宪法"既不能化约为一种法律现象,也不能化约为一种社会现象。它一直是双重的现象,是两种现实过程的连接。从法律视角看,宪法是对次级法律规范的生产,是与社会系统基本结构的特殊交织过程。而从被构成的社会系统的视角看,宪法是对社会秩序基本结构的生产,这些基本结构既激活了法律,又

---

① 哈特意义上的初级规范和次级规范,参见 Hart (1961) *Concept of Law*, 77 ff.。

② 马蒂亚斯·库姆(Mattias Kumm)勾勒的一种(超国家)宪治多元主义与此相近。他强调,在他的"实践性宪治概念"中,宪法规范主张原初而非派生的权威。他通过自由平等的个体的商谈过程获得这一结论,这些自由而平等的个体设置了若干实体性的原则。然而,在某种程度上,库姆仅仅单方面强调了"社会过程的法律性",没有充分阐释宪法的双重反思性。如果理解了宪法的双重反思性,他就可以解释所谓原初权威乃是建立在社会系统自治体之中,而宪法原则(对于库姆来说,几乎有一种自然法性质)的主旨乃是源于社会系统内部的反思实践。参见 Kumm (2010) "The Best of Times and the Worst of Times", esp. 212 ff.; Kumm (2009) "Cosmopolitan Turn in Constitutionalism".

③ 详见 Lindahl (2007) "Constituent Power and Reflexive Identity", 10 ff. "凯尔森和施密特论集体机构"。

受法律的规制。① 从法律社会学和法律教义学角度看，只有在这样的条件下，谈论政治性的全球宪法、全球经济宪法、教育和科学系统的全球宪法或者互联网的数字宪法，才是有意义的。

不过，为什么要用次级法律规范补充社会的反思性呢？原因在于，如果社会系统无法充分获得自治，法律就应介入其自我奠基过程。当社会系统无法依靠一阶和二阶的运作充分封闭时，当反思性的社会过程无法稳定化自身时，尤其当反思性的社会过程因自身悖论而陷于瘫痪时，就要依靠次级法律规范。附加的封闭机制在这种情况下介入，以支持社会自治体的自我奠基。法律只是其中一种附加的封闭机制，不是唯一，只是多种之一。对于政治系统而言，"国家"的自我描述亦是附加的封闭机制之一："只有当它自我描述为一个国家时，政治系统才能够分出。"② 有集体约束力的主权行动如果得不到正式约束，制度化的政治就无法实现封闭。类似地，政治与法律的结构耦合也支撑着政治的自主化。权力过程对权力过程的反思性运用，不能被卷入权力自身的不断波动之中。法律规范必须稳定各种权力获取制度和权力运用制度的反思性效果。

更重要的问题还在于：法律如何解除政治权力的悖论？主权的自我约束性这个可能造成瘫痪的悖论，以往已经通过法治的建立得到了规范化（虽然没有得到解决）。③ 以此类推，每种社会系统的自我奠基，都必须应对自我指涉的悖论，亦即系统的自我奠基悖论。

---

① 沃尔批评超国家宪治将宪法简化为纯粹的法律规范等级，缺乏社会现实的支撑。与他的批评恰恰相反：较之宪法的"实质"概念，结构耦合概念能够更清晰地阐述法律规范与社会结构紧密的相互影响。参见 Wahl (2010) "In Defence of Constitution"。

② Luhmann (1984) "Staat als historischer Begriff", 144.

③ Luhmann (1990) "Two Sides of the State Founded on Law", 191 ff.; Luhmann (2000) *Politik der Gesellschaft*, 35, 334 ff.

处理办法之一，是将悖论外部化，尤其是外部化到法律之中。这种情况，至少已在政治宪法中发生了。其他社会系统也可以观察到同样的情况：它们的悖论也被外部化到法律之中。通过给予自己一种法律的构造，社会系统找到了一个摆脱自我奠基缺陷与系统悖论的出口。因此，社会宪法的自治从来不是纯粹的自治；他治的因素总是存在。自我要能够界定自身，首先必须通过法律规范被他治地界定。①

法律对系统自我奠基的支持作用，因系统的不同而呈现明显差异。科学几乎不需要起稳定作用的法律规范支持其获得自治。方法论、科学哲学以及认识论，本身就能敲进界桩，划出科学王国的界限。② 尽管学术世界存在着令人担忧的腐败现象，但给科学附加上有法律约束力的自我描述似乎太过，比如自我描述成作为集体的科学共同体，甚至描述成类似于国家政治组织、确保知识之科学资格的科学共同体，都是毫无必要的。因此，在科学宪法中，法律的作用相对较小。尽管需要法律保障科学自由，确保大学的正式组织化，但科学基本上在没有法律支持的情况下就已经达致了自治。

相反，经济的自我奠基就要求大规模的法律支持，尽管需要的程度尚不及政治。众所周知，财产、契约、竞争、货币构成经济宪法的基石。这些制度都是基于双重的反思性，亦即经济运作适用于经济运作，以及法律系统中的次级规范适用于初级规范。

纯货币改革展现了经济宪法如何将可能造成经济过程瘫痪的悖论外部化到法律。在金融宪法的核心领域，双重反思性表现得尤其

---

① 林达尔就政治宪法阐述了这一思想，随后又将这一思想转移到其他社会宪法上。参见 Lindahl（2007）"Constituent Power and Reflexive Identity"；Lindahl（2010）"A-Legality", 33 ff.。

② 这个问题详见 Stichweh（2007）"Einheit und Differenz im Wissenschaftssystem"。

明显。偿付能力和无偿付能力都从银行部门产生；银行系统建立在自我指涉的悖论基础上，建立在偿付能力与无偿付能力之统一的基础上。"银行拥有一种关键的特权，能够通过出售债务来获取盈利"。① 但当媒介反思性进入之时，亦即当货币供应的运作适用于货币的运作时，这种悖论可以得到缓解。然而，货币媒介的反思性是内在不稳定的。它只能依靠银行部门的内部等级化加以稳定化，而这又需要借助有约束力的法律强加严格的规范。这种情况，明显类似于政治系统的等级化以及国家宪法的稳定化作用。关于程序、权限和组织的法律规范，规定了中央银行与商业银行间关系的建立方式和运作方式，有助于处理经济循环的悖论。

然而，货币循环的悖论总是难以消除：产生新悖论的危险持续存在。依靠经济的宪法性法律支撑的中央银行与商业银行的等级关系，并不能一劳永逸地使金融系统免于瘫痪：

> 由"支付能力＝无支付能力"这一原初问题造成的系统整体崩溃、悖论返回以及运作全面阻塞的逻辑可能性和经验可能性，无法以这种方式完全解除，但却使其足够不可能。②

实际上并非"足够不可能"——近期的金融危机揭示了这一点。全球金融交易的过度发展冲动，已经暴露了银行部门无力偿付的可能性。恰在此时，依靠双重反思性机制的纯货币改革出现了。没有这项改革，中央银行就无法对货币市场实施充分控制；它们只能间接地"通过干预活动展开激扰或者去激扰（stimulate or de-stimu-

---

① Luhmann (1988) *Wirtschaft der Gesellschaft*, 145.
② Luhmann (1988) *Wirtschaft der Gesellschaft*, 146.

late)"。① 当前,中央银行可以通过调整最优惠贷款利率施加间接控制,使贷款更加容易或者更加困难。但中央银行对货币供给的直接控制则限于纸币的创造,无法控制目前在全球范围占据主导地位的存款货币。纯货币改革改善了货币媒介的反思性:只有中央银行能够从事货币创造。中央银行的次级支付运作(亦即货币供给决定,现金和存款货币的创造,面向国家、公民或银行的支付)反思性地适用于初级支付运作(购买和借贷)。另一方面,纯货币改革又改善了中央银行的法律反思性(亦即规范适用于规范):法律禁止商业银行创造存款货币,法律规定中央银行垄断货币创造。限制货币创造能力、防范悖论和全面阻塞的再次发生,以及巩固支付运作的自我反思条件——在纯货币改革中,这就是法律发挥经济宪法之限制性作用的方式。

第四节 宪治结构:混合的基础符码

(一)符码化和基础符码

最后一个问题:子系统是否也形成了特定的宪治结构,以稳定化前述三个宪法领域的宪治功能和宪治过程?答案是,除非出现一种自治的宪治符码——或者更准确地说,一种混合的、二元的基础符码化(a hybrid binary meta-coding)——引导两种系统的内部过程,宪治化(在政治中、在经济中、或者在其他社会领域中)才能到达终点。宪治符码是二元的,因为它在"合宪/违宪"价值之间来回摆动。宪治符码在基础层次上发挥作用,因为它对已经根据"合法/非

---

① Luhmann (1988) *Wirtschaft der Gesellschaft*, 117.

第四章　超国家的宪法规范：功能、领域、过程、结构

法"二元符码做出的决定进行附加的检验，检验这些决定是否符合宪法。在此出现了宪法的等级，亦即普通法律与宪法性法律、"法律的法律"的等级。宪治符码（合宪/违宪）被给予了超越法律符码（合法/非法）的优先地位。然而，基础符码化的特别之处还在于它的混合性，它不仅优先于法律符码，也优先于相关功能系统的二元符码。这样一来，宪治符码就将功能系统的二元符码运作置于附加的反思之下，反思这些运作是否承担了该功能系统的公共责任。

从现代的国家宪法中，可以最清楚地观察到这种稍有些复杂的情况。宪法法院面向两种二元符码系统——法律与政治，明确使用"合宪/违宪"区分作为支配性的基础符码。这并未导致法律与政治合并为一个单一的系统，宪法本身也并未变成一个独立的社会系统。宪法仍然是两种自治系统的结构耦合过程，亦即政治与法律的结构耦合过程。宪治符码的作用是密切协调政治与法律，而不是将二者改造为一个统一的实体。

在法律与其他社会系统的结构耦合中，混合的基础符码化也以宪治符码的形式出现——通常暗含，偶尔明确。当今的全球经济，就是围绕这种混合的基础符码运作着。在两种类型非常不同的经济宪治行动中，混合的基础符码作为虚拟的统一性程式发挥作用。尽管经济的宪治符码在等级上优位于法律和经济的二元符码，不过在面对这两个方面时，意义并不相同，这取决于经济宪治符码是控制经济符码还是法律符码。就经济方面而言，宪治符码促进了对支付过程在整个社会中所发挥的功能的反思，探寻着社会维度和环境维度可持续的经济行为形式。就法律方面而言，宪治符码引入了普通法律与宪法性法律的区分，对法律行动是否符合经济宪法的价值和原则做出判断。

因此，尽管从表面上看，经济的宪治符码呈现为"合宪/违宪"这组单一的主导区分（*distinction directrice*），但它实际上以两种模式

运转，或者作为经济的基础符码，或者作为法律的基础符码。就"有本质争议的概念"而言，这是一个有趣的具体案例——在不同脉络中，同一个术语被按照不同方式加以解释。① 符码的这种两面性，根源于经济宪法是经济系统和法律系统这两个相互封闭系统的结构耦合，而非一个统一的社会系统。在经济宪法中，两种系统并未逐渐融合，而是保持分离并坚持各自的运作模式，即经济交易和法律行为。相应地，合宪/违宪的区分只是不同运作的共同的帽子公式，这些不同运作在不同脉络下意义不同。宪治符码是一种观察程式，在法律和经济中创造了不同的意义世界。

（二）混合性

相应于宪治符码的双重属性，法律实践和经济实践各自形成了自己的经济宪法纲要。最初，这些纲要只是产生于一个系统自身运作对自身运作的递归适用，但随后它们造成了持续的相互激扰，从而引发了一种经济与法律共同演化的态势。② 如果在法律系统中，基础符码被赋予了超越"合法/非法"的优先地位，那么"法律/经济"的差异就会再进入到法律内部。经济系统的基本原则被转换为随历史情境变动的法律宪法原则：财产、契约、货币经济、竞争、社会市场经济、生态可持续性。法律将既有的经济基本原则重构为法律原则，并在具体的经济宪法规范中为它们赋予实质内容。

与宪法的形式概念和功能概念不同，在这个阶段，我们真正证

---

① 这个被大量讨论的公式可以追溯到加利（Gallie）。参见 Gallie（1956）"Essentially Contested Concepts"。在我们的语境中，并非不同的理论，而是不同的社会系统使用同一组二元符码、阐发不同的意义。

② 用生产体制的例子讨论结构耦合与共同演化的这种结合，参见 Teubner（2002）"Idiosyncratic Production Regimes"；法律与经济共同演化的一般讨论，参见 Amstutz（2001）*Evolutorisches Wirtschaftsrecht*.

成了宪法的"实质"概念：宪法性法律不能被缩减为某种决策程序，而是应当经由实质性的宪法原则加以正当化。① 如果社会系统的基本原则没有再进入到法律系统之中，就无法理解宪法的实质概念。这些基本原则当然不能由自然法来规定，它们是社会系统中随历史变动的反思性的结果，法律随后才将它们重构为实质性的宪法原则。②

另一个方向也出现了类似情况。同样地，以随历史情境变动的方式，基础符码化促使"法律/经济"区分再进入经济系统：经济交易基于契约原则的约束力、所有权的社会责任、限制竞争、经济中的法治原则、企业中的基本权利、生态可持续性原则的约束性。宪法性法律对经济运作的约束由此形成。

因此，经济与法律的相互再进入过程，产生了经济宪法的两种不同"想象空间"、两种不同宪法纲要，一种存在于经济之中，一种存在于法律之中。两种纲要共同但分别地指向宪治符码。不同脉络中，同一个术语意味着不同的事情，在所有权和契约这两个经典的宪法纲要上，这一现象尤其明显。从经济角度看，所有权意味着"切断对共识的要求"，这是特定沟通能够成功的前提。③ 但从法律角度看，所有权的界定就非常不同了。从经济角度看，契约的含义

---

① 此处支持了库姆提出的上述理论，即超国家的宪法性法律也必须通过实质性的宪法原则，而非仅仅通过程序对自身加以正当化。参见 Kumm（2010）"The Best of Times and the Worst of Times"，214 ff.。但这些原则如何自己正当化自己？当然不是通过宣称它们不是衍伸性的规范；而是需要诉诸全球社会系统自身的反思实践。这里再次出现了自我指涉的悖论。宪法通过将宪法性法律规范的最终证成外部化到相关社会系统的弥散性实践中，处理这一悖论。

② 参见维索尔特（Wiethölter）的"法律的宪法性法律"概念，"法律的宪法性法律"产生于"法律与道德、法律与政治、法律与经济之间的原则碰撞层次"，或者用更准确、更一般的术语来说，"法律的宪法性法律"是作为"环境—系统"的"结构耦合"的法律。因此，"法律保护"和"制度保护"现在应当被称为旨在释放功能的"法律生产保护"。Wiethölter（1994）"Argumentation im Recht"，119。

③ Luhmann（2004）*Law as a Social System*，392.

是一种交易，而在法律中，契约是有约束力的合意行为。① 经济宪法根据不同的脉络分别使用这两种概念。由此呈现出一种具有独特双重结构的语言游戏，这种双重结构从属于统一的基础符码这一主导区分。② 但这种语言游戏并未成为拥有统一"语言"、统一结构、统一边界或者统一自我描述的独立社会系统。而是如前所述，形成了一种独特的"黏合制度"，法律与经济在黏合制度中紧密耦合并相互激扰。这种语言游戏制造了一种双语体制（bilingualism），要求在两个方向上不断转译。

回到我们的例子：纯货币改革将同时改变经济和法律的宪治纲要。在经济脉络中，纯货币改革将重新规定中央银行货币创造的公共利益原则。中央银行引导货币创造的目标何在——是避免通货膨胀，还是同时也限制过度发展的冲动？在法律脉络中，纯货币改革将变更经济宪法的法律原则。比如，在纯货币体制下，私人银行的货币创造违反经济宪法，而非只是普通法律。因为判断这种行为，不是依据普通的法律符码，而是依据经济的宪治符码，以及与经济宪治符码相关联的经济反思纲要。

这样一来，纯货币改革就深入到全球经济的毛细管宪法之中。纯货币改革在所有四个方面均符合本书对社会宪法的定义。首先，纯货币改革执行了宪治功能，构成功能和限制功能兼具。其次，纯货币改革在经济自我规制的宪治领域运作。第三，纯货币改革通过决定货币创造的规则，参与法律系统和经济系统的双重反思性。第四，纯货币改革通过同时改变经济和法律的宪治纲要，使商业银行和中央银行的行动从属于经济宪法的混合基础符码。

---

① 经由法律与经济结构耦合产生的制度的双重特征，参见 Teubner（1998）"Legal Irritants"。

② Tuori（2010）"Many Constitutions of Europe"．观点近似这种双语语言游戏。

第四章　超国家的宪法规范：功能、领域、过程、结构

第五节　社会宪治下的政治

（一）阴性政治与阳性政治

那么，政治到哪里去了？通过提高各种社会子宪法的自治程度，社会宪治不是将全社会去政治化了吗？[①] 可是，经济宪治化——在维护市民社会的抗议、加强公司生态责任和引入纯货币改革三个宪治领域中——本身不就是有政治争议的事务吗？[②] 两个问题的确切答案为：既是又不是。如前所述，社会宪法是一种悖论的现象。社会宪法并非全社会的政治宪法的一部分，却是一个高度政治性的全社会问题。像当前以诸多不同方式倡导的那样，如果我们使用双重的政治（the political）概念——阴性政治（la politique）和阳性政治（le politique），悖论就能够变得可以承受。[③] 比如，文化理论家们强调，宪法政治不能"完全垄断"政治；政治可以包括通过法律媒介"正式化"的社会，但也包括某些"一直外在于"所有政治和法律形式的事物，亦即"社会一直将它们作为未被社会化的他者加以保留"的事物。[④]

[①] 这是对超国家宪法最重要的批评，参见 Somek (2009) "Transnational Constitutional Law"; Brunkhorst (2007) "Legitimationskrise der Weltgesellschaft", 76 ff.。其他一些学者确实是用规范性批评质疑超国家宪法的事实性存在，比如 Wahl (2010) "In Defence of Constitution", 240 f.。

[②] 聚焦政治与社会宪治的复杂关系的一组评论，参见 Emilios Christodoulidis, Hans Lindahl and Chris Thornhill, all 20 *Social and Legal Studies* 2011, 209 – 252。

[③] 对阴性政治与阳性政治的延伸讨论，参见 Marchart (2007) *Post-Foundational Political Thought: Political Difference in Nancy, Lefort, Badiou and Laclau*, 61 ff.; Christodoulidis (2007) "Against Substitution", 191 ff.。

[④] Hebekus et al. (2003) *Das Politische*, 14.

在此，我们对政治的双重含义做如下理解。首先，政治意指制度化的政治，亦即国家的政治系统。各种独立的社会宪法将自身与此种形式的政治相区分；这些社会宪法需要相对于政治宪法的高度自治。只要制度化的政治参与创制社会子宪法，就要求明显程度的"政治谦抑"。其次，政治也涉及制度化的政治之外的社会政治，换言之，涉及经济本身和其他社会领域的"内在"政治化，亦即反思各种社会领域之同一性的政治。在这种政治之中，社会系统自己处理自己的奠基问题和决策悖论——这是一个总是成问题的、永远无法从"技术统治"角度做出决定的过程。从这个方面看，超越国家的独立的社会宪法具有高度政治性。①

让我们再次考察纯货币改革。远在 1791 年，杰斐逊就曾主张"应当收回银行的货币发行权，归还人民"。② 但谁是享有这项权利的人民呢？货币创造如何还给人民？说来说去，答案只能是：货币创造属于公共领域，而非国家领域。国家化的货币创造？No。定位在公共领域的货币创造？Yes。所谓公共领域，我们并不是指国家与社会之间的中间领域。毋宁说，合理的公共领域概念如今有赖于解构传统的公/私区分（作为社会部门之间的划界标准），但同时要在每个社会部门之内重构公/私区分。③ 很明显，货币创造是经济最重要的公共功能之一。它是经济部门基础设施的组成部分。它是一种公共财产，位于经济宪法的核心。这就是为什么必须从谋取私利的商业银行收回货币创造的任务，由公共的（但非国家/非政府的）制

---

① 林达尔强调："'公共'与'私人'的自我立法都是呈现了政治的反思性"，参见 Lindahl (2010) "A-Legality", 34. 克亚尔试图澄清社会子宪法的政治维度，参见 Kjaer (2010) "Metamorphosis of the Functional Synthesis", 522 f. 。
② Jefferson (1813) "Thomas Jefferson to John Wayles Eppes".
③ 对这个问题的详细讨论，参见 Teubner (2008) "State Policies in Private Law?"; Teubner (1998) "After Privatisation? The Many Autonomies of Private Law"。

第四章 超国家的宪法规范：功能、领域、过程、结构

度，也就是中央银行加以垄断。

那么，为什么国家的政治宪法不应享有规制社会子领域基本结构的特权呢？① 在前文中，我们将这个问题作为内部规制与外部规制的关系问题进行了讨论。现在，从主张全面负责全社会民主政治的民主理论角度，这个问题被再度提出。为社会制定一部宪法，毕竟是民主国家最高贵的特权。既然如此，为什么是自主的宪治化，而不是由政治赋予的宪治化呢？原因就在于，现代性的基本结构决定了，有必要重新确定代表、参与与反思之间的关系。正如20世纪极权主义体制的实际情况那样，在功能分化的社会中，政治宪法不可能仍然发挥被期待的作用——决定其他子系统的基本原则，而又不造成全社会的自我阻滞问题。② 在现代社会，唯有每种子系统自己发展自己的反思机制，而不是由政治下达命令，才能够推进社会的宪治化。子系统的反思性是被迫产生的。今天的情况，不再是由主要部分（maiores partes）代表全社会，而社会的其他部分仅仅参与其中（像在分层社会中那样）；相反，资产阶级社会将参与和代表同化了，同时也就消除了二者。因此我们必须放弃以下观念：在国家之中，政治代表全社会以及全社会的其他部分——人民或者诸子系统。全社会的任何子系统，甚至包括政治在内，都不再能够代表整个全社会，尽管很多政治思想仍然坚持这一点。相反，社会已经发展到了这样一个阶段：

---

① 一些作者确实发现了大量社会子宪法，但仍然假定政治这一部分宪法的首要地位，参见 Joerges and Rödl（2009）"Funktionswandel des Kollisionsrechts II"，767，775 ff.。对于民族国家来说，这一判断可能是恰当的，但对于超国家关系来说，就不恰当了。参见 Kjaer（2010）"Metamorphosis of the Functional Synthesis"，498。

② 对于这个问题的讨论，参见 Thornhill（2008）"Towards a Historical Sociology"，188 ff.。也参见本书第二章第二节。

……意识系统与诸社会系统必须形成各种反思性的结构选择过程——思其思、爱其爱、研究其研究、规范其规范、为了支出而融资或者以权力制服权力的过程。①

恰在此处，我们具体涉及了前文曾经讨论过的宪法象征维度。威斯汀正确地论述了宪法"统一性"这一共享信念的必要性，认为这种宪法理念是一条共同的纽带，本身就应当得到阐述和关注。他试图将这个观点适用于作为整体的全社会，仅仅承认其他社会子系统的"后续宪法"（follow-on constitutions），因为这些社会子系统并没有提出集体同一性这个大问题，只是提出了与之相关的宪法适用的技术问题。② 然而，由于这种人为的区分，威斯汀没能抓住全球宪治片段化的现实，也没能看到在各种宪治片段中运行的反思动力。并非整体的世界社会，而是诸宪治片段（用威斯汀的话说）"依赖于一种被象征性填充的空间"③。

（二）在政治的影子下

从社会层面看，国家完全规制经济宪法或者其他社会子宪法并不合适，但国家可以进行宪法刺激。上文的讨论已经表明，为了迫使货币循环的毛细管内部发生改变，通过政治——连同其他社会力量——施加大量外部压力，应当是可行的。这种做法，的确符合社会子系统之间的恰当分工。如果社会系统在政治系统的影子下发展宪法，就有最好的机会获得一部适合的宪法。④

---

① Luhmann (1997) *Gesellschaft der Gesellschaft*, 372.
② Vesting (2012) "Ende der Verfassung?" (manuscript), 5, 17.
③ Vesting (2012) "Ende der Verfassung?" (manuscript), 11.
④ 这一设想接近格林的立场，至少他给了社会宪治"在共同权力的影子下……的有限成功机会"。参见 Grimm (2009) "Gesellschaftlicher Konstitutionalismus", 81.

第四章　超国家的宪法规范：功能、领域、过程、结构

为了正确看待政治系统的重要地位，雷纳（Renner）建议我们将经济宪法视为经济、法律与政治的三边结构耦合。① 在政治、经济与法律之间，确实存在着大量结构耦合，比如税务体系和院外活动。但这些结构耦合，显然不能压缩成前面描述的那种"黏合制度"。实际上，并没有一种三边的黏合制度，有的只是两组双边的黏合制度：一组存在于经济/法律关系中（经由财产、契约、竞争和通货制度），另一组存在于法律/政治关系中（宪法立法和宪法司法）。相反，在政治/经济关系中，现有的结构耦合并未紧密到形成了黏合制度的地步。政治干预从未（或者很少）直接地将权力过程转译为支付行动；反而是，政治干预要通过法律系统的中介，通过法律行动的中介。税收同样如此。在经济宪法中，政治与经济的联系是偶然发生的而非永久性的，并且一再被经济与政治的去耦合过程解除。因此，政治对经济宪法的干预，不可能是在一种黏合制度之内的运作，毋宁是一系列外部的宪治压力。

很明显，最重要的外部压力存在于一项社会宪法的奠基行动过程中，这种外部压力表现为以法律系统作为中介的诸多政治决策。确立金融宪法需要政治压力。一般而言，自治经济的构成，预设了一个强有力的政治系统。关于资本主义经济突然建立，而法治又没有被同时引入的消极后果，俄罗斯在1989年事件之后普遍存在的类黑社会状况提供了丰富的资料。在金融危机的时刻，超国家政治的回应最为有力，形成了早期救援的国际协作。在这个意义上，我们当然可以说，全社会中的独立宪法是由政治赋予的。然而，独立的宪法能否有效确立和长期运转，取决于社会系统本身。社会系统自主决定是否接受外部政治压力，并对外部政治压力加以持续的内在转化。没有这些，来自政治的宪治激扰就消散了，经济宪法中的持

---

① Renner (2011) *Zwingendes transnationales Recht*, 233 ff.

久变革也不可能存在。因为创造宪法的不是外部的政治"重大决策"这种神秘的建设行动，而是内部"相互连结的沟通行为的长期持续链条，这种链条成功地将宪法确立为'最高权威'"①。来自政治立法的激扰必须以这种方式被经济采纳，从而输入到货币循环的毛细管；唯有如此，宪法才能超越单纯的形式效力，真正"获得实效"。政治宪法的推动作用局限于奠基行动和基础变革；在其他情况下，则需要相对于政治的宪法自治。

"在政治的影子下"还有更丰富的含义。确立一部宪法必须仰赖法律；反之，法律也依赖于政治对暴力的物理使用的垄断。要将经济宪法规范稳定下来，经济性和社会性的惩罚往往是不够的。为了取缔商业银行所有未经授权的货币创造，防止各种规避策略，纯货币改革也需要由政治力量支持的法律惩罚措施。② 然而，国家法律的这种支持作用并未将经济宪法转化为国家宪法。国家权力通过法律的中介，在一定程度上被去政治化，由经济的独立宪法使用，这就是所发生的一切。

然而，影子必须始终只是影子。中央银行相对于政治的宪法自治必不可少。在关于货币创造的具体决策中，无论如何必须防止政治的随意干预。确实，中央银行的政治独立，本身就是一种宪治要求。③ 支付流对支付流加以自我引导，是经济宪法的基本原则。政治的权力游戏之所以必须被彻底排除出货币创造，原因就在于，政治、尤其是民主政治的持续诱惑产生了通货膨胀的严重风险。"毫无疑

---

① Vesting（2009）"Politische Verfassung?"，613. 该文正确地批评了宪法的"重大决策"。

② 关于规避措施和对策的详细讨论，参见 Huber and Robertson（2008）*Geldschöpfung in öffentlicher Hand*，51 ff. 。

③ Binswanger（2009）*Vorwärts zur Mässigung*，147；Huber and Robertson（2008）*Geldschöpfung in öffentlicher Hand*，38 f. 。

第四章　超国家的宪法规范：功能、领域、过程、结构

问，每个拥有无限制权力的民主政府都无法阻挡通货膨胀的压力。"①这一次，弗里德里希·冯·哈耶克例外地说对了，尽管他的结论再次错得离谱：货币创造应当完全私人化。

(三) 社会子系统的内部政治

相反，经济自身"内部"的政治化不是影子——它的确在物理意义上显而易见。宪治化过程同时强化和引导着经济内部的政治化过程。前文已经讨论了外在于国家政治的政治动力，通过消费者偏好的政治化和公司宪法的生态化，这种政治动力在"私人"市场中得到释放。②社会宪治理论有力地主张，在经济的自发领域和组织化领域中，应当牢固确立对经济行为进行政治反思的位置。毕竟，中央银行垄断货币创造，明显执行着政治功能。扩大/收缩货币供给的社会后果如何？在这些公共讨论中，通过消费者、公司和中央银行的政治化，经济的"内部政治"得以实现。

正是在经济的内部政治中，展开了围绕货币创造的发展冲动是否已经过度的争论，并就此做出有约束力的决定。是否应当对金融体系进行戒断治疗，这样的社会—政治决定不能取决于私人的盈利目标。只有经济内部的公共制度即中央银行才能做出决定，因为中央银行的决定乃是基于货币体系的正常运转及其与全社会整体相协调的考虑。

当中央银行就货币创造问题做出决策时，它们的社会—政治决定显然影响深远。尽管如此，中央银行仍然不是政治系统的组成

---

① Hayek (1978) *Denationalization of Money*, 22 f.
② 今天，这种外在于制度化政治的非凡政治动力已经更加明显。布隆克霍斯特 (Brunkhorst)、沃尔等学者应该想一想，他们还能不能继续强烈批评社会宪治，指责社会宪治将全社会去政治化？参见 Brunkhorst (2007) "Legitimationskrise der Weltgesellschaft", 76 ff; Wahl (2010) "In Defence of Constitution", 240 f.

部分。中央银行不会为了做出集体决定而参与权力和共识的形成，没有涉入始于公众，经过议会、行政、社团，再返回公众的政治权力循环。不同于（例如）同时展开政治行动和法律行动的议会，中央银行也不是政治—经济混合体。中央银行不具有经济系统和政治系统的双重成员资格。中央银行类似于宪法法院，后者占据法律系统的等级顶端，裁判高度政治性的问题，自身却不会变成政治系统的组成部分。① 在此，"宪法守护者"可能是恰当的比喻。正如议会和宪法法院是政治宪法的守护者，中央银行和宪法法院则是经济宪法的守护者。对于它们的宪法政治来说，高度的自治必不可少。②

即便中央银行喜欢将自己打扮成无关政治利益的专家，只是按照技术的规则（*lege artis*）执行与职业要求密切相关的决策，但它们实际上做出了经济系统中真正的政治决定。关于货币供给的决定，并不只是对预期货币量计算的技术执行。③ 中央银行拥有广泛的政治选择裁量空间；它们面对着巨大的不确定性风险；它们必须面向公众证明它们的行动；而且，它们对它们所做的决定负有责任。这显然是经济系统内部反思性实践的政治内容，因为它们决定了经济的全社会功能与经济的环境贡献之间的关系。因此，独立于制度化政治的货币政策，必须是透明的、负责任的。

中央银行自治也是纯货币改革的必要条件。与政治系统的行政机构和立法机构以及法律系统的司法机构并行，中央银行是"货币

---

① 但是，一旦宪法法院卷入政治系统的权力游戏之中，就会被改造成混合制度。此时，它们就成了政治化的宪法法院，拥有不完全分立的民族国家权力。
② Ladeur（1992）"Die Autonomie der Bundesbank"。
③ 哈维正确地批评了全球经济宪法中的这种"技术统治"，参见 Harvey（2005）*Brief History of Neoliberalism*，66。

第四章　超国家的宪法规范：功能、领域、过程、结构

机构（the monetative）"，亦即经济的宪治机构。① 这就是金融宪法必须自治的原因：尽管中央银行具有高度政治性的特征，但必须遵循自己的逻辑，不能沦为制度化的政治权力过程。这一点，也是将中央银行与宪法法院类比的意义所在。这是一种权力分立原则，不是政治系统内的权力分立，而是全社会内的权力分立。

决策货币创造的适当数量完全是中央银行的任务。如何使用通过货币创造获得的利润，则完全是经由民主正当化的政治系统的问题，而非中央银行的问题。这笔可观的利润（目前归属商业银行，而商业银行没有任何对待给付）是进入国库、供给整个银行系统、用于减税还是增加居民收入，中央银行不能再做决策，应当通过一般的政治过程决策。②

消费者偏好的政治化、公司的生态化以及将货币政策置于公共领域——这三个宪治领域都表明：在相当大的程度上，社会子系统的"内部"政治化取决于其沟通媒介的特殊性。由于这个原因，社会子系统的内部政治化与国家制度的"外部"政治化的差异不可抹杀。许多学者都受此种诱惑之害，他们虽然（非常正确地）强调了社会过程中的"政治"不同于"技术统治（technocratic）"，却忽略了阳性政治与阴性政治之间的差异。③ 我们无论如何都不应当重蹈覆辙，将制度化政治的内部争论理想化为"日常政治"（ordinary

---

① Senf（2009）Bankgeheimnis Geldschöpfung; Binswanger（2009）*Vorwärts zur Mässigung*, 147.

② Binswanger（2009）*Vorwärts zur Mässigung*, 147 f.

③ 对两种政治概念不加区分，参见 Joerges（2011）"The Idea of a Three-Dimensional Conflicts Law as Constitutional Form" and Koskenniemi（2011）"Hegemonic Regimes"; 甚至系统理论取向的学者也倾向于混淆二者，唐希尔使用了一种宽泛的权力概念，克亚尔从全球化中看到的是政治系统向社会子系统的扩张，参见 Thornhill（2012）"State Building, Constitutional Rights and the Social Construction of Norms"; Kjaer（2010）"Metamorphosis of the Functional Synthesis"。

politics），而将其他社会子系统中的争论贬抑为技术统治。①

社会宪治理论反对将基本的社会—政治问题置于政治系统的中心。社会宪治理论的关注焦点，在于增加社会中的"政治"争论场所和决策场所。② 戴维·肯尼迪正确地强调了宪治化与去中心化之间的关联：

> 我们的目标，是要将影响个人生活的民主承诺、个人权利、经济自足、公民身份、共同体授权、决策参与的革命力量带到全球和超国家权力的各种场所，无论这些场所多么的具有地方性。我们的目标，是要增加可以对决策进行观察和辩论的场所，以期获得异质的方案和路径以及充分的试验，而不是将各种决策压缩在一个中心。③

一旦明确提出了社会内部的民主问题，两种政治概念的差异就清晰地呈现出来了。确实，各种社会制度不仅必须从其特定支持者的角度得到正当化，也必须从社会整体角度加以正当化。但这并不意味着，正当化必须通过制度化的政治渠道实现。④ 关于这个问题，此处无法详尽展开。但无论如何，不应简单调用为了政治系统而特

---

① 论战文章，参见 Koskenniemi（2011）"Hegemonic Regimes"，324；Kuo（2009）"(Dis) Embodiments of Constitutional Authorship"，225。

② 类似的判断，参见 Crouch（2011）*The Strange Non-Death of Neoliberalism*。这种论证尽管批评宪治主义和多元主义路径，但与布坎南（Buchanan）的想法接近，参见 Buchanan（2006）"Legitimating Global Trade Governance"，662 ff. 。

③ Kennedy（2008）"Mystery of Global Governance"，859.

④ 这一观点与早期哈贝马斯的前述洞见一致，早期哈贝马斯批评议会至上，主张社会过程的民主潜力的现实化，但后期哈贝马斯（及其同事）明显失去了这一洞见。参见 Habermas（1992［1962］）*The Structural Transformation of the Public Sphere*，181 ff. 。

第四章　超国家的宪法规范：功能、领域、过程、结构

别发展出来的民主程序。必须另行架构各种社会制度的民主程序，或许就像沃尔夫冈·施特雷克所描述的那样：

> 作为一种民主化……的过程，各种地方性的谈判和决策领域同时得到国家和社会的授权并被要求行动，这不同于另一种民主化过程，其中国家执行的多数人决议是基于共同的规范和规则做出的。①

按照这种观点，实现社会中的民主需要通过各种程序，这些程序应当取向于去中心化的集体行动者的社会责任。对此只需提及一个例子，即私人体制中的超国家公众参与。② 奥尔胡斯公约（Aarhus Convention）制定了三项公众参与原则：（1）信息使用权；（2）公众参与的决策程序；（3）在环境问题上诉诸法院。这些原则使公共和私人体制的管理机构更能回应：

> 社会基质（social substrate），亦即世界社会本身（而非世界社会的政治系统即诸国家的国际共同体）。它将世界社会整合为创造各种行动模式的过程，并将（立法、行政和司法机构中的）决策与（在全球公众之间的）论辩相互连接，以便在社会宪法的架构中建立自发领域和组织化领域的二元性——这对民主理论而言十分重要。③

---

① Streeck (1998) *Internationale Wirtschaft, nationale Demokratie*, 54.
② 参与过程的丰富细节，参见 Perez (2011) "Private Environmental Governance as Ensemble Regulation"。对 ICANN 民主实验的讨论，参见 Klein (2001) "Global Democracy and the ICANN Elections"。
③ Fischer-Lescano and Renner (2011) "Europäisches Verwaltungsrecht", 370 f.

如前所述，由外部的国家—政治宪法压力和内部的宪治化过程产生的动力，不是功能迫令的自动结果。恰恰相反，这种动力由过度发展的压力所引发，只会出现在危机时期。这些危机时期就是宪治时刻，强大的社会能量在这一时刻被激活，可以避免灾难的降临。回溯历史，1929年就是这样的宪治时刻。那时，民族国家面临着宪治决断：是废除经济自治、追求社会主义或者法西斯主义式的极权政治，还是确立作为有限经济宪法的"新政"和福利国家？今天的情况又如何呢？2008年的银行业危机是一场如此具有威胁性的系统震动，以至于触发了新的宪治时刻，亦即相互联系的全球经济的第一个宪治时刻吗？它是使全球金融宪法的自我限制成为可能的时刻吗？还是说，底部终究尚未到达，旧的成瘾行为仍会返回全世界呢？

第五章　超国家的基本权利：横向效力

第一节　民族国家之外的基本权利

从基本权利的角度看，超国家宪治完全成立。谁会否认普世人权在全世界的有效性及其更高的权利地位和宪法地位呢？将民族国家法律中的基本权利"依其本质"理解为等级更高的宪法规范，却又将各种超国家人权协议中相同的基本权利视为普通法律，否认后者相对于其他法律规则的优先性，这种替代方案令人难以接受。因此，赋予国际人权当然的宪法地位是合理的。[①] 同样地，超国家体制中的基本权利，也难以仅仅基于国际公法下的偶然协议获得效力。[②] 它们主张普遍性，要求全世界范围的法律效力。最后，在非国家领域对抗超国家私人行动者的基本权利，其效力亦不容否认。可以看到，大量跨国公司侵犯人权的丑闻在被提交国家法院或者国际法院之后，法院经常保护各种对抗私人行动者的基本权利，尽管这种基本权利的法律渊源还相当不确定。[③]

[①] Gardbaum（2008）"Human Rights and International Constitutionalism", 238 ff.
[②] 人权国际法保障的主要不同，参见 Hamm（2003）*Menschenrechte*。
[③] 详细的分析，参见 Oliver and Fedtke（2007）*Human Rights and the Private Sphere*; De Schutter（2006）*Transnational Corporations and Human Rights*; Joseph（2004）*Corporations and Transnational Human Rights Litigation*。

这种情况标志着自然法的再度回归吗？在为基本权利的世界效力辩护之时，自然法的理由卓有成效。① 严肃的法律实证主义无力应对人权的哀怨，甚至无力解决人权的法律效力这个技术问题。但在世界文化无可否认的多元主义背景下，尤其在宗教冲突的背景下，基于自然法构造普世有效人权的努力总是迅速遭遇失败。② 如果自然法和实证法都有问题，人权的全球有效性主张基础何在？它无法依赖普遍主义者与相对主义者之间的哲学争论的结果。那么，难道只是"公愤"（colère publique）在此作为全球法律渊源起作用，通过丑闻化（scandalization）的方式来制造人权吗？③ 若如此，这些社会规范如何转化为实证法律呢？超国家体制中的宪法权利提出了以下两个问题：（1）在民族国家的基本权利以及国际公法条约中的人权之外，超国家体制的基本权利如何能够获得其有效性——无论是公法的、混合的亦或私法的有效性？（2）超国家体制中的基本权利是否也约束私人行动者？换言之，在超国家空间中，基本权利是否也拥有横向效力呢？

（一）国家宪法权利的域外效力？

拉迪亚（Ladeur）和弗莱奇纳（Viellechner）将基本权利的效力扩展到超国家的"私人"体制。④ 他们怀疑基本权利经由丑闻化而自发产生的观点，同时也怀疑国际公法的普遍宪治化。相反，他们

---

① 超国家人权的一种精致的新自然法概念，参见 Höffe（2007）*Democracy in an Age of Globalisation*, 38 ff. ；另一种基于乔姆斯基普遍道德语法的人权理论，参见 Mahlmann（2009）"Varieties of Transnational Law"。

② 逃离普世主义与相对主义两难选择的路径，精致的论证参见 Menke and Pollmann（2007）*Philosophie der Menschenrechte*, 71 ff. 。

③ Luhmann（2004）*Law as a Social System*, 469 ff. ；Fischer-Lescano（2005）*Globalverfassung*, 67 ff.

④ Ladeur and Viellechner（2008）"Transnationale Expansion staatlicher Grundrechte", 46 ff.

的方案是：民族国家基本权利"扩张"到超国家"私人"体制。理由有三：国内法律与超国家法律之间越来越强的相互渗透；各国宪法法院的网络化；以及私法与公法不断增长的可转换性。

这种构想将超国家基本权利的效力直接建基于稳固的民族国家法律渊源，同时又将民族国家成熟的宪法学说运用于超国家体制问题，颇具启发意义。但其范畴错误不容忽视。"扩张"这个术语含糊不清，掩盖了两种根本不同的过程的差异。用法律渊源理论的语言说，作者们将基本权利的内容渊源与效力渊源混为一谈。① 或者用另一种理论语言说，作者们没有考虑到，决定与论证构成两种封闭循环，二者可以相互激扰，却无法合二为一。② 毫无疑问，国家法上的基本权利为超国家的基本权利提供了内容模型；将基本权利的国家标准、原则、学说的内容挪用到超国家的论证循环中，这也没有问题。然而，这种学说完全没有告诉我们，在各种超国家体制中，基本权利实际上是否——如果是，如何——实际获得规范效力。规范效力的实际获得需要一个决定，需要制度化的法律创制过程的一种效力赋予行动，诉诸国家与超国家脉络的内容相似性，并不能掩盖这种需要。大而化之地笼统断言超越国家边界的基本权利是无济于事的，只有像伽得鲍姆（Gardbaum）那样详尽分析其效力渊源，才能阐明其效力、范围和执行问题。而且，由于不同民族国家的基本权利目录差异甚大，我们也无法谈论这些标准的"扩张"，最多可以谈论如何在这些标准之间进行选择。③ 国内法与国际法的相互渗透，或者公法与私法的可转换性同样如此。必须找到一种从法律上加以

---

① 对法律渊源的论述，如 Röhl and Röhl（2008）*Allgemeine Rechtslehre*，519 ff.。
② Luhmann（2004）*Law as a Social System*，338 ff.。
③ Klösel（2012）*Prozedurale Unternehmensverfassung*（manuscript），62. 这就将体制内的实证化决定问题摆上了台面。

结构化、从宪法上加以正当化的过程，将超国家体制中的基本权利实证化，使之成为有效的和有约束力的。然而，作者们只是把我们引入了神秘的"居间法制"（interlegality）之中。① 总而言之，"扩张"可能不过是一种过渡语意。这种过渡语意尽管意识到了超国家体制中基本权利的横向效力问题，但还没有认识到超国家体制自身的宪治意义。在关于民族国家法官造法的争论中，这种过渡语意已经耳熟能详。② 作为有效的治标之策，这种过渡语意利用了国家宪法性法律的效力，其超越两条边界（国家/超国家、公共/私人）的"扩张"似乎没有引起太大的担忧。

同样的批评，也适用于那些将超国家基本权利奠基于（文明人的？）普世法律原则的作者。比如，库姆声称一般宪法原则支配着超国家空间，却没有说清哪种法律创制过程促成了一般宪法原则的实证化。他也未能明确区分论证与决定。③ 在被用于赋予超国家标准的效力时，人见人爱的比较法将遭遇同样的批评。④ 以上方案，都没有

---

① Ladeur and Viellechner（2008）"Transnationale Expansion staatlicher Grundrechte"，45. 桑托斯引入的这一术语，揭示了多元法律秩序之间的复杂关系，而没有揭示其解决方案："不同的法律空间，在我们的脑际，也在我们的行动中叠加、交汇、混合，有时产生质的飞跃，有时扫除我们生活轨道上的危机，有时陷于平凡的日常生活的枯燥乏味。" Santos（2003）*Toward a New Legal Common Sense*，437. 相关论述参见 Amstutz and Karavas（2006）"Rechtsmutationen"; Amstutz（2005）"In-Between Worlds"。

② 尽管已经有了开创性的研究，如 Josef Esser（1956）*Grundsatz und Norm*，但传统的语义［(*Rechtserkenntnis*)，案例法作为习惯法（*Gewohnheitsrecht*)］并未消失，只是正在消失。模棱两可的讨论，参见 Röhl and Röhl（2008）*Allgemeine Rechtslehre*，571 f.。

③ Kumm（2010）"The Best of Times and the Worst of Times". 一般法律原则在商人法上的适用，参见 Stein（1995）*Lex mercatoria*，171 ff.。

④ 比较法试图证明超国家公共秩序的普世有效性，在这种超国家公共秩序中，基本权利发挥了重要作用。但比较法并没有说明纠纷解决机构的法律创制角色，较之其他各种法律秩序，这种纠纷解决机构只是实施一项具体的规范。可参见 Lalive（1987）"Transnational (or Truly International) Public Policy"，295。

第五章 超国家的基本权利：横向效力

充分区分各种原则无可争议的典型功能、各种法律秩序的不同内容与涉及法律效力的法律决定过程。

(二) 全球公愤

那么这是否意味着，被涂尔干界定为法律渊源的公愤，直接为基本权利赋予了效力？① 在全球层面，由于混乱的世界状态和正在丧失的民族国家相关性，基本权利不再像往常一样，在遭受违反之前首先被设定为法律规范，而是因其受到侵犯和引发谴责而获得效力，卢曼将这种情况称为"当代的悖论"（contemporary paradox）。② 耳熟能详的事件序列确证了这一悖论的实际存在：先是抗议运动和非政府组织揭露跨国公司成问题的实践；然后丑闻产生；继而媒体谴责这些公司实践侵犯人权；最后法院确认人权受到了侵犯。③ 拉迪亚和弗莱奇纳否认丑闻具有创生法规范的力量，强调单是"全球社会的规范性预期"不能创造法律。这当然是正确的，因为这些预期需要通过制度化来加以稳定，无法仅仅依靠公愤。④ 但卢曼明确地将这种实践称为悖论，悖论本身无法构造法律效力。只有去悖论化的过程，才能从丑闻化中产生法律。就此而言，我们应当密切观察今日的法律实践如何处理这种悖论，在面对丑闻化时将利用哪种区分来为基本权利赋予效力。进而言之，对成问题的实践的谴责，只有被由法律符码支配的运作加以反思性的观察，并纳入递归的法律运作之中，

---

① Durkheim（2004 [1883]）*Teilung der sozialen Arbeit*，119 ff.
② Luhmann（2004）*Law as a Social System*，487. 关于基本权利的各种悖论，详细的分析参见 Verschraegen（2006）"Systems Theory and the Paradox"。
③ 比如关于阿根廷母亲的案例研究，参见 Fischer-Lescano（2005）*Globalverfassung*，31 ff.。进一步的详细研究，见本书第二章。
④ Ladeur and Viellechner（2008）"Transnationale Expansion staatlicher Grundrechte"。然而，他们的论证与他们的解决方案——民族国家基本权利的扩展——自相矛盾，无法说明"制度化将确保关于基本权利扩展的各种预期"。

才能产生有效的法律。①

(三) 依体制而异的基本权利标准

较之扩展国内基本权利或者将社会规范设定为法律规范，借助在各种依体制而异的制度中构造效力的具体决定，要可靠很多。循此路线，雷纳详尽分析了各种全球私人体制。② 他以商人法中的超国家仲裁、国际投资仲裁庭以及ICANN的互联网仲裁庭为例，详细说明了这些机构如何一步一步地将基本权利的具体标准予以实证化，以及如何按照一种由私人秩序（private ordering）制定的法律程序做到这一点。在这些全球体制中，不是国内基本权利，不是国际私法规则，也不是纯粹的社会规范构造了基本权利的法律渊源。拉迪亚和弗莱奇纳所引证的国家法院的日益网络化，也无法在超国家体制中创造基本权利的效力。尽管这种网络化强化了既有的全球法律系统，但全球法之中仍然存在法律效力的严格内部边界，只有明确的效力决定才能够跨越这种边界——在上述案例中，这种效力决定就是私人仲裁。

恰是超国家体制自身的裁判实践，在各种体制边界之内创设了基本权利。因此，一种超越国家实证化的"社会"实证化，是基

---

① 当二元法律符码引导的诸运作，反过来被二元法律符码引导的诸运作加以观察，并被包含到法律系统之中，社会规范就被整合进全球法律系统，就变成了法律。更详细的讨论参见 Teubner (1997) "Global Bukowina", 11 ff. 。另可参见 Köndgen (2006) "Privatisierung des Rechts", 508 ff.; Calliess (2006) *Grenzüberschreitende Verbraucherverträge*, 182 ff.; Schanze (2005) "International Standards"。费舍尔-赖斯卡诺也并非简单地将由公愤引致的预期等同于法律规范, 参见 Fischer-Lescano (2005) *Globalverfassung*, 67 ff. 。哈特的次级规则概念提供了一种新的解释：一条承认规则可以发展成一种法律习惯，从而作为真正法律的基础发挥作用，参见 Collins (2012) "Flipping Wreck"。

② Renner (2011) *Zwingendes transnationales Recht*, 91 ff., 199 ff.

本权利逐渐普世化背后的驱动力。在各种国际公法体制中，基本权利固然已经获得了效力，但前提是各种人权公约将之实证化。否则，比如说，基本权利就无法向各种国际组织或者超国家体制主张效力。① 更复杂的情况是，就像在世贸组织中那样，法官造法创制了人权。从单纯用于冲突解决的仲裁庭，已经发展出真正的法院体制，甚至出现了负责二审的上诉机构。如果基本权利在此得到了承认，那么就是这些冲突解决机构而非国际协议，在一种类似于普通法的过程中，将世贸组织内部的各种有效基本权利标准实证化了。② 当国际商会（ICC）、国际投资争端解决中心（ICSID）和互联网名称与数字地址分配机构（ICANN）的私人仲裁庭将基本权利加以实证化时，情况同样如此。这些仲裁庭当然会受到不同的民族国家秩序、一般法律原则、理论模型甚至哲学论证的影响。但实际的效力决定系由仲裁庭本身做出，它们在不同的基本权利标准之间进行选择，并确定在特定体制中何种基本权利具有约束力。虽然抗议运动、社会和媒体的丑闻化确实参与了这种法律创制过程，但唯有经由次级规则，丑闻化的规范才被整合为全球法。

　　各国法院亦高度参与。在超国家体制的法律创制过程中，国内法院常常被呼吁承认和执行仲裁裁决。当国内法院诉诸公共秩序理由，拒绝执行侵犯基本权利的超国家仲裁裁定时，也会影响超国家体制的宪法。③ 因此，国内法院参与了一种超国家基本权利普通法的渐进发展。此处我们不应屈从于实证主义的诱惑，强调国家法在

---

① Gardbaum (2008) "Human Rights and International Constitutionalism", 257.
② 例证可参见 Trachtman (2006) "The Constitutions of the WTO", 640 ff.。
③ Berman (2007) "Global Legal Pluralism".《联合国承认及执行外国仲裁裁决公约》第五条 2 款（b）项允许国内法院审查"有违执行国公共政策"的情况 (21 U. S. T. 2517, 2520, 330 U. N. T. S. 38, 42.)。

"终局"意义上成为超国家体制基本权利的渊源。在围绕商人法的争论中,曾有人认为国内法院的许可裁决(exequatur decisions)在国家法中确认了商人法,这种观点已被证明是错误的。① 这种观点完全基于国家与超国家的错误界分,无法理解二者的相互交织。② 这些国内的法院裁判拥有双重身份,参与了两种自主法律秩序的决定链条。一方面,它们是且仍然是相关国内法的运作,但另一方面,它们同时也参与了自主的超国家体制的法律创制。在不同的运作链条中拥有双重资格,这种情况并不少见。③ 在实践中,这恰恰是诸自主系统形成结构联结和运作联结的惯常方式。这导致了国家与超国家法律秩序的交织,但绝对没有导致二者的融合。因为各种司法序列只是在具体司法裁决中短暂地"相遇";其他时候,在各自的法律秩序中,它们的效力运作有着不同的过去和未来。

"普通法宪法"这一术语恰当地描述了基本权利如何在超国家(公共和私人的)体制中实证化:在仲裁庭的裁决、国内法院的判决、私人行动者的契约、社会的标准化以及抗议运动和社会组织的丑闻化行动之间,发生了一种迭代式的(iterative)决定制作过程。④ 克拉伯斯(Klabbers)正确地阐述了此处提出的可选答案:

……宪治化是一个自发的过程,是占据权威位置的行动者为了回应当务之急而做出的零碎决定的累积?还是一种自上而

---

① 例证可参见 Stein(1995)*Lex mercatoria*,99,163。

② 关于两种空间相互交织关系的精致理论,参见 Sassen(2006)*Territory-Authority-Rights—From Medieval to Global Assemblages*。

③ Luhmann(2004)*Law as a Social System*,381;其他理论脉络的讨论,参见 Lyotard(1983)*Le différend*,51。

④ 一些作者论证了超国家基本权利的普通法式发展:Kumm(2010)"The Best of Times and the Worst of Times";Karavas(2010)"Grundrechtsschutz im Web 2.0.";Walter(2001)"Constitutionalizing(Inter)national Governance"。

下的过程的结果,在这一过程中,制宪权威设计了宪法?后一种情况在全球层面不可能发生;前一种情况应是正常情况。这并不是说,全球宪法将是诸多部门宪法的总和;而是说,全球宪法将是一床拼布床单,它更可能是被识别出来的,而不是在任何意义上被书写出来的:它是一种实质的而非形式上的宪法。用胡瑞尔(Hurrell)的话说,它或许应是一种"普通法宪法",而非一种大陆法类型的宪法。①

第二节 约束超国家"私人"行动者的基本权利

(一)超越国家行动

即便公共和私人的超国家体制将相应的基本权利标准实证化了,却仍然存在一个问题:这些基本权利仅仅约束国家行动者,还是也约束私人行动者。② 较之国家空间,在超国家空间中,基本权利对于私人行动者的影响更大。因为跨国公司规制了整个生活领域,我们再也无法回避这个问题。国家行动原则可能是民族国家内部最著名

---

① Klabbers(2009)"Setting the Scene",23. 该文引用了 Hurrell(2007)*Global Order*,53. 为了避免误解,特别说明:与克拉伯斯不同,此处主张全球宪法确实将分解为各种部门宪法。

② 关于超国家基本权利第三方效力的讨论,参见 Gardbaum(2008)"Human Rights and International Constitutionalism";Gardbaum(2003)"'Horizontal Effect' of Constitutional Rights";Clapham(2006)*Human Rights Obligations of Non-State Actors*;Anderson(2005)*Constitutional Rights*;Clapham(1996)*Human Rights in the Private Sphere*。关于欧美的讨论,参见 Sajó and Uitz(2005)*Constitution in Private Relations*。

的方案，然而在这里，援引这项原则却异常困难。① 按照国家行动原则，只有能够从私人行动中识别出国家行动的因素时，私人行动者才算侵犯了基本权利。如果国家机构以某种方式卷入其中，或者私人行动者执行了某种公共功能，就可能发现国家行动的因素。② 可是在超国家空间，民族国家中处处可见的国家行动并非普遍存在，而是仅在相对较少的情况下才可被辨识出来。

我们应当再次考虑一般化与再具体化的理论，将之运用于基本权利的横向效力问题。第一步，将国家脉络中基本权利的狭隘适用予以一般化（这种狭隘适用只能被历史地解释），将之转化为全社会范围有效的一般原则。第二步，必须根据不同社会脉络各自的逻辑和规范性，仔细地设置基本权利的具体内容、其责任者与受益者、其法律结构与法律执行。

在德国、南非、以色列尤其是加拿大，目前流行的另一种学说已经以不同的变体形式确立起来，被称为人权的结构效力（structural effects of human rights）。这种学说也暗含着一般化与再具体化理论。③ 它将基本权利从国家中心的规则转换为一般的价值，"辐射"到非国家领域。随后，它又具体化这些基本价值，使之符合私法的

---

① 比较法的视角，参见 Friedman and Barak-Erez（2001）*Human Rights in Private Law*；英国的情况，参见 Tomkins（2001）"On Being Sceptical about Human Rights"，4。以色列的情况，参见 Barak（1996）"Constitutional Human Rights"。南非的情况，参见 Cheadle and Davis（1997）"Application of the 1996 Constitution"，44 ff.。加拿大的情况，参见 Weinrib and Weinrib（2001）"Constitutional Values and Private Law in Canada"。

② 关于私法之下的基本权利的讨论，参见 Canaris（1999）*Grundrechte und Privatrecht*。

③ 关于基本权利横向效力的一个详尽的比较分析，参见 Gardbaum（2008）"Human Rights and International Constitutionalism"。对德国主流理论的讨论，参见 Herdegen in: Maunz/Dürig, Grundgesetz（2010）Art. 1 GG, paras. 59–65。关于人权悖论的一个分析，参见 Verschraegen（2006）"Systems Theory and the Paradox"。

特殊性。

不过,从社会学的视角看,一般化和再具体化都需要重新定向。如果基本权利并非简单地在整个社会中发挥作用,而是在各有独特社会结构的不同全球领域发挥作用,就很难期待能够从由价值哲学支撑着的一般化中得到什么指导。而且,仅仅根据私法的特殊性定位基本权利的再具体化,也还不够。这项任务,价值哲学或者私法学说都无法提供充分的指导。

(二) 一般化:沟通媒介而非一般价值

就一般化问题而言,首先应当搞清楚,政治系统的基本权利针对什么。答案并非国家,而是政治权力。基本权利针对的是权力,也就是政治沟通的特定系统媒介。基本权利应当突破这个狭隘的焦点,面向全社会中实际运转的其他各种沟通媒介而被一般化。卢曼和唐希尔已经阐明了基本权利与权力媒介的关系。① 如上一章所述,权力媒介的正式化是政治宪法的主要功能。政治宪法确保政治自治长期存续,切断宗教、家庭、经济或者军事等"外部"权力来源。法律支持政治自治,权力媒介由此获得自己的形式。各种"片段化的"权力地位(power positions)被法律化(juridified)了:能力、主观权利和人权。在这三种结构成分中,权力媒介找到了其去中心化的形式。政治过程的运作采用了权利的形式,亦即权力的结构成分的形式。致密的权力媒介被分解成各种权利,作为相互独立的组成部分,然后在权力形成过程中用作建筑原料。

作为权力媒介的法律形式,基本权利在政治之中扮演了双重角

---

① Thornhill (2008) "Towards a Historical Sociology", 169 ff.; Luhmann (1990) "Verfassung als evo-lutionäre Errungenschaft"; Luhmann (1973) "Politische Verfassungen im Kontext"; Luhmann (1965) *Grundrechte als Institution*.

色。仅仅强调基本权利对抗国家权力、保护个人是不够的。毋宁说，基本权利同时执行了排除和涵括的功能。① 基本权利采用政治参与权的形式，允许全部人口被涵括进政治过程。这些基本权利是积极的公民权利，尤其包括选举权，也包括言论自由、集会自由、结社自由等较狭隘意义上的政治权利。② 然而，与此同时，基本权利的效果也在于从政治领域中排除非政治的社会空间，标明政治与全社会的界限，以及保障社会制度免遭政治化。通过转移某些对于政治而言负担过重的主题，这种排除效力同时确保了政治本身的运作性。因此，去政治化不仅保护了全社会的自治领域，也保护了政治本身的完整性。这表明，基本权利的涵括和排除维度，都对维持全社会的功能分化做出了贡献：

> 主权与权利的语意融合，可以视为现代政治的辩证中心，以及更为宽泛的现代社会的辩证中心。一方面，这些概念使国家得以巩固一个明确的政治权力空间，将政治权力作为一种被抽象出来的涵括性资源加以使用。另一方面，这些概念也使国家能够严格地维持和划定政治权力的功能范围，降低大多数社会主题、大多数交易和大多数社会机构的政治相关性。③

基本权利的一般化和再具体化，必须保留基本权利的上述双重角色。与此相反，关于基本权利横向效力的讨论过度聚焦于"消极

---

① Thornhill (2011) "The Future of the State", 390; Luhmann (1965) *Grundrechte als Institution*, 138.

② 显然，现代政治系统的试金石——选举权，在德国并未占据毋庸置疑的基本权利地位。参见 Klein in: Maunz/Dürig, Grundgesetz Art. 38 GG, para. 135 f.。

③ Thornhill (2011) "The Future of the State", 392.

权利",聚焦于基本权利的防御角色。① 既将全部人口涵括进所有功能系统,又将个人和制度的自治领域排除出这些功能系统——才是从针对国家的基本权利走向全社会基本权利的恰当一般化。一方面,基本权利支持将全部人口涵括进相应的社会空间。在此,通过支持社会子领域的自主化,基本权利执行了宪法的构成功能。另一方面,通过抑制相关系统的动力,基本权利也发挥着社会宪法的限制功能。在此,基本权利发挥了稳固边界的作用,给予系统外的个人和制度对抗系统扩张主义倾向的自治保障。

(三) 不同社会脉络中的再具体化

再具体化并非单纯意味着使基本权利适应于私法的特性。② 仅仅根据私法的"客观价值体系"进行具体化,将忽略不同社会脉络的特殊属性。这种做法没有恰当处理法律系统和社会系统的双重反思性,因为它只涉及宪法的法律一面,而忽视了宪法的社会一面。这就要求按照相应的社会脉络,对基本权利加以更大幅度的修正。"坚持私法相对于基本权利宪法体系的独立性质"③ 是正确的,但还不够。必须重新调整基本权利,以适应不同子领域的理性和规范性。④

一个例子可以澄清区别。比如,最近的反歧视立法提出了一个问题,即宪法上的平等原则是否可以适用于非国家脉络。这个问题,

---

① 第154页注释①②中所有阐述针对第三方的人权的作者,都在阐述纯粹的消极权利。

② 并因此对基本权利施加了适应于私法的各种限制。可参见 Herdegen in: Maunz/Dürig, Grundgesetz (2010), Art. 1 GG, paras. 65 ff. 。

③ Dürig (1956) "Grundrechte und Zivilrechtsprechung", 164.

④ 社会学取向的公司基本权利再具体化,大大超过了纯粹私法取向的第三方效力。塞尔兹尼克的经典研究,参见 Selznick (1969) *Law, Society and Industrial Justice*, 75 ff., 259 ff.; 晚近的研究,参见 Schierbeck (2000) "Operational Measures", 168。

简单地诉诸传统的私法平等原则是绝对不够的。因为这项原则仅仅适用于群体的背景。① 应当从相应社会制度各自的规范性出发,亦即从私人机构所执行的整体社会任务出发,发展禁止歧视的标准。比如私立学校和大学的反歧视标准,就必须从它们的教育和研究目标中产生。这些标准,明显不同于商业企业或者宗教团体适用的平等保护标准。最近的反歧视立法只是实验性地处理这些差异,还需要法院加以适当修正。② 更一般地说,如果经济、科学、大众传媒、医疗系统的宪法,现在要从法律上将相应的全球性沟通媒介加以正式化,基本权利就必须重新指向这些系统。

第三方效力是直接的还是间接的?与有些作者要我们相信的不同,这一区别绝非无关紧要。③ 社会学取向的重构坚决支持基本权利间接的第三方效力——尽管并非传统意义上的间接第三方效力。基本权利直接的第三方效力反而错误。直接效力固然确保了基本权利不会沦为高度抽象的价值,或者被私法规范所侵蚀④;但长期来看,它会造成政治与社会领域之间的短路。⑤ 较之错误地将国家和社会的基本权利"均质化",实际上,基本权利的"间接"效力才是重要的,但在这里,国家取向的人权需要根据特定脉络进行转换。

最后,某些作者的确建议,基本权利的第三方效力仅限于针对

---

① 关于私法中传统平等原则的讨论,参见 Raiser (1948) "Gleichheitsgrundsatz im Privatrecht" and Hueck (1958) *Grundsatz der gleichmäßigen Behandlung*。
② 对这些问题的讨论,参见 Badura (2008) "Gleiche Freiheit im Verhältnis zwischen Privaten"。
③ 尤其参见 Alexy (1994) *Theorie der Grundrechte*, 473 ff.。
④ 这就是为何布吕格迈尔(Brüggemeier)主张直接的第三方效力,参见 Brüggemeier et al. (2008) *Fundamental Rights*; Brüggemeier (2006) "Constitutionalisation of Private Law"。
⑤ 此即阿姆斯图特斯(Amstutz)的批评主旨,参见 Amstutz et al. (2007) "Civil Society Constitutionalism", 249 ff.。

经济权力和社会权力现象，这也是不够的。他们把基本权利与只是众多沟通媒介之一的权力媒介捆绑得太紧，忽略了来自其他沟通媒介的威胁。① 唐希尔犯了同样的错误，当且仅当诸子系统中的沟通均经由权力媒介发生时，他才承认社会的宪治化。唐希尔最终将宪治理论阐述为一种权力理论，从而将基本权利的第三方效力理解为"与实质权力的内部转换相关的、适应于社会权力新条件的宪法规则转换"②。然而，这就忽视了基本权利在社会中的精细运转。基本权利若要保障各种社会领域的沟通可能性，就应当防止各种沟通媒介对于个人和体制完整性的威胁，而非只是防止权力的威胁。

第三节　基本权利的涵括效果：进入权

如前所述，对第三方效力的讨论太过集中于基本权利对抗社会权力现象的防御功能，忽略了其涵括功能。③ 但后者确实是后现代社会的主要问题，唯有在全球化的最近阶段，其负面社会影响才变得明显起来。问题在于功能分化的涵括悖论。一方面，功能系统并不像分层社会那样，将其成员严格勾勒成各种人口群体（阶级、阶层、等级）；而是每种功能系统都涵括了全部人口，但严格局限于其系统

---

① 将基本权利还原为类似于政治权力的"社会权力"现象，是劳动法中的普遍做法。从组织化权力的角度看，这种做法可以理解，但这样一来，就将第三方问题还原为纯粹的权力现象，并且忽略了更微妙的对人权的侵犯。比如可参见 Gamillscheg（1964）"Grundrechte im Arbeitsrecht"。在基本权利横向效力的纯政治理论中，可以看到同样的还原，比如 Anderson（2005）*Constitutional Rights*, 33 ff. 以及 Tuori（2010）"Many Constitutions of Europe", 11 f.。

② Thornhill（2011）"Constitutional Law from the Perspective of Power", 247.

③ 德国的主流评论从未提及这种功能，参见 Herdegen in: Maunz/Dürig, Grundgesetz（2010）, Art. 1 GG, paras. 65 ff.。

功能。每种系统涵括全部人口，是功能分化的基本法则。另一方面，正是功能系统的内部动力导致了整个人口群体被排除。此外，"如果一个功能系统的广泛排除（比如极度贫困）造成其他功能系统（比如学校教育、法律保护、稳定的家庭境况）的排除"，这些功能特定的排除效应就会彼此相互强化。① 因此，正如美国大城市的贫民窟所显示的，整个人口片段的排除并非传统社会结构的遗产，而是现代性的产物。这就提出了一个令人烦扰的问题：各种世界系统的二元符码都从属于一项区分——涵括/排除，这是否构成功能分化的内在逻辑？② 涵括/排除会在 21 世纪变成协调其他所有符码的基础符码，同时又侵蚀功能分化本身，通过排除整个人口群体来支配其他各种社会—政治问题吗？

在此，社会宪治的目标，是在不同社会领域中构造受宪法保障的反向制度。这样一来，基本权利就不只是发挥个人自主空间的作用，而是也发挥将整个人口涵括进各种功能系统的保障作用。③ 现在能够更加清楚地看到，为何说基本政治权力的一般化和再特殊化，应当面向功能系统的专属媒介而非面向抽象价值。在政治之中，选举权和积极性质的公民政治权利，意在使整个人口能够进入政治权力媒介。如果这种政治涵括原则被一般化，那么在所有功能系统之

---

① Luhmann（2000）*Politik der Gesellschaft*, 427.

② Luhmann（2004）Law as a Social System, 488 ff. 从系统理论和后结构主义视角出发对涵括/排除问题的讨论，参见 Stäheli and Stichweh（2002）*Exclusion and Socio-Cultural Identities*。从政策视角对涵括/排除的讨论，参见 Sen（2000）*Social Exclusion*。

③ 这个方向迈出的第一步，参见 Verschraegen（2012）"Differentiation and Inclusion: A Neglected Sociological Approach to Fundamental Rights"；Holmes（2011）"Rhetoric of Legal Fragmentation", 132 ff.。关于宪法保障的互联网参与者的积极身份，相关讨论参见 Viellechner（2011）"Constitution of Transnational Governance Arrangements", 453 ff.。

中，基本权利就不仅开放了，而且事实上也保障了各种沟通媒介的入口。然而，一般化不可能采用一种笼统的方式，比如经由政治进入权扩展到全社会。因为，"伴随着功能分化，对涵括与排除关系的规制被转移到各功能系统，再没有任何中心权威（即便政治还一厢情愿地扮演这个角色）在此问题上监管各个子系统"①。这毋宁是一项需要谨慎地再具体化的任务，需要详尽阐述各功能系统的特定条件，以使进入各种不同社会制度成为可能。经济系统的基本服务、医疗系统的强制保险，以及互联网的准入都面向整个人口，在这些例子中，基本权利的第三方效力保障整个人口不受干扰地进入各种社会制度。

"互联网中立性"是颇具启发性的涵括权例子。② 最初，互联网技术保证了无障碍地自由进入互联网应用市场。原则上，技术保障了自由、平等地接入作为一种虚拟共同体财产（artificial community asset）的互联网，并不需要额外的法律支持。然而，随着时光流逝，这项原则受到了新数字工具的威胁，新数字工具将各种应用划分为不同等级，对这些不同等级在不同条件下提供互联网服务。当网络运营商区分不同等级，向付费最多的用户授予最高等级优先权时（"接入排名"，access tiering），互联网中立性就受到了侵犯。这是明显的接入歧视。其他案例包括谷歌操纵搜索算法，或者网络运营商阻断网络的行为。③ 在这些情况下，技术基础上的互联网中立性，现在需要基本涵括权提供额外的法律保护。反歧视基本权利（这里指进入非政治性制度的权利）的横向效力，应当在互联网领域再具体

---

① Luhmann (1997) *Gesellschaft der Gesellschaft*, 630.
② 参见 Wielsch (2008) *Zugangsregeln*, 249 ff.。
③ 参见 Karavas (2010) "Grundrechtsschutz im Web 2.0."; Karavas (2006) *Digitale Grundrechte*, 164 ff.; Karavas and Teubner (2005) "The Horizontal Effect of Fundamental Rights on 'Private Parties' within Autonomous Internet Law"。

化,成为一项契约义务:"接入规则应当确保所有媒介用户原则上享有相同的自由(行动可能性)。"① 这样一来,互联网运营商就被禁止歧视对待类似应用。基本权利将保障整个人口自由进入互联网的各种社会制度。

最后,这种涵括权也可能实现更大的社会—政治诉求。布隆克霍斯特(Brunkhorst)正确地指出,如果没有伴随着民主的强化,全球公民社会的宪治化就仅仅是半吊子工程。然而,所谓更有力的民主正当化,往往倾向于单纯意指社会过程与制度化的政治联系更为紧密。布隆克霍斯特主张通过欧盟的政治过程,将各种子宪法予以正当化。其他学者将民主正当性的希望诉诸民族国家的政治。② 还有一些学者给予全球政治宪法超越其他部分宪法的优先性,从而得出了民主正当性只能源于全球政治宪法的结论。③

本书的论点指向不同的方向。社会宪治旨在强化公民社会自身的民主潜力。正如维特赫尔特(Wiethölter)所强调的,这里涉及存在于"作为社会的社会"之中的政治。这种政治的实现,"不只是通过政治内部公民意志形成的'民主'联合,这种政治本身就'组织'着公民社会内部各种有关决策、沟通和教育过程的制度"。规范上的后果,便是将基本权利的横向效力转译为(政治系统之外的)不同社会领域的参与权:"人的社会部分就是其'公民权',这种公民权超越传统的公法/私法二分"。④ 规范上的指导方针,则

---

① Wielsch (2008) *Zugangsregeln*, 254;关于互联网上基本权利效力的详细建议,参见 Karavas (2006) *Digitale Grundrechte*, 179 ff.;类似的进路,参见 Speta (2002) "Common Carrier Approach to Internet Interconnection"。

② 比如 Renner (2011) *Zwingendes transnationales Recht*, 244 f.。

③ Joerges and Rödl (2009) "Funktionswandel des Kollisionsrechts II", 777 ("若非如此,则不可想象")。

④ Wiethölter (1992) "Regelbildung in der Dogmatik", 238.

是应当将涵括权利转换为社会子领域内部的积极公民权。比如，在民族国家脉络中，员工共决运动成功地制度化了企业和其他社会组织中的积极公民权。在超国家脉络中，利益相关者运动能否在公司社会责任的框架下构造等值的制度，目前还是一个开放的问题。

第四节　基本权利的排除效力

虽然在各种社会空间中，上述涵括权利尚处于起步阶段，但基本权利横向效力的防御功能却已得到相当的发展。在超国家脉络中，这种防御功能尤其涉及经常被诉诸法院的跨国公司对基本权利的侵犯。①

通过其排除功能，基本权利也回应了诸功能系统的分化及其沟通媒介的自主化。但现在的问题，在于特定功能边界的扩张，以及应当寻找将其排除出功能系统自治领域的保障。首先，自马基雅维利以降，在在处处，政治都变得明显地自治。政治从旧欧洲社会的道德—宗教—经济纽带中解放出来，无限延伸其特有媒介——权力的侵略潜力，没有受到任何内在的限制。政治的运作封闭与结构自治使其得以为自身创造新的环境，面向这种环境，政治产生了巨大的、彻底的帝国主义倾向。绝对的权力释放了意想不到的破坏性力量。制定正当集体决定的中心化的权力，形成了一种自身特有的语言，其实质是一种野心勃勃的政治理性，具有超越一切边界、将自

---

① 详见 Teubner（2006）"The Anonymous Matrix: Human Rights Violations by 'Private' Transnational Actors"。

身极权化（*totalize*）的内在倾向。①

政治沿着两个不同的方向扩张。首先，它跨越了其他社会行动领域的边界。面对由此产生的冲突，这些社会行动领域的回应是诉诸制度的或者抽象个体的基本权利，以使自身的自主沟通空间免于政治干预。基本权利界定了隔离于政治的自主沟通领域，将这些自主沟通领域分配给作为社会构造物的社会制度或者抽象个体。② 此处发挥作用的，不是基本权利的涵括功能，而是基本权利的排除功能。基本权利通过将自主社会空间去政治化，为政治权力媒介的极权化倾向设定了边界。其次，政治带着特别的激情跨越全社会的边界，试图控制人类的身体与心灵。只有采取控诉和暴力形式的抗议，就身心控制行动进行沟通，防御机制才能有效运转。这些个人的抗议转化为被压迫者与压迫者的政治斗争，通过历史性的妥协，最终以政治面向人民自我限制的政治保证告终。

只有在国家与全社会相等同的情况下，或者至少是在国家被视为全社会的组织形式，且政治被视为全社会的等级式协调机制的情况下，将基本权利取向于对抗国家才是有用的。当其他高度特殊化的沟通媒介（货币、知识、法律、医疗、技术）获得了自治，个人／国家的二元论对现代社会的描述并不充分这个问题，就变得很清楚了。恰在此处，执行排除功能的基本权利第三方效力得以发挥作用，抵御各种社会制度的扩张倾向。全社会的片段化，使自主化的沟通

---

① 在这个问题上，卢曼的工作再次显示出开创性，参见 Luhmann（1965）*Grundrechte als Institution*, 24 ff.。

② 关于个人的基本权利与制度的基本权利之间的关系，相关讨论参见 Ladeur（2004）*Kritik der Abwägung in der Grundrechtsdogmatik*, 77。

第五章　超国家的基本权利：横向效力

媒介与自治的个人和制度空间之间的边界区域数量激增。①

因此，人权问题不能仅仅局限于国家与个人之间的关系，不能局限于制度化的政治领域，甚至也不能局限于最广义（福柯意义上）的权力现象。沟通媒介的特殊危害不仅来源于政治，而且原则上来源于形成了扩张性自我动力的所有自主子系统。在经济方面，马克思用异化（alienation）、资本拜物教（fetishism）、资本自治性、世界商品化、人对人的剥削等概念将这个问题阐释得尤其清楚。今天，我们又——在福柯、阿甘本、勒让德（Legendre）②的著作中最为清晰地——看到了类似的整体性威胁。这些威胁来自自然科学、心理学、社会科学、技术、医疗、平面媒体、收音机和电视的魔阵（关键词：门格勒医生③、生殖医学、重症监护病房的生命延续、电影《丧失荣誉的卡特琳娜》④）。

相应地，对于作为防御性权利的基本权利来说，全社会的片段化才是今日的问题核心。人权并不只是守护着政治沟通与个人的边界。相反，各种社会制度都出了问题，每一种制度都形成了自身与其人类环境的边界：政治/个人、经济/个人、法律/个人、科学/个人。这样一来，所有的问题归根结底都在于确认边界位置（frontier posts），以求识别出对人类完整性各具特点的侵犯。边界位置何在？就在于各种

---

① 拉迪亚强调制度的权利，参见 Ladeur（2004）*Kritik der Abwägung in der Grundrechtsdogmatik*, 64：当基本权利——作为沟通自由的横向效力——涉及非经济性的利益和善时，就为私法的自我限制做出了贡献。

② Agamben（2002）*Homo Sacer*; Foucault（1975）*Surveiller et punir: La naissance de la prison*, 200 f.; Legendre（1996）*La fabrique de l'homme occidental*, 31 ff.

③ 门格勒医生的人体试验一度被认为表现了虐待狂人格，或者表现了极权主义纳粹政策下的科学奴役。晚近的研究则揭示出，这些试验最好被视为科学的扩张主义倾向的产物。尤其在国际的竞争压力下，科学的内在动力推动了这些试验，除非施加外部限制，这种内在动力会抓住一切机会去增进知识。参见 Schmuhl（2005）*Grenzüberschreitungen*。

④ Böll（1992）*Verlorene Ehre der Katharina Blum*.

子系统中"抽象个体"（persons）的特定语意虚构：政治人（homo politicus）、经济人（homo oeconomicus）、法律人（homo juridicus）、组织人（homo organisatoricus）、商业人（homo retalis）等等。尽管它们的确只是沟通的内部结构，旨在使行动归因成为可能，但它们同时也是与"系统外"的自然人的真实接触点。① 正是通过"抽象个体"的面罩，社会系统才与有血有肉的人类建立了联系；尽管社会系统无法与人类沟通，但社会系统可以大规模地激扰人类，并且反过来被人类激扰。在密集的干扰循环中，沟通以（将理性行动者预设作为前提条件的）选择性的"询问"来激扰意识，并反过来被"回应"所激扰，这种"回应"也受到高度选择性的限制。正是通过这种递归的态势，才出现了社会系统（而不是人）对人的"剥削"。社会系统作为高度特殊化的沟通过程，主要通过社会性的抽象个体结构来集中其对人类的刺激。它"吸食"人类的身心能量以维持自身。正是以这种特别的方式，福柯所谓"规训机制"才发挥了特别的效果。②

第五节　匿名的魔阵

既然对基本权利的侵犯源于社会各种部分理性的极权化倾向，那么将基本权利的横向效力视为个体行动者之间有待相互平衡的基本权利，就明显毫无意义。不过，这种看法仍然是宪法学的通说。③ 侵害基本权利的根源，需要进一步考察。"横向"（horizontality）这

---

① 参详 Fuchs (2003) *Eigen-Sinn des Bewuβtseins*, 16 f., 28 f., 30 f., 33 ff.。
② 作为沟通与心灵之结合点的抽象个体结构，详细的讨论参见 Hutter and Teubner (2000) "Homo Oeconomicus and Homo Juridicus: Communicative Fictions?"。
③ 有影响的学说，参见德国联邦宪法法院 BVerfG 89, 214 ff. (*Bürgschaft*); Alexy (1994) *Theorie der Grundrechte*, 484。

第五章　超国家的基本权利：横向效力

个意向无可接受地淡化了整个人权问题，仿佛人权保护的唯一焦点，就在于社会中的某些个人侵犯了其他个人的权利。他人对个人整体性的侵犯，无论是通过沟通，还是通过单纯的观念，亦或通过直接的身体行动，都是一个完全不同的问题。这个问题早在当今社会剧烈片段化之前就已出现，必须从体系上与基本权利问题做出区分。① 在欧洲传统中，这个问题被归属于抽象个体加以阐述，"主观权利"作为真实人类沟通的表征相互对立。康德传统下的主观权利理论从哲学上扩展了这种进路，根据这一理论，在理想情况下，公民的意志选择空间是相互界定的，因此法的形式是可普遍化的形式。从法律角度看，这种理念在古典侵权法中最为明显。在古典侵权法中，并非单纯的损害，而是对主观权利的侵犯居于核心地位。

现在我们知道，本书所说的"基本权利"不同于私法中的"主观权利"，因为此处的基本权利无关个人对个人的相互侵害，亦即无关主体间的关系，而是关乎匿名的沟通魔阵（制度、话语、系统）对制度、抽象个体和个人完整性的侵害。基本权利的界定，并不是基于所涉利益的基本性，或在宪法文本中的优先地位，基本权利是对抗社会系统扩张倾向的反向的社会制度和法律制度。英美传统在这两种情况下都不加区分地使用"权利（right）"一词，因此从一开始就忽略了主观权利与基本权利的区分，却反而能够同时处理二者。倒是刑法中的宏观犯罪概念（macro-criminality）以及正式组织的刑事责任概念，比较接近此处讨论的问题。② 这些概念所涉及的规范违

143

---

① 当然，人们可能做的最糟糕的事，莫过于相互侵犯那些最基本类型的权利（生命、尊严）。但这并非这种意义上的基本权利问题，而是一个《十诫》中的问题，是一个关乎刑法和侵权法规范的问题。现代意义上的基本权利并非对立于源自人的危险，而是对立于源自各种社会系统魔阵的危险。

② 例如 Jäger（1989）*Makrokriminalität*；Gómez-Jara Díez（2005）*La culpabilidad penal de la empresa*，109 ff.

反现象，不是来自人类，而是来自非人的社会过程，人类在这种社会过程中只是充当了执行者（functionaries）。① 但这些概念仅仅看到了源于可见的"集体行动者"（国家、政党、商业公司、公司集团、社团）的危险，却忽视了源于匿名"魔阵"的危险，忽视了源于没有被拟人化为集体的自主沟通过程（制度、功能系统、网络）的危险。甚至那些对抗国家的人权，也不应被视为政治行动者（国家与公民）之间的关系，亦即不应被视为人与人之间关系的表达。相反，这些人权是以匿名的权力过程为一方，以受折磨的肉体和受伤害的灵魂为另一方的关系。在沟通过程中，将这种概念表述成作为"抽象个体"的国家与诸个人的"抽象个体"之间的关系，即便不说具有误导性，也是非常不够的。

如果以衡量单个抽象个体之间的主观权利的方式，来处理基本权利的横向效力问题，就会重复蹩脚的传统范畴错误。② 唯有侵权法适合衡量个体间的主观权利，因为侵权法关注抽象个体之间的关系。而我们被迫将对抗国家的具体基本权利一股脑地适用于抽象个体间的关系，这对主体间性中的选择自由造成了灾难性后果。私法学者对于基本权利闯入私法领域的激烈抗议，其合理内核即在于此，尽管他们的抱怨过于夸张，并且忽视了真正的问题。③

这种范畴错误是可以避免的。无论是国家中心的"旧式"人权问题，还是多元脉络下的"新式"人权问题，都应当被理解为匿名的沟

---

① 作为澄清，此处有必要强调，个人责任并未消失在集体责任背后，二者共同并行存在，只不过在不同条件下发生。

② 在横向效力范畴下思考主观权利问题，非常关键。参见 Ladeur（2004）*Kritik der Abwägung in der Grundrechtsdogmatik*, 58 ff. 。

③ Diederichsen（1998）"Bundesverfassungsgericht als oberstes Zivilgericht"；Diederichsen（1997）"Selbstbehauptung des Privatrechts"；Zöllner（1996）"Regelungsspielräume im Schuldvertragsrecht"；Medicus（1992）"Grundsatz der Verhältnismäßigkeit", 35.

通过程而非人类同类对人类的威胁。首先必须识别出这些过程。福柯对此看得最清楚，他激进地将权力现象"去人格化"，并从"规训"的话语/实践中，辨识出当前社会毛细管中存在的微观权力关系。①

今天，严格意义上的人权问题，必须被视为各种匿名的、自主的、全球化的沟通过程对个人身心完整性的危害。世界社会片段化为各种自治的子系统，不仅造成了子系统与人类之间外在于全社会的新边界，而且造成了各种子系统之间内在于全社会的新边界，诸子系统的扩张倾向在此以其各自独特的方式展开。② 这样一来，如何用一种新"等式"替代基本权利横向效力这一旧"等式"，就变得清楚了。旧等式基于两个私人行动者之间的关系——一名私的侵权者与一名私的侵权受害者。现在，新等式的一边不再是侵犯基本权利的私人行动者，而是自主化沟通媒介的匿名魔阵。新等式的另外一边，也不再仅仅是纯粹的个人。由于新边界的出现，传统上被统一理解的个人保护，被分解为多个维度。在这个等式的另外一边，基本权利必须被体系化地区分为三个维度：

——制度的基本权利。这种权利保护各种社会过程的自治，抵御沟通魔阵极权倾向的压制。比如，为了抵御科学、媒体或经济的极权化倾向，从而保护艺术、家庭或者宗教的完整性，基本权利作为全社会各种部分理性之间的"冲突法规则"发挥作用。③

---

① 然而福柯的问题在于，他被权力现象缠住了，导致他的权力概念无限膨胀，以致毫无意义。其结果是，他无法看到其他沟通媒介的更微妙影响。

② 参见 Fischer-Lescano and Teubner (2004) "Regime-Collisions"，1004 ff.。科斯肯涅米（Koskenniemi）接着做出了诊断，但没有开出药方，参见 Koskenniemi (2005) *Global Legal Pluralism*, < http://www.valt.helsinki.fi/blogs/eci/PluralismHarvard.pdf >。

③ Ladeur (2004) *Kritik der Abwägung in der Grundrechtsdogmatik*, 60, 69f., 71f.; Teubner (2000) "Ein Fall von struktureller Korruption? Die Familienbürgschaft in der Kollision unverträglicher Handlungslogiken"; Graber and Teubner (1998) "Art and Money".

——抽象个体的基本权利。这种权利保护全社会内部的自主沟通空间，不属于各种制度，而是属于被称为"抽象个体"的社会性虚构。

——人权。这种权利作为对社会沟通的消极约束，存在于个人身心完整性受到跨边界的沟通魔阵危害之处。

应当强调，具体的基本权利并非一对一地归属于上述三个维度，重叠之处大量存在。有些基本权利主要属于一个或另一个维度，比如艺术自由和财产权主要属于制度的基本权利维度，言论自由主要属于抽象个体的基本权利维度，而良心自由主要属于人权维度。因此，在各项基本权利中仔细区分这三个维度，关注它们不同的法律形式和实现条件，尤其重要。

第六节　可诉性？

146　　对于法学家来说，接下来的问题是：能否重新阐述人权的"横向"效力，从聚焦全社会内部的冲突（抽象个体对抽象个体），转向聚焦全社会与其环境的冲突（沟通对身/心）？换言之，横向效力能否从享有基本权利的个人之间的抽象个体冲突范式，移植到以匿名沟通过程为一方，以具体的人为另一方的冲突范式？

困难重重。仅列以下几点：

在沟通世界与意识"之间"发生的系统/环境冲突，究竟如何能够通过沟通定位为一种冲突，亦即社会冲突或者确切的法律冲突？这是一个真正的利奥塔式问题：即便不是作为讼争（*litige*），至少也是作为纷争（*différend*）？[①] 倘若没有一个高等法院表述其意义，就只

---

① Lyotard (1983) *Le différend*.

第五章 超国家的基本权利：横向效力

剩下个人遭受侵犯的体验，随后湮没无闻。或者，系统/环境冲突被"转译"为沟通，但这样一来就会出现悖论性的要求，即由权利的侵犯者（社会、沟通）自己处罚自己的罪行。这无异于引狼入室。但请记住，一些民族国家通过政治基本权利的制度化，确实已经设置了这种看管人—盗猎者式的自我限制，尽管还不够完善。

法律毕竟只有"抽象个体"的"权利"语言可供使用，如何能够描述边界冲突呢？① 法律能够利用这种贫乏的权利话语，以某种方式重构全社会之内（与制度和抽象个体相关）的基本权利冲突与全社会之外（与自然人相关）的基本权利冲突之间的差异吗？在此，我们不仅触及了法教义学的极限，也抵达了法院程序的极限。在诉讼中，必须有一个原告主张被告侵犯了权利。但在这种抽象个体与抽象个体的强制二元化框架下，能否针对匿名社会过程的结构性暴力主张人权呢？唯一能够实现这一点的办法——至少在诉讼中——就是再度启用上文批判过的范畴错误，但保留对错误的清晰认识，通过引入一种可能区分，尽可能地对其加以内部修正。这意味着个人可以起诉私人行动者，人权由此得到伸张：此处的人权，并非抽象个体对抗抽象个体的权利，而是血肉之躯的人类对抗魔阵的结构性暴力的权利。用传统的术语来说，在个人诉讼的形式下，其实发生了制度问题上的冲突。在现有的基本权利制度理论中，我们已经熟悉了与此类似的一些观点，承认基本权利的享有者不仅包括抽象个体，也包括制度。② 任何人行使政治性的表达自由权，也就同时保护了政治意志形成过程的完整性。但此处的关键，不在于对抗国家

---

① 对权利话语的一个漂亮的批评，参见 Glendon（2000）"Rights Talk"。
② 最清晰的非个人基本权利学说，参见 Ridder（1975）*Soziale Ordnung des Grundgesetzes*, 85 ff. 参见 Ladeur（1999）"Helmut Ridders Konzeption der Meinungs- und Pressefreiheit in der Demokratie"。

的非人格的制度权利,而在于——对上述关系进行多次倒转后——对抗非国家的社会制度的个人权利,这些个人权利存在于全社会之外。

　　这种貌似正确的区分是否足够准确,是否可供实际裁判之用?如果所有沟通毕竟只能通过抽象个体进行,那么一方面,抽象个体/抽象个体冲突能否与个人/个人冲突相区分,另一方面,抽象个体/抽象个体冲突能否与沟通/个人冲突相区分?转译为社会和法律的语言,这就成了一个归责问题。谁干的?(Whodunnit?)在哪种情况下,对完整性的具体侵害不能归责于抽象个体或者个人,而要归责于匿名的沟通过程?如果能够进行这种归责,那么即便是使用法律上贫乏的权利话语,也可以阐明真正的人权问题。①

　　以一种几乎是不负责任的极度简化方式,基本权利的横向效力问题或许可以用熟悉的法律范畴描述如下。只有当身心危害来自社会"制度"(而非只是来自个人行动者,这种情况适用传统的私法规范)的时候,才出现了私法中的人权问题。此处所谓制度,原则上包括了各种私人的正式组织和私人的规制体系。国内国际的商业公司和其他私人社团,以及作为私人规制体系的私人标准化机制和类似的私人规则设立机制,在此构成最重要的例子。② 当然必须明白,"制度"仅仅不完美地表征着一些沟通行动链条,这些沟通行动链条呈现出对完整性的威胁,这种威胁是通过它们的特定媒介蓄意为之的:"制度"这个术语没有全面把握各种扩张动力,后者构成匿名"魔阵"这一隐喻的全部内涵。但对取向于规则和抽象个体的法

---

　　① 这个问题类似于公法上主权行为与财政行为的划分,或者私法上代理行为与个人行为的划分。

　　② 制度概念并非同时在不同学科中的复兴。布兰克(Black)讨论了制度概念与法理学的相关性,参见 Black (1997) "New Institutionalism and Naturalism"。

学家来说,"制度"的宝贵优点在于可以被界定为规范集合体,从而能够同时加以人格化。制度概念可以为各种社会部门基本权利的再具体化提供相应指示(正如在政治领域中,它可以用来将国家当作制度和抽象个体)。这样一来,就形成了一个即便是法条主义法学家也觉得合理的"第三方效力"程式。这个程式并不将横向效力视为在基本权利个人享有者之间进行的平衡,而是视为对人权、抽象个体权利以及对抗社会制度的话语权利的保护。

这些可诉性难题显示出,那种认为法教义学工具可以解决人权问题的乐观看法,是多么不恰当。即便是制度的基本权利,也使法律面对着其他社会子系统之间的边界问题。一种话语能够公平对待另一种话语吗?利奥塔已经分析过这种两难困境。① 但它至少还是一个全社会内部的问题,卢曼曾试图用正义概念回应这个问题,他将正义理解为社会面向上适当的复杂性。② 严格意义上的人权更加扣人心弦,它位于沟通与人类个人之间的边界。所有试图将人权法律化的尝试都掩盖不了一个事实,即从严格意义上讲,这种尝试是一项不可能完成的任务。如果人类并非全社会的组成部分,而是存在于沟通之外,如果全社会无法与人类沟通,最多只是就人类进行沟通,实际上根本无法触及他们,只是要么激扰要么毁灭他们,那么全社会怎么可能公平对待他们呢?由于大量存在着惨无人道的社会实践,人权的正义问题是一个严峻的问题——但也是一个无望解决的问题。这一点必须非常严肃地指出。

如果在沟通与人类的关系中,根本不可能肯定性地建构正义,那么——如果我们不向后结构主义的虚静主义屈服——就只剩下一

---

① Lyotard (1983) Le différend, 9 ff.

② Luhmann (2004) *Law as a Social System*, 211 ff.; Luhmann (1981) Ausdifferenzierung des Rechts: Beiträge zur Rechtssoziologie und Rechtstheorie, 374 ff.

项次优选择。在法律沟通中，我们不得不承认，唯有通过对激扰的有限感应、重构和再进入，系统/环境问题才能被体验。以沟通为一方、以人类为另一方的深度冲突，最多能够被法律所猜测。而唯一留下的路标只有法律禁令，通过法律禁令，沟通似乎有可能自我限制。① 但甚至法律禁令也只能寓言式地描述他者的超验性。这种正义纲要最终注定失败，无法像德里达那样，用"未来"（à venir）② 安慰自己，而是必须勇敢面对根本上的不可能。因此，人权的正义问题最多只能否定性地加以描述。它的目标，在于去除不正义的情境，而非创造正义的情境。它只是对身心的沟通性侵害的抵御原则，对不人道的沟通的抗议，但不可能肯定地说明何为"对人类正义的"沟通条件。

---

① 这就可以解释，为何不同理论背景的作者都给予法律禁令高度评价。参见 Wiethölter（2003）"Recht-fertigungen eines Gesellschafts-Rechts"，20 f.；Legendre（1994）*Le crime du caporal Lortie*，145 ff.。

② Derrida（1990）"Force of Law: The Mystical Foundation of Authority"，969.

第六章　宪法间的碰撞

第一节　第三方权威的缺失

在全球化背景下，社会宪治所呈现的图景，是各式各样的宪法片段。我们已经看到，各种专门化的超国家体制，如今正在作为宪治主体与民族国家相竞争。超国家体制不使用政治的权力媒介进行沟通，而是使用其他的功能系统媒介进行沟通，因此形成了多种独立的宪法，它们的组织规范和基本权利相互不同，也与民族国家宪法的组织规范和基本权利不同。在这种情况下，诸宪法之间不可避免地要发生碰撞。事实上，在法律实践中，超国家体制之间的宪法冲突的确无处不在。① 在法律实践中，以下四种冲突情况一次又一次地发生②：

（1）一个案件中，两个或多个超国家体制的规范相互冲突。国际人权法与国际人道主义战争法之间的冲突即为一例。③

---

① 关于全球法片段化问题的讨论，概述参见国际法委员会：《国际法的片段化：源于国际法变迁和扩张的困境》，UN Doc. A/CN. 4/L. 682（13 April 2006）（Martti Koskenniemi）。

② 此处借用了郎诺夫（Dunoff）的分类，参见 Dunoff（2011）"New Approach to Regime Interaction", 139 ff.。

③ Orakhelashvili（2008）"Interaction between Human Rights and Humanitarian Law"。

（2）一种法律体制下的法院面临是否适用另一种法律体制下的规范的问题。比如：世贸组织仲裁庭面对来自国际环境法的规范。①

（3）同一法律问题被提交给不同仲裁制度，比如：分别提交世贸组织和国际海洋法法庭（ITLOS）的箭鱼案（the Swordfish case）。②

（4）不同国际仲裁庭以不同方式解释同一法律规范。比如：在非国家行动者的行为何时应当归咎于国家的问题上，海牙国际法院（ICJ）与前南斯拉夫国际问题仲裁法庭（ICTY）发生的争论。③

正如其他地方的讨论所表明的，上述争议不能化约为单纯的规范争议或者政策争议。④ 如果各种体制宪法都是双重反思性的产物（功能系统的反思性和法律的反思性），那么它们就将世界社会的基本理性冲突再生产为宪法规则的冲突。这里，全球宪法的世界主义（cosmopolitan）理论再次企图找到用武之地。⑤ 这一理论的世界国家愿望早已落空，而且在可以预见的将来，裁判经济宪法、政治宪法与社会宪法之争议的全球法院方案仍然会被搁置，如果不是永远搁置的话。⑥ 但对于世界主义理论家来说，尚有一个次佳的解决方案，即（在没有世界国家情况下的）一种统一的世界宪法，这种世界宪

---

① 例如参见"欧共体——影响生物技术产品批准和销售的措施"案，WT/DS291/R（29 September 2006）（涉及与《生物多样性公约》及《生物安全议定书》的冲突）；Mavroidis（2008）"No Outsourcing of Law?"。

② Orellana（2002）"Swordfish Dispute"。

③ Goldstone and Hamilton（2008）"Bosnia v. Serbia"。

④ 参见 Fischer-Lescano and Teubner（2004）"Regime-Collisions"，1002 ff.。库姆对体制冲突的分析，也并未将体制冲突仅仅视为不同法律秩序之间的争议，而是明确视为不同超国家宪法之间的争议，参见 Kumm（2012）"An Integrative Theory of Global Public Law"（manuscript），35。

⑤ 晚近对世界国家的呼吁，参见 Scheuerman（2005）"Review of Hauke Brunkhorst, Solidarity"。关于一种统一的世界法，参见 Berman（2005）"World Law"。

⑥ 诸欧洲宪法之间（欧盟的经济宪法、政治宪法、法律宪法、社会宪法）的冲突，如今由欧洲法院裁判，参见 Tuori（2010）"Many Constitutions of Europe"，28 f.。但在全球层面上，没有欧洲法院的等值物。

法能够对那些离心力量加以必要的协调。① 现在,"国际共同体"取代全球国家,成为一种正在茁生的世界宪法性法律的参照点:与传统国际法上的情况不同,国际共同体不只是主权国家共同体,作为政治行动者和社会行动者的集合,国际共同体也包含了个人,受到法治的支配。② 在这个问题上,所有那些认为政治的基本任务即便不是指引全社会,至少也是促进全世界诸子系统相互协调的声音,全都再次冒了出来。③

然而,经验证据讲述了一个不同于世界社会理论的故事。即便在世界社会的各子系统之内,亦即在国际政治、全球经济、全球法律和全球科学之中,占据中心的协调权威也基本上不存在。功能系统之间的协调则更加虚弱。霸权体制可以不断尝试向其他体制强加它的部分理性④,但在最近的金融危机中,将资本市场设置成世界社会各子系统的协调权威,这种野心勃勃的尝试已经彻底失败了。而在这场金融危机之后,依靠国际政治实现全面社会协调的新的尝试,再次显示了效果上的限度。全球法中也看不到任何等级式的权威能够阐述"救赎性叙事",用卡文(Cover)所谓"法律治疗"(juris-pathic)手段解决宪法争议,亦即通过支持另一种法律秩序的更高原则,摧毁一种法律秩序的同一性。⑤

毋宁说,司法实践反映了一项事实,即国际法院存在于溢

---

① 关于世界宪法的作用,参见 Albert and Stichweh (2007) *Weltstaat und Weltstaatlichkeit*。
② Brunkhorst (2007) "Legitimationskrise der Weltgesellschaft"; Brunkhorst (2005) "Demokratie in der globalen Rechtsgenossenschaft"。对国际共同体概念的批判,参见 Kennedy (2007) "One, Two, Three, Many Legal Orders"。
③ Scheuerman (2005) "Review of Hauke Brunkhorst, Solidarity"。
④ 各种各样的尝试,详见 Koskenniemi (2011) "Hegemonic Regimes"。
⑤ Cover (1983) "The Supreme Court, 1982"。

满了国际法律的世界、一个法律多元（multiple nomoi）的世界——而不是可以法律治疗的世界。卡文的观点应当反过来讲，即国际法院存在于一个没有叙事的规范世界。①

在既无顶点又无中心的世界社会，只有一种方法能够处理宪法间的冲突——严格非等级式的冲突解决机制。这不仅是因为中心化权力的缺席（这种缺席可以通过强化政治来加以消除），而是与全社会的深层结构有关，马克斯·韦伯把这种深层结构称为现代性的"多神教"。②甚至"宪法统一"的忠实支持者也被迫承认，民族国家宪法的统一，如今正在走向"诸市民宪法的不协调"，走向需由新冲突法加以平息的相互冲突的理性。因此，在目前情况下，我们可以看到"各种相互交叠的'宪法性法律圈层'互动冲突频仍，出现了国家宪法性法律、地方子宪法性法律、欧洲宪法和超国家宪治的'法律间'网络"③。这样一来，宪法的统一性就只能定位成符号层次上的"想象制造"，隐藏在实际存在的宪法多元性背后，在需要满足"集体共享的宪法'统一'信仰的必要性"之时显现。④剩下的，唯有冲突。

因此，与康德的看法不同，这些冲突并不只是决疑问题。它们是"存在问题，这些问题无法用理性的形式统一性来解决"⑤。这样一来，如果确有一条出路，就只能从相关意义世界的内部视角入手

---

① Dunoff（2011）"New Approach to Regime Interaction"，156.
② Weber（1968）*Gesammelte Aufsätze zur Wissenschaftslehre*，605.
③ Vesting（2012）"Ende der Verfassung?"（manuscript），6.
④ Vesting（2012）"Ende der Verfassung?"（manuscript），8.
⑤ Schluchter（1988）*Religion und Lebensführung*，286. 从沃克的宪法多元主义中可以听见康德的回声，参见 Walker（2002）"Idea of Constitutional Pluralism"，338 f.。他强调，任何超级权威都不可能消灭不同"认知共同体"的激烈分歧。

寻找。解决这些理性冲突,并没有客观中立的立足点:真相揭示或者理性都无法提供解决方案。冲突只能在相关子系统中解决。理性冲突不是被"移除",而是被"容忍":一连串最终决定的结果并非消灭冲突,而是放弃幻想、做出有意识的妥协。一个系统的理性预设,将暴露在其他系统的理性预设面前。由于现代社会没有中心权威,所有解决冲突的努力都应当是去中心化的,应当施加压力,促使"各种功能系统对整个社会环境给予更多尊重。因为其他任何人都不可能做到这一点"①。

从根本上讲,非等级式的纠纷解决机制只有两种形式:或者将纠纷内部化,由相互冲突的体制本身做出决定;或者将纠纷外部化,进行体制间的谈判。各种纠纷,要么交由各自的体制宪法,要么交由体制间的合作。今天,两种情况都已在制度层面实现了:一方面是各体制法院的判例法,另一方面是各体制间的合作程序。宪治多元主义应当在两种"元宪治"路径之间做出选择,以便至少能够获致各种体制法律的最低限度整合。②

而且,在两种情况下,宪法以不同方式回应冲突。在第一种情况下(内部化),其他体制的规范被该体制宪法的法院重构。这就打开了新冲突法之门。但内部化的缺点,在于促使法律进一步片段化。在第二种情况下(外部化),通过体制间合作,冲突被定位、重置和决定。③ 在第二种情况下,或许没有做出决定的义务,但达成共识的

---

① 这是卢曼超越韦伯的一步,不仅个人挣脱了"悲剧的妥协的链条",功能系统更是如此,参见 Luhmann (1997) *Gesellschaft der Gesellschaft*, 186。
② 沃克用这种表述来标明体制间冲突与体制内问题的差异。尽管如此,仍然必须明白,任何超级权威都无法掌控这个问题,只能依靠各种体制自身。参见 Walker (2002) "Idea of Constitutional Pluralism", 358。
③ 体制合作作为冲突法解决方案的一个可选项,详细的分析参见 Dunoff (2011) "New Approach to Regime Interaction", 156 ff.。

机会增加了。这就为法律的宪治化开辟了其他视角。在此，法律的作用在于构造合作的程序。① 法律规范提供了冲突解决的社会形式和非法律形式，能够确保其他利益和不同理性的参与。在两种情况下，规范性的取向都在于一个问题，即社会体制中的各种反向制度——冲突规范或者谈判安排——能否抵御霸权体制的帝国主义。

第二节　体制间冲突

最近发生了一场激烈的争论，旨在设计一种专门适用于体制间冲突的冲突法。前期的努力已经描述了新冲突问题的特殊性质，逐渐勾勒出经过适当调整后的冲突规范的轮廓。② 但对于新的体制间冲突来说，国际公法和国际私法的冲突规范都没有提供适当的解决方案。③ 二者都只适合于国家法律秩序之间的冲突，而不适合与国家法律秩序呈直角的超国家体制间冲突。迄今为止，传统的国际私法对国家法与体制法之间冲突的理解并不充分。因为狭隘的国家实证主义冲突法概念，只能将体制规则设想为"事实"或者社会规范，而非真正的法律。体制规则与国家法的冲突被转移到其他法律领域，以不恰当的术语表达——并入国家法、委托立法、尊重自治规则。④

---

① 约格斯（Joerges）发展了欧盟化（欧洲执行委员会）和全球化（世贸组织和 GAL）的广泛的规范性视角，参见 Joerges（2011）"The Idea of a Three-Dimensional Conflicts Law as Constitutional Form"。

② 冲突理论最重要的扩展动力，参见 Wiethölter（1977）"Begriffs-oder Interessenjurisprudenz"；Wiethölter（2003）"Recht-fertigungen eines Gesellschafts-Rechts"。全球功能系统的冲突法需求，参见 Teubner（1993）*Law as an Autopoietic System*，100 ff.；Michaels（2009）"Global Legal Pluralism"。

③ Michaels and Pauwelyn（2011）"Conflict of Norms or Conflict of Laws?"，19 ff.

④ Michaels（2005）"Re-State-ment of Non-State-Law"，1227 ff.

体制间冲突本身,则完全在国际私法的关注焦点之外。① 但由于体制冲突的压力实际存在,关于国际私法原则是否以及如何能够用于处理体制冲突的问题,如今引发了越来越多的讨论。② 既然在国家法律秩序之间和诸体制法之间,都存在类似的没有第三方权威的非等级式冲突,国际私法的思维模式原则上可以是体制间法律的适当起点。但一切都取决于如何修正传统的冲突法,使之适应于超国家体制的特性。

(一) 传统冲突法的修正

第一步,超国家体制的功能边界替代了民族国家的领土边界。无论是国际程序法还是国际冲突法,都必须从国家法律秩序的冲突向部门体制之间的冲突转换。"功能体制的归属性(affiliation)"替代属地主义,意味着无法从属地法律秩序中得出管辖权分配和法律选择。③ 在两个领域中,问题都不再是法律关系的"本座"系相关属地中的哪一个,而是法律关系与哪个功能系统的联系更为紧密。就这个问题而言,判断的依据是"主要内容"(primary coverage),特拉切曼(Trachtman)从制度经济学视角发展了这个概念,以解决相互重叠的裁判权领域的划定问题。④

以下问题造成了更大的困难:这种体制间法律能够简单地采用

---

① 不适当的处理,参见 Kegel and Schurig (2004) *Internationales Privatrecht*, S. 36 ff.。

② Michaels and Pauwelyn (2011) "Conflict of Norms or Conflict of Laws?", 26 ff., 31 ff.; Teubner and Korth (2011) "Two Kinds of Legal Pluralism", 35 ff.; Berman (2007) "Global Legal Pluralism", 1229 ff.; Dinwoodie (2001) "The Development and Incorporation of International Norms in the Formation of Copyright Law".

③ Berman (2002) "Globalization of Jurisdiction", 311 ff.; Dinwoodie (2000) "New Copyright Order", 469 ff.

④ Trachtman (2002) "Institutional Linkage: Transcending "Trade and…"", 90 f.

国际私法的引致技术吗？我们应当在此设计出冲突规则，引致一种或者另一种相关法律秩序，以决定适用于纠纷解决的实体法吗？有些作者确实主张，超国家体制应当使用这种引致技术①，但其他作者鉴于体制间冲突的特殊属性，以更有力的理由主张一种实体法路径。② 他们提出了一种"实体法路径"，以实体规范替代国际私法的引致规范。在一项冲突中，应当发展出实体性规范，以决定隐藏在冲突规范背后的实体理由。这些实体规范会一步一步地形成一种混合法，每种体制都将在一定程度上并入"外来"体制的规范。

民族国家宪法与功能体制宪法的差异，证明了实体法路径的合理性。格林和沃克已经反复强调过这些差异，尽管是在其他脉络下。③ 确实，国家宪法是无所不包的秩序或曰"整体主义"的秩序。在国家宪法中，各种高度专业的规制构成国家规范密集构造的一部分，这些国家规范来自各种迥然不同的生活领域。这样一来，在同样主张民族国家内部有效性的各式规范、原则和政策之间，就产生了一种"内部平衡"。当两种国家法律秩序相互碰撞之时，将整个纠纷指定给一种或另一种相关法律秩序，其合理性即在于此。相反，作为高度专业化的自控体制，④ 每一种超国家宪法都只为单一全社会功能部门确立法律。它们的宪法规范和宪法原则片面地遵循着该社

---

① Michaels and Pauwelyn (2011) "Conflict of Norms or Conflict of Laws?", 35 ff.

② Berman (2002) "Globalization of Jurisdiction", 311 ff.; Dinwoodie (2004) "Trademarks and Territory"; Dinwoodie (2000) "New Copyright Order", 469 ff.

③ 格林含糊其辞的结论似乎是，功能体制宪法由于缺乏"整体性"而不具备宪法属性，参见 Grimm (2005) "Constitution in the Process of Denationalization", 沃克则更不明确，参见 Walker (2011) "Beyond the Holistic Constitution?"; 参见本书第三章、第四节。

④ 关于"自控体制"，参见 Koskenniemi (2003) *Outline of the Chairman of the ILO Study Group*, 9。

会部门的理性标准。它们既是唯我主义的，又是帝国主义的。① 功能体制狭窄的视野，使其难以取向于整体的公共利益。而在民族国家宪法秩序的背景化（contextualized）规范中，这一点反倒更容易实现。②

关于宪治化问题的争论经常忽略功能体制宪法与民族国家宪法的差异。这种忽略，造成了冲突法的体制霸权形式。对于将民族国家与体制过度草率类比的批判已经正确地主张，面对相互冲突的秩序，体制必须做好开放自身的准备。这一点尤其适用于世贸组织体制。出于某种原因，世贸组织的霸权倾向已经受到指责：

> 有人认为自由贸易作为宪法终极目的（*telos*）激活了该条约文本，有人首先从世贸组织内部寻找相关各种结构原则，我们则强调非世贸组织的制度和规范在条约解释中的重要性，它们代表了自由或者更自由的贸易之外的价值。世贸组织的纠纷解决机构必须对国内的实体规制选择表现出足够的尊重，也要利用和尊重其他国际体制，这些国际体制的规则、政策和制度表达和规定了健康、劳动标准、环境或者人权方面的各种价值。③

因此，必须形成各种实体规范，以回应体制宪法"内部平衡"

---

① Koskenniemi (2011) "Hegemonic Regimes", 317 f. 他用凯尔森对无限国家主权的批评来批评超国家体制。
② 关于这种狭隘视野及其冲突法后果的讨论，参见 Teubner and Korth (2011) "Two Kinds of Legal Pluralism", 36 ff. 。
③ Howse and Nicolaidis (2003) "Legitimacy through "Higher Law"?", 308. 关于世贸组织与其他体制冲突的广泛讨论，参见 Pauwelyn (2009) *Conflict of Norms in Public International Law*, 327 ff. , 440 ff. 。

的不足。未来的任何宪法冲突，都必须考虑这种差异。国际私法的纯横向视角是不够的。如果某一待决案件的主要内容存在于一个特定的超国家体制中，冲突法就应当适用该体制的规则，同时也要确保引入背景化的因素以弥补其狭隘视野，使相竞争的或者相反的原则能够得到适用。此处的第一候选选项，就是"超国家公共秩序"（*ordre public transnational*）。① 应当使用"超国家公共秩序"标准，检验适用某一体制法律的结果。然而，与国际私法上的传统"公共秩序"不同，超国家公共秩序必须不仅发挥矫正作用，同时也要发挥支配作用。并且，与晚近国际私法的"特殊联系"（special connection）和"直接适用"（*application immédiate*）理论不同，超国家秩序并不涉及必须优先考虑的这种或那种体制的政策，而是取向于全球的公共利益。

应该强调，"超国家公共秩序"尚未形成，对此也不存在拥有自身标准和程序的中立第三方法院。"超国家公共秩序"的各种规范，只是相互冲突的各种体制的投射，从各自视角致力于全球公共利益。正是在这一限制条件下，威斯汀关于整全宪法之象征维度的理念才有意义。威斯汀有意识地用"仿佛（as if）"句式谈论这个问题。这样一来，宪法的"统一"就只是被理解为文化领域的"想象制造"的产物，一种"拟制的真实"。② 每种体制都形成了"全息影像式"（holographically）的想象的世界宪法（即一种基于不同立场就会呈现出不同内容之公共利益的视角），以引导自己的运作、限制自己的选择。

---

① Collins（2011）"Flipping Wreck". 库姆的世界主义宪法多元主义得出了类似结论，参见 Kumm（2012）"An Integrative Theory of Global Public Law"（manuscript），35. 关于超国家私人体制中的公共秩序，详细的分析参见 Renner（2011）*Zwingendes transnationales Recht*, 91 ff., 126 ff., 169 ff., 271 ff.

② Vesting（2012）"Ende der Verfassung?"（manuscript），8.

"宪法容忍"原则代替国际私法庄重的礼让（comitas），适用于处理宪法之间的碰撞。① 这就迫使各种体制相互承认其他宪法，甚至是直接适用其他宪法规则。但每种体制总是倾向于从自己的宪法视角出发，解释被假定为共同的"超国家公共秩序"。正是因为这个原因，如果其他宪法不符合"超国家公共秩序"，体制就会拒绝承认。

（二）规范网络

为了整合欧洲各国法律秩序，约格斯（Joerges）设计了一种冲突模式，较之以联邦原则或者国际私法为基础的各种模式，这种模式更符合上述要求。② 首先，约格斯并未将协调相互冲突的法律秩序的责任归诸一个超级权威，而是归诸相互冲突的实体本身。然而，他的要求明显高于国际私法的要求。在他看来，由于欧盟呈现出一种复杂的多层次治理结构，所有不同层次的冲突都必须进行去中心化的冲突运算。使用国际私法的单纯"横向"视角无法做到这一点，但——听起来悖论的是——联邦主义的等级式方法也无法处理这个问题。需要一种严格的异质结构的处理方案，按照这种方案，相关体制的冲突规则不仅处理不同国家法律之间的"横向"冲突，也处理与欧盟法律的"纵向"冲突，甚至还处理不同层面的不同规范问题之间的"斜向"冲突。

如果我们将此种模式从欧盟整合的背景中抽出，就可以用于解决超国家体制之间的冲突。在两种情形下，国际私法的纯横向视角都是不足的，法律秩序间的等级式概念也无法胜任这个任务。这就

---

① 存在于欧盟宪法与民族国家宪法的碰撞中的这条原则，相关讨论参见 Kumm (2006) "Beyond Golf Clubs", 528 ff. 。

② Joerges (2011) "The Idea of a Three-Dimensional Conflicts Law as Constitutional Form"; Joerges and Rödl (2009) "Funktionswandel des Kollisionsrechts II"; Joerges (2007) "Europarecht als Kollisionsrecht neuen Typs".

指引我们取向于两种情况——欧盟和超国家体制——下均需解决的网络状结构（尽管样式有所不同）。各种自控体制正在形成网络，不仅暴露出"横向"冲突，也暴露出"纵向"冲突，以及尤其是"斜向"冲突。这个问题关乎多层次治理的不同半自治层次的异质结构关系，网络理论为此提供了适当的概念。

从欧盟和超国家功能体制的情况看，作为双边个别关系与多边全面协调的独特结合，网络是相互矛盾的不同网络节点的规范秩序不稳定共存的结果。① 网络是对理性冲突的制度回应，在超国家功能体制的脉络中，这种理性冲突源于系统的分化和自主化。② 网络通过将这些外部矛盾转换成各种网络节点的内部压力，使之因事制宜地相互协调，为规范性冲突提供了制度性的解决方案。这就在各种制度之间，造成了基于"相互矛盾的要求"而相互交织的"悖论结构"，而且这些要求都是"功能性的（functional）"。③ 网络将规范冲突所展现的外部矛盾转译为个别节点的内部视角，从内部反映了不同层次、不同子系统、不同网络节点与整个网络之间的关系。④ 从冲突法角度看，这就意味着各网络节点（欧洲各民族国家或全球各功能体制）分别从内部形成了自己的冲突法，基于该冲突法的视角，它们能够决断规范冲突。

在规范冲突这个问题上，网络范畴更清晰地表明了欧盟化与全球化的差异。二者的不同之处，在于后者呈现高度异质结构的"纵向化"。网络的结构秘密之一，是能够形成内部不对称，这种内部不

---

① 关于其他脉络中的这种不稳定关系，相关讨论参见 Bieber（1997）"Probleme unternehmensübergreifender Organisation"，116 ff.。

② 对这些脉络的讨论，参见 Bommes and Tacke（2011）*Netzwerke*。

③ 关于由此形成各种区域性政策网络，参见 Benz（1996）"Regionalpolitik zwischen Netzwerkbildung und Institutionalisierung"，24。

④ Semlinger（1993）"Effizienz und Autonomie in Zulieferungsnetzwerken"，332。

对称呈现出"纵向"（亦即并非横向）的关系，但却仍然是异质的结构关系。这种纵向化，是"多元秩序"（*pluralisme ordiné*）最为成功的策略之一。① 欧盟代表了一种特征独特的网络：它并不像联邦秩序的中心权威那样，作为等级式的超级权威发挥作用，但却形成了一个与民族国家节点相联系的额外的网络中心，自身产生了独立的秩序，也就是欧共体法律。② 在网络理论中，这被视为一种中心化的网络。与正式组织的等级中心相反，网络的中心只是同侪之首（*primus inter pares*）。③ 这种网络中心并不决定节点之间的规范冲突，相反，各节点自身以去中心化的方式决断问题。从这个意义上讲，中心也不过是一个节点。这样一来，每个节点都有责任将其他节点的规范以及整体秩序的规范吸纳进自己的内部视角。约格斯所谓欧洲区域宪法的冲突模式，精髓即在于此。

但在全球层面，就超国家体制间的关系而言，并不存在已形成自己的"共同体"法律的网络中心。但此处也有一个整体的层次：节点的连接创造了网络架构。这个层次完全是以诸节点去中心化互动的形式出现。④ 在此，"国际共同体"的构造并非作为稳固确立的制度（像欧盟那样）出现，而是在各种部分秩序之中，作为"叙事性的统一体"，作为"想象的共同体"被创造出来。是故在全球层面，宪法多元主义的纵向化遵循一种与欧共体内部不同的逻辑：一种象征逻辑，而非制度逻辑。这种象征逻辑提出了多元宪法的统一性，但更主要是在一个"象征的，因此是中间的、文化的层次上"

---

① Delmas Marty (2009) *Ordering Pluralism*, 109 ff., 163 f.
② 关于欧盟的网络特征的讨论，参见 Ladeur (1997) "Towards a Legal Theory of Supranationality: The Viability of the Network Concept".
③ 更多的讨论，参见 Windeler (2001) *Unternehmungsnetzwerke*, 105 ff.
④ 拉迪亚尤其强调了这个方面，参见 Ladeur (2011) "Die Netzwerke des Rechts", 163 ff.。

加以处理,"尽管其在适用层面上,应更加着重顾及(作为'后续宪法'的)各种部分宪法的片段化和不稳定性"①。在欧盟整合的过程中,"超国家公共秩序"的各种规范很大程度上由共同体权威创制,但在全球网络化过程中,"超国家公共秩序"只能以一种去中心化的方式,从个别超国家体制的内部视角加以型塑。

相应地,必须以不同于欧盟的方式,处理"纵向"和"斜向"冲突。在这些冲突中,各种体制无法依靠外部制度化的规则,因为它们必须加以内部转译。毋宁说,整个规范形成都必须从内部实现,在各种体制自身之中实现。每个体制都必须从自身视角出发,创造一种至高无上的超国家公共秩序。根据网络逻辑,每种超国家体制都应当结合两项矛盾的要求。一方面,各网络节点的自主反思,都必须寻求与其他体制的冲突规范相互协调。另一方面,这种自主反思必须反事实地预设共同的指涉点,以及必要的抽象意义范围,其规范生产指涉着这个抽象意义范围。然而,需要再一次强调的是,这种共享的意义范围并不"存在":它只是由各种体制生产的构造物。

这样一来,共同规范核心这一反事实的预设,就使不同体制得以阐释各自的——各式各样的——公共利益公式。它们的设计符合自身特殊性,同时又超越各自的个别视角、考虑整体的全球性非任意规范(*ius non dispositivum*)。当然,这一过程并非自动发生:在这一过程中,各种体制也必然受到外部压力的刺激——确实是被迫的。各种十分不同的过程在此发生作用,包括经由公共意见领域的丑闻

---

① 威斯汀分析了各种宪法拟制,这些宪法拟制为了将子宪法导向共同利益而虚饰宪法的统一性。参见 Vesting (2012) "Ende der Verfassung?" (manuscript), 5, 17。

化①,国际政治的影响②以及自主法律体制之间的合作。③ 由此,统一的公共利益政治公式,让位于随体制而异的多个"超国家公共秩序"公式。

第三节 跨文化冲突

(一) 文化多中心主义

在跨文化冲突的情况下,会出现完全不同的规范冲突,当从功能上分出的超国家体制面对土著文化时,尤其如此。与超国家体制之间的碰撞类似,在这些组合中,各种非国家的法律秩序也相互碰撞。"生物剽窃"(Bio-piracy)和"土地攫取"(land grabbing)将现代性超级结构与区域文化传统之间爆发的社会冲突丑闻化。通过利用现代学科的特殊剥削手段侵蚀边缘社会的传统知识,制药集团、科学机构和文化机构能够获得巨大利益。④ 在发展中国家,国家机构和跨国公司大规模购买土地,造成了激烈的冲突,本土社区、社会

---

① Brunkhorst (2005) *Solidarity: From Civic Friendship to a Global Legal Community*, 137 ff.

② 例如参见联合国促进与保护人权小组委员会 Resolution v. 13. 8. 2003,关于跨国公司与其他商业企业人权责任的联合国规范,E/CN. 4/Sub. 2/2003/12/Rev. 2;对这个问题的讨论,参见 Campagna (2004) "United Nations Norms on the Responsibilities of Transnational Corporations"。

③ 联合国秘书长科菲·安南的全球影响:< http://www.unglobal-compact.org >;最早的评估,参见 Rieth (2003) "Deutsche Unternehmen, Soziale Verantwortung und der Global Compact"。

④ 对这种冲突及其可选解决方案的详细讨论,参见 Fischer-Lescano and Teubner (2008) "Cannibalizing Epistemes: Will Modern Law Protect Traditional Cultural Expressions?"。

运动和非政府组织的抵制又强化了这种冲突。① 近年来，各种公民社会群体时常致力于抵制现代经济、科学、技术、医疗和文化工业对边缘社会传统知识的剥削，他们已经把案例呈现到占据中心位置的法律平台上。② 如果本土社会的传统知识被认定为法律问题，超国家法律的片段化现象就会再度显现。受公众抗议的影响，一些超国家体制已经采取了相应的规制措施，只不过其观察视角局限于它们自己的狭隘视野。

关于片段化现象的讨论，又一次将焦点从单纯的法律维度转向政治维度，也就是各种超国家体制之间的政治纠纷。在传统知识保护问题上，超国家体制之间冲突频仍。这些超国家体制包括世界知识产权组织（WIPO）及其关于知识产权、遗传资源、传统知识和民间文艺的政府间委员会（IGC）、联合国环境署（UNEP）、生物多样性公约（CBD）、联合国粮食和农业组织（FAO）、联合国原住民工作组、国际劳工组织（ILO）、世界卫生组织（WHO）、世界贸易组织（WTO）以及其他种种体制。③ 然而，关键并不在于将传统知识纳入这些超国家体制的特殊规制逻辑，反而在于解开该问题与各种体制政策过度紧密的关联，将之回溯到全球化社会的理性冲突上。这些宪法碰撞的根源，并不仅仅是体制政策的争议，而是系统性的冲突。经济、科学、医疗、文化和宗教的指导原则，均主张西方制度应以不同方式进入传统知识，并各自提出有效限制进入方式的不同规制手段。

---

① Prien（2010）"Landgrabbing: Symptom einer postneoliberalen Rechtsordnung?"; Braun and Meinzen（2009）"Land Grabbing by Foreign Investors".

② 对这种冲突及其可选解决方案的详细讨论，参见 Fischer-Lescano and Teubner（2008）"Cannibalizing Epistemes: Will Modern Law Protect Traditional Cultural Expressions?".

③ Graber（2008）"Using Human Rights to Tackle Fragmentation", 96 f.

同样地，在这些案例中，体制冲突可以追溯到系统差异。这样的视角将"土地攫取"和"生物剽窃"合理地定性为现代性的理性冲突问题。① 创设区域专有权或者建设全球知识产权法的各种尝试，也将传统知识卷入到这种现代性内部的理性冲突之中。② 但在这里，我们必须大大超越先前关于片段化问题的讨论。说到理性冲突，其实仅仅涉及了世界社会单一的而非双重的片段化。基于初级片段化，传统知识从各种功能体制视角被加以不同理解。但这尚未考虑次级片段化的过程，亦即没有考虑全球沟通的文化多中心主义，没有考虑不同世界文化的多样性。③ 在传统知识问题上发生的冲突，实际上源于世界社会的这种双重片段化——功能系统的片段化和区域文化的片段化。④ 社会学分析只有将这种冲突视为上述两种片段化的结果，才能有助于探索适当的法律规则。

关键在于两种社会组织化过程之间的差异："传统"知识的社会嵌入（embedding）与"现代"知识体系的功能分出（高度专业化）。这种差异造成了围绕传统知识的冲突。当基于单一功能而专业化的现代性知识体制遭遇分割或者分层社会的弥散性知识结构，它

---

① 参见 Sassen（2006）*Territory-Authority-Rights——From Medieval to Global Assemblages*。
② 例如参见《生物多样性公约》第8（j）条款和第10（c）条款 < http://www.cbd.int/convention/convention.shtml >。同时参见2001年11月《多哈部长宣言》第19段，WT/MIN（01）/DEC/1，< http://www.wto.org/english/thewto_e/minist_e/min01_e/mindecl_e.htm >。同时参见世界知识产权组织知识产权、遗传资源、传统知识和民间文艺的政府间委员会关于制定和讨论保护传统知识条款的草案，WIPO Publication WIPO/GRTKF/INF/1，< http://www.wipo.int/export/sites/www/tk/en/consultations/draft_provisions/pdf/draft-provisions-booklet.pdf >。
③ 参见 Sinha（1995）"Legal Polycentricity"。图利发现了一种存在于不同宪法文化之间的冲突。本土文化配置的宪法以非正式、自发性和持续可变性为特征，参见 Tully（2007）"Imperialism of Modern Constitutional Democracy"，320。
④ 对二者关系的抽象讨论，参见 Stichweh（2007）"The Eigenstructures in World Society and the Regional Cultures of the World"。

们的反应只会是根除传统知识生成的社会嵌入过程,并在自身的新陈代谢过程中加以转换。

> 从"宗教"中分离出"科学",以及从所谓"实践"核心处剥掉其"世界主义的"或者精神的面纱,会侵蚀许多传统形式的知识。①

各种高度专业化的现代"自控"系统,乃是基于其特定目的使用"整体的"传统文化脉络,将它们剥离它们的再生产脉络,尽管传统知识的进一步发展仰赖于这种再生产脉络。要言之,现代超级结构的单一功能属性破坏了传统制度的多元功能属性。

现代科学对传统知识的处理方式,例证了世界社会超级结构——功能系统、正式组织、网络和认识共同体——日益增长的信息需求如何将地域文化的知识体系剥离生存脉络、无情吞噬。② 在此,知识属于公共领域的原则——现代科学的基本原则之一——丧失了清誉。遵循这项原则,将无可避免地摧毁区域文化中的社区知识的结构。受控可验证的科学方法,要求切断知识体系与本土的宗教、文化和环境的紧密联系,而这种联系关乎知识体系的生死存亡。

在"西方与非西方法律"之间发展出来的传统冲突法不适合处理这种碰撞。③ 冲突规范要恰当处理基本社会组织原则之间的不协

---

① Coombe (2005) "Protecting Cultural Industries to Promote Cultural Diversity", 606.

② 例如参见《粮食和农业植物遗传资源国际条约》第1.1条款和第12.3条款,< http: //www. planttreaty. org/texts_en. htm >。建立"全球数据库"以保护传统知识,这些意愿良好的项目本身又从属于现代科学。对这个问题的讨论,参见Daes (2001) "Intellectual Property and Indigenous Peoples", 144 f.。

③ Kollewijn (1951) "Conflicts of Western and Non-Western Law".

调，就必须对各种现代超级结构设置有效的限制，防止这些超级结构向区域文化扩张。为了与传统知识的要求相协调，冲突规范必须介入各种扩张性的现代性制度，借助外部压力使之自我限制。必须从外部施加自我控制，才能防止对嵌入全社会的传统知识体系的各种单一功能的干涉。应当迫使各种全球化的现代性超级结构尊重区域文化的不可侵犯性（intangibility）。[①]

对于各种社会建构原则之间的冲突（功能分化对抗分割/分层分化），宪法社会学可以提供一些洞见。宪法社会学表明，在宪法史上，各种反向社会制度已经相对成功地抵御了功能分化的毁灭倾向。正如前文曾经讨论过的，这是由于各种反向制度迫使扩张性的社会系统自我限制。[②] 但现在，宪治理论必须调整其焦点，从功能分化的子系统之间的冲突，转向功能分化的全球性与地域文化的社会嵌入性之间的冲突。

如前所述，宪法，尤其是基本权利的历史作用并不仅限于保护私人，而是首先在于保障各种社会空间的自治。宪法在回应各种典型的现代全社会系统的苗生过程中形成，在各种自主行动空间的苗生过程中形成，尤其与自主的政治有关。政治系统出现了扩张主义倾向，威胁到其他社会自治领域的完整性，就会发生激烈的社会冲突。经由斗争得来的地位被表述为基本权利，并在政治之内被制度化为反向社会制度。从历史上看，这种扩张主义倾向展现为各种非常不同的情况：以往时代主要来源于政治，今天则来源于经济、科学、技术和其他各种社会部门。

---

① 当传统的自我认知被转译为现代范畴、尤其是法律范畴时产生的各种困难，相关讨论参见 Coombe（2005）"Protecting Cultural Industries to Promote Cultural Diversity"。

② 参见第五章，第四节至第六节。

今天，宪治理论怎样才能处理功能分化的全球性与嵌入全社会的区域文化之间的冲突呢？有必要将基本权利理论进一步一般化；这次朝着另一个方向。功能分化的魔阵，如果不仅威胁着现代社会内部各种自治领域的完整性，也威胁着各种区域文化中传统知识的完整性，那么如下做法就符合此处所说的制度化逻辑，即宪法应保障一种过程，在这种过程之中，外部冲突、自发抗议、组织化抵抗以及开展"抗议审判"①的社会运动能够迫使各种现代性超级结构限制自身的扩张主义欲望。②而这也要求制度想象力，以便通过有效的政策和法律规范，迫使功能系统、组织、网络和认知共同体实现自我限制。

因此，在经过修正的基本权利理论脉络中展开的冲突法规则，应当致力于在现代法律内部发展各种混合法律形式，这种混合法律形式代表了区域文化体与现代法律保护机制的特定妥协。这种妥协方案必须找到一种方式，一方面提升各种现代制度之于区域文化特殊性的敏感度，另一方面提升现代法律的运作性，因为只有使用现代法律的语言，才能有效保护区域文化的特殊性。

（二）"外在"再进入"内在"

这就表明，应当鼓励各种现代制度在冲突规则的帮助下，从现代法律内部重建本土文化的利益。那么，这是否意味着必须加强使用涉及"习惯法"的现代法律，以保护传统文化呢？过去，受人类学影响的政策制定者们的确支持这种选择。③但这种做法，造成将全

---

① Eckert（2009）"Rechtsaneignung"，203.
② 源自不同起点的相同方向的研究，参见 Risse et al.（1999）*Power of Human Rights*。
③ Daes（2001）"Intellectual Property and Indigenous Peoples"，143 ff.；Taubman（2005）"Saving the Village"；Coombe（2005）"Protecting Cultural Industries to Promote Cultural Diversity".

球现代性与区域文化的关系表达为基本权利问题的尝试面临一个根本问题，即外在的事物能否真正被重构为内在的事物。

如果我们的目标在于限制各种现代制度的扩张，那么除了用内在概念重构外在因素，以便在适当的地方建立内部界限，别无它路。否则，打着区域文化旗号的外部抗议和抵抗就将无功而返。各种类型的重构，有的回应性和环境敏感性较强，有的较弱，这个问题十分重要。不过它们终究还是"重构"，因为"本土法律"并非作为形式法而"实际"存在，必须在现代加以构造。"本土法律"完全是其现代发明者的构造物。现代法挑选它需要的事实性惯例和区域性文化习惯的元素，拼接起来呈现为"习惯法"的大杂烩，也就是规范性的所有权地位和行为义务，佯装成区域文化的创造。因此，现代法对于区域文化的理解，乃是基于一种单向度的全面误解——有时也是一种创造性的误解。然而，只有当现代法并非盲目展示新的发现，而是成功地追踪实际存在的外来文化素材，并将之转换成现代法时，才能算是创造性的。

全球现代性的冲突法在指涉本土文化的"习惯法"时，实际上是将区域文化中的某些沟通，系统性地误解为可以创造法律规范的法律行动，而且，如果希望这种法律行动成为现代性扩张的有效屏障，就确实必须加以误解。显然，借助这种法律行动，法律并不仅仅在产自其他地方的规范的帮助下进行裁判，这种法律行动本身就生产出各种规范。利用这种真正的拟制，法律在"本土法"的制度之中创造了一项新的法律生产机制，能够通过实施禁令以及其他法律惩罚措施，对抗现代的扩张主义倾向。对于一个全球系统来说，尽管存在着不同组织原则之间的裂痕，但保护本土居民的基本权利以发展系统的回应性，其希望即在于此。问题是："如何弥合这条裂痕？如何在不否定人权优先的前提下，提升现代法之于传统知识的回应性?"① 理解这些文化如何看待自身,似乎是一种颇有前景的尝试,有益于用各种片段化的现代系统的相应语言,将这种理解重构为限制措施。传统知识的承继者理解自己的方式——"本土自决原则"——应当成为规范性的引力中心(the normative centre of gravitation)。② 这样一来,现代法与本土法的关联就不再是单纯的抽象问题,而是要选择一项能够有效保护知识生产的文化过程的现代法律形式。

仅仅保护既有的传统知识体系,还远远不够。因为传统知识的存在,关键依赖于知识生产的脉络,也就是依赖于保持地方文化的框架条件。由于这些框架条件与现代知识生产的框架条件截然不同,高度专业化的现代性知识概念与整体性的传统知识之间的冲突再度出现了,就像现代性的形式法与嵌入社会的区域文化法之间的冲突一样。现代法如何能够应对这种冲突?一个悖论式的答案是:"从整体上将多样性全球化"。③ 这就意味着,在实践中,对本土文化的基本权利保护并非仅仅局限于对结果的保护,而是也适用于对知识生产的整个过程的保护。此处不仅需要以法律保护专业知识,也需要以法律保护专业知识之于区域文化的嵌入性。

鉴于这种需要,必须回答以下问题:哪些现代法律制度显示了对于本土文化的最大回应性?既有的尝试主要以三项制度为起点:"知识产权""文化遗产"和"原住民权益法"。④ 不可否认,这三项

---

① Graber (2008) "Using Human Rights to Tackle Fragmentation", 117.
② Coombe (2005) "Protecting Cultural Industries to Promote Cultural Diversity"; Taubman (2005) "Saving the Village", 525; Daes (2001) "Intellectual Property and Indigenous Peoples", 146.
③ Taubman (2005) "Saving the Village", 525.
④ 关于这些法律形式及其替代选项,详细的讨论参见 Graber (2009) "Wanjina und Wungurr", 289 ff., 294 f.。

制度都获得了一定的成功。但由于受到各自文化预设和法律预设的限制,没有一项制度能够实现对本土文化的全面保护。更有希望的路径似乎是,不再将传统知识、领土与本土族群的相互关联置于扩展的财产权理论之下,而是代之以"共享主权"(shared sovereignty)。这样做的目的,在于使现代的政治统治与本土的"内部自决"并存。这样一来,本土族群的经济、社会和文化发展就不会被功能分化左右。这就可以形成一种分割式主权(divided sovereignty),使各种本土族群能够选择如何组织自己的社会实践。这些族群自我组织的内容之一,就是可以自己发展相应的规则,以保护自己的文化遗产。

(三) 跨文化冲突规范

如果要通过现代性的基本权利内化传统知识的实现条件,其法律理由(ratio legis)就不能局限于维持文化遗产的当前存在状态。"种族保护"(species protection)政策仅仅旨在结构自治,而非过程自治。必须重新设计基本权利保护制度,通过限制某些特定的现代性干预,创造一种允许本土文化独立发展的架构,并通过补偿措施向土著居民转移资源。多种有效方案能够为进一步发展全球基本权利保护提供初步的参考,此处可以列举如下:

(1) 共有—集体权利归属:谁是法律保护的受益者?现代法的答案是:知识创造者个人。在处理传统知识问题的时候,各种超国家知识产权体制也经常诉诸该原则。然而,传统知识的在地特征或者集体特征反对这种个人主义理解。甚至共有产权和集体产权,也是现代性的范畴。在澳大利亚的法律程序中,当法院试图用现代"财产权"范畴重构土著群体与其领地的关系时,两种法律文化相互冲突的前见就戏剧性地呈现出来了。① 要解决这个问题,我们应当摆

---

① Gervais (2003) "Spiritual but not Intellectual?"

脱一种成见，即传统知识总是需要归诸一种拟人化的集体。相反，我们可以采用各式各样的归因技术来为传统知识提供法律保护。① 一种建立在社会学基础上的基本权利理论将基本权利理解为制度，归因到各种非个体的沟通过程，而不仅仅是个人。这样一来，这一理论就可以容纳区域文化的自我理解，尽管借助了完全不同的概念。但通过一种奇特的文化间折中，将"共同体、联合体、合作体、家庭、血统"，亦即群体或者集体宣告为权利的享有者，还很不够。② 倒不如说，并非传统知识的创造者，而是传统知识本身应被视为制度上可理解的基本权利主体。全球法的指导方针应当是：将基本权利去个人化，承认本土沟通过程本身就是基本权利的享有者，并据此设计适当的法律保护方案以满足其需要。③ 这就带来了并不将基本权利完全归诸个人或者集体，而是也在特定情况下归诸社会过程的观念。④ 这样一来，就应承认"土著的文化权利"，这种土著的文化权利不同于个人的权利或集体的权利，而是第三种"混合"的权利形式：将文化过程上升为基本权利主体，更易于解决本土文化中传统知识的归属难题。

上述过程取向，也可能超越源于传统与现代僵硬二分的文化主义误解。只要基本权利保护直接以文化的变迁过程为目标，过程取

---

① 例如参见 Onus v. Alcoa of Australia Ltd., C. L. R. 27 (1981) 149, Mason, J.。
② 这个建议的提出，参见 Cottier and Panizzon (2004) "Legal Perspectives on Traditional Knowledge"; Kymlicka (1996) *Mutlicultural Citizenship*。
③ 加拿大宪法第 84 款的集体和制度概念符合这种基本权利路径，参见 Gervais (2003) "Spiritual but not Intellectual?", 491。
④ 里德尔 (Ridder) 创造了"非个人基本权利"这个概念，将言论自由的权利与政治意志形成过程直接联系起来，参见 Ridder (1975) *Soziale Ordnung des Grundgesetzes*, 85; 与之相联系的论述，参见 Ladeur (1999) "Helmut Ridders Konzeption der Meinungs-und Pressefreiheit in der Demokratie"; Teubner (2006) "The Anonymous Matrix: Human Rights Violations by 'Private' Transnational Actors"。

第六章 宪法间的碰撞

向就不再罔顾历史、固守永恒的文明冲突，而是也可以承认"不同形式的新传统主义、国家法、'无名之法'、超国家法律规则的同时存在"①。如此就能恰当回应对各种吸收过程的需求，以及各种混合文化实践的发展，并对它们予以法律保护。②

（2）**参与权**：基本原则是，保障土著族群本身能够决定是否允许他者进入传统知识。办法是，以"事先知情的同意"确保社区群体被吸纳到与他们相关的决策过程中，③并在必要之时赋予他们拒绝进入的权利。④

切实满足认知共同体对合意的要求十分重要，在如何通过程序来组织共识，以及在哪种次级责任应通过处罚或者赔偿义务加以落实等问题上，尤其如此。⑤ 原产地证明在此意义重大⑥，因为要求各种知识应用组织承担表明知识原产地的义务，不仅是为了保证唯有真正的新发明能够获得专利，而是也旨在确保能够通过已经建立起来的程序法，有效识别出权利拥有者。

（3）**经济补偿**：如果利益分享规则旨在确保本土族群与用益权人共同分享传统知识的经济价值，那么采用契约的方案可能并不理想，因为这意味着通过破坏文化—宗教成分来保护文化自主。从知

---

① Eckert（2009）"Rechtsaneignung"，193.

② 对非历史的法律文化主义的批评，及其替代选项——充满冲突的动态法律变迁，详细的讨论参见 Eckert（2009）"Rechtsaneignung"，201 ff.

③ 2004 年 7 月 13 日至 19 日，联合国人权委员会保护和促进人权小组委员会原住民工作组第 22 次会议纪要，第 5 页："自由、知情、事前同意这项原则，承认了原住民对于他们的土地和资源享有固有和优先的权利，并且尊重他们要求第三方基于知情同意的原则，与之建立相互平等和相互尊重关系的合法权力。"

④ 参见 Brand and Görg（2003）*Postfordistische Naturverhältnisse*，75 ff.。

⑤ 因此，各种责任体制经常相应地涉及习惯法，参见 Lewis and Reichman（2004）*Using Liability Rules*。

⑥ 参见 2007 年 2 月 20 日《生物多样性公约》资源原产/来源/法律出处国际认证技术专家组会议报告，UNEP/CBD/WG-ABS/5/2。

识产权的视角看，采用基金的方案可能是更好的选择。①

第四节　各种宪法冲突的指导原则

较之民族国家的法律冲突，此处谈及的冲突——体制间冲突和文化间冲突——都具有特殊性，要求量身订做各自的冲突规范。规范设计的不同方式，取决于三种相关宪法体系——民族国家、超国家体制和本土族群——的社会嵌入程度。

超国家体制宪法的社会嵌入程度最低。此类宪法完全与世界社会的功能分化部门相适应，因而代表着一种"自控体制"，这种体制产生了专业化的规范，反映了与之耦合的社会部门的独立理性。体制宪法是一种部门宪法，并非基于整体性的社会过程，亦即并非基于那些指向更广泛公共利益的社会过程。

另一方面，民族国家宪法被嵌入到国内的整体法律秩序中。与超国家体制宪法一样，民族国家宪法型塑了全球法的一个子领域，但它仅仅构成了政治系统，而非整体的社会。然而，如前所述，民族国家宪法的法律规范总是存在于其他法律规范的脉络之中，也就是存在于各式各样的社会冲突解决方案之中，从这个意义上讲，民族国家宪法达成了一种"内部平衡"。民族国家宪法的法律规范，尤其是基本权利，处于一种持续相互（自我）限制的关系之中。

较之民族国家法律，本土规范秩序更深地嵌入整体的社会层面。这是因为，在出现本土规范秩序的社会领域中，功能分化的法律系

---

① 参见1992年6月3日至14日在里约热内卢召开的联合国环境与发展大会报告，A/CONF.151/26（Vol.I），< http://www.un.org/documents/ga/conf151/aconf15126-1annex1.htm >。

统尚未形成：其规范与宗教、政治和经济成分相互交织、难分难解。

从上述三种秩序的差异中，可以得出一些关于宪法冲突的解决方案的结论。在体制间冲突的情况下，由于相互冲突的体制都要求使用各自的宪法，"实体法"路径最为适合。实体法路径从相互冲突的宪法规范中分别析取若干元素，将其反思为全新的实体规范形式，同时亦取向于"超国家公共秩序"。这就导致了一种混合的法律形式，因为从裁判权威的角度看，实体规范将外来的宪法规范内化为自身的法律，同时又没有干扰外来规范的自主性。相反，在文化间冲突中，本土的基础规范勾勒了相应的情境。这种情境被认定为应受基本权利保护的形式，从而限制了功能体制的扩张倾向。

尽管存在很多差异，但所有宪法冲突都展现了一些共同的特征，令传统冲突法中的引致技术难以应对。而通过一种普通法路径（Common Law Approach），可以发展出超国家宪法性法律的实体规范，这些实体规范并非一个等级式的中心权威为了整体秩序而发展出来的，而是相互冲突的体制自身的产物。

这些以去中心化方式产生的实体宪法规范，所需的正义原则可称为"可持续性原则"。最初，可持续性原则被用来从未来生存条件的角度出发，限制经济发展、保护自然环境，但现在应当从两个方面加以一般化。① 可持续性不应局限于经济与自然的关系，也不应局限于一种社会系统与该社会系统的一种环境的关系。必须重新考虑在所有功能体制中适用可持续性原则；与此同时，这项原则不仅涵括自然环境，也涵括所有相关的环境。此处所谓环境必须做最广义的理解，包括各种超国家体制的自然环境、社会环境和人类环境。

因体制而异的可持续性，原则上要求各种体制都应防止自我毁

---

① 各种社会制度之于可持续发展的责任，相关讨论参见 Sen（2010）"Sustainable Development and Our Responsibilities"。

灭倾向，避免对环境造成损害，从而限制自身的选择。此即体制宪法的限制性功能，目前是社会宪治的核心要义，本书已做反复阐述。与社会宪治不同，另一种宪法概念不满足于体制的自我限制，而是支持甚至积极促进各种体制的环境，这种宪法概念更为复杂，并且面临着更大的实施困难。因此前面的章节，只是谨慎支持这种更富野心的可持续性概念，最为明显地体现在关于基本权利横向效力和本土文化自主性保障的论述中。

但社会宪治的最终目标正是强化这种可持续性。社会宪治的理论基础，始终在于社会组织形式与宪法性法律原则的共变。埃米尔·涂尔干曾经认为，现代劳动分工需要维护"有机团结"的社会宪法。① 然而，如果我们把注意力从简单的劳动分工，转向更为复杂的社会功能分化，就会发现，全球功能系统的高度自治需要新的可持续性类型和新的环境适应性。并非巧合的是，在系统与环境的边界上走钢丝，同等地顾及这两边，以求平衡系统与环境之间的相互影响，是当今唯一可行的理性形式——此种理性形式与其竞争选项如理性选择和商谈理性都截然不同。理性的现实化意味着"系统应激性必须被强化"②。如果宪法确实要制造双重反思性，亦即相关社会领域的媒介反思性与法律的反思性，那么它的真正任务就在于为二者的内部政治化创造规范性前提。而内部政治化意味着，既要讨论和决定该社会领域在全社会中的角色，又要讨论和决定该社会领域对自然环境、社会环境和人类环境可能的危害，以及对这些环境的积极贡献。

---

① Durkheim (2004 [1883]) *Teilung der sozialen Arbeit*, 152 ff.
② Luhmann (1997) *Gesellschaft der Gesellschaft*, 171 ff., 182, 185 (quotation).

参考文献

Abbott, Kenneth and Duncan Snidal (2009) 'Strengthening International Regulation Through Transnational New Governance: Overcoming the Orchestration Deficit', 42 *Vanderbilt Journal of Transnational Law*, 501 – 71.

Abelshauser, Werner (2003) *Kulturkampf: Der deutsche Weg in die Neue Wirtschaft und die amerikanische Herausforderung*, Berlin: Kadmos.

Ackerman, Bruce A. (2000) *We the People: Transformations*, Cambridge (Mass.): Harvard University Press.

Agamben, Giorgio (2002) *Homo Sacer: Die souveräne Macht und das nackte Leben*, Frankfurt: Suhrkamp.

Albert, Mathias and Rudolf Stichweh (eds) (2007) *Weltstaat und Weltstaatlichkeit: Beobachtungen globaler politischer Strukturbildung*, Wiesbaden: VS.

Alexy, Robert (1994) *Theorie der Grundrechte*, Frankfurt: Suhrkamp.

Algan, Yann and Pierre Cahuc (2007) *La société de défiance: Comment le modèle social francais s'autodétruit*, Paris: Éditions rue d'Ulm.

Allott, Philip (2001) 'The Emerging Universal Legal System', 3 *International Law Forum du droit international*, 12 – 17.

Alvarez, José (2001) 'Constitutional Interpretation in International Organizations', in Jean M. Coicaud and Veijo Hejskanen (eds), *The Legitimacy of International Organizations*, Tokyo: United Nations University Press, 104 – 54.

Amerasinghe, Chittharanjan F. (2005) *Principles of the Institutional Law of International Organizations*, Cambridge: Cambridge University Press.

Amstutz, Marc (2001) *Evolutorisches Wirtschaftsrecht: Vorstudien zum Recht und seiner*

Methode in den Diskurskollisionen der Marktgesellschaft, Baden-Baden: Nomos.

—— (2005) 'In-Between Worlds: Marleasing and the Emergence of Interlegality in Legal Reasoning', 11 *European Law Journal*, 766 – 84.

Andreas Abegg and Vagios Karavas (2007) 'Civil Society Constitutionalism: the Power of Contract Law', 14 *Indiana Journal of Global Legal Studies*, 235 – 58.

—— and Vagios Karavas (2006) 'Rechtsmutation: Zu Genese und Evolution des Rechts im transnationalen Raum', 8 *Rechtsgeschichte*, 14 – 32.

—— and Vagios Karavas (2009) 'Weltrecht: Ein Derridasches Monster', in Gralf-Peter Calliess, Andreas Fischer-Lescano, Dan Wielsch and Peer Zumbansen (eds) *Soziologische Jurisprudenz: Festschrift für Gunther Teubner zum 65. Geburtstag*, Berlin: De Gruyter, 646 – 72.

Anderson, Gavin W. (2004) 'Social Democracy and the Limits of Rights Constitutionalism', 17 *The Canadian Journal of Law & Jurisprudence*, 31 – 59.

—— (2005) *Constitutional Rights after Globalization*, Oxford: Hart.

—— (2009) 'Corporate Constitutionalism: From Above and Below (but mostly below)', *The Constitutionalization of the Global Corporate Sphere*? Paper presented at Copenhagen Business School, Copenhagen, 17 – 18 September, 1 – 14.

—— (2011) 'Counterhegemonic Constitutionalism Without the State', 20 *Social and Legal Studies*, forthcoming.

Augsberg, Ino, Tobias Gostomzyk and Lars Viellechner (2009) *Denken in Netzwerken: Zur Rechts-und Gesellschaftstheorie Karl-Heinz Ladeurs*, Tübingen: Mohr Siebeck.

Ayres, Ian and John Braithwaite (1992) *Responsive Regulation: Transcending The Deregulation Debate*, New York: Oxford University Press.

Backer, Larry Catá (2005) 'Multinational Corporations, Transnational Law: The United Nation's Norms on the Responsibilities of Transnational Corporations as Harbinger of Corporate Responsibility in International Law', 37 *Columbia Human Rights Law Review*, 101 – 92.

—— (2006) 'The Autonomous Global Enterprise: On the Role of Organizational Law Beyond Asset Partitioning and Legal Personality', 41 *Tulane Law Journal*, 541 – 72.

—— (2008) 'Multinational Corporations as Objects and Sources of Transnational Regulation', 14 *ILSA Journal of International & Comparative Law*, 1 – 26.

—— (2009) Transnational Corporate Constitutionalism?, < http://lcbackerblog. blogspot. com/2009/06/gunther-teubner-on-complications-of. html >

Badura, Peter (2008) 'Gleiche Freiheit im Verhältnis zwischen Privaten: Die verfassungsrechtliche Problematik der Umsetzung der EG-Diskriminierungsrichtlinien in Deutschland', 68 *Zeitschrift für ausländisches öffentliches Recht und Völkerrecht*, 347 – 58.

Baecker, Dirk (2009) 'The Power to Rule the World', in Gralf-Peter Callies, Andreas Fischer-Lescano, Dan Wielsch and Peer Zumbansen (eds) *Soziologische Jurisprudenz: Festschrift für Gunther Teubner zum 65. Geburtstag*, Berlin: De Gruyter, 673 – 86.

Barak, Aharon (1996) 'Constitutional Human Rights and Private Law', 3 *Review on Constitutional Studies*, 218 – 81.

Barry, Brian (1989) *Theories of Justice: A Treatise on Social Justice I*, London: Harvester Wheatsheaf.

Beck, Ulrich and Natan Sznaider (2006) 'Unpacking Cosmopolitanism for the Social Sciences: A Research Agenda', 57 *The British Journal of Sociology*, 1 – 23.

Beckenkamp, Martin (2006) 'The Herd Moves? Emergence and Self-organization in Collective Actors', *Preprints of the Max Planck Institute for Research on Collective Goods* 14, 1 – 50.

Behrens, Peter (2000) 'Weltwirtschaftsverfassung', 19 *Jahrbuch für Neue Politische Ökonomie*, 5 – 27.

Benz, Arthur (1996) 'Regionalpolitik zwischen Netzwerkbildung und Institutionalisierung: Zur Funktionalität paradoxer Strukturen', 1 *Staatswissenschaften und Staatspraxis*, 23 – 43.

Berman, Harold J. (2005) 'World Law: An Ecumenical Jurisprudence of the Holy Spirit', Research Paper No. 05 – 4 *Emory University School of Law—Public Law & Legal Theory Research Paper Series*, 1 – 16.

Berman, Paul Schiff (2002) 'The Globalization of Jurisdiction', 151 *University of Pennsylvania Law Review*, 311 – 545.

—— (2007) 'Global Legal Pluralism', 80 *Southern California Law Review*, 1155 – 238.

Bieber, Daniel (1997) 'Probleme unternehmensübergreifender Organisation von Innovationsprozessen', in Daniel Bieber (ed) *Technikentwicklung und Industriearbeit: Industrielle Produktionstechnik zwischen Eigendynamik und Nutzerinteressen*, Frankfurt: Campus, 111 – 40.

Bieling, Hans-Jürgen (2007) 'Die Konstitutionalisierung der Weltwirtschaft als Prozess hegemonialer Verstaatlichung', in Andreas Fischer-Lescano and Sonja Buckel (eds) *Hegemonie gepanzert mit Zwang: Zivilgesellschaft und Politik im Staatsverständnis von Antonio Gramsci*, Baden-Baden: Nomos, 143 – 60.

Binswanger, Hans Christoph (2006) *Die Wachstumsspirale: Geld, Energie und Imagination in der Dynamik des Marktprozesses*, Marburg: Metropolis.

—— (2009) *Vorwärts zur Mässigung: Perspektiven einer nachhaltigen Wirtschaft*, Hamburg: Murmann.

—— (2010) 'Die deutsche Wirtschaft wächst zu schnell', *Spiegel-Online* dated 12 December 2010.

Black, Julia (1996) 'Constitutionalising Self-Regulation', 59 *Modern Law Review*, 24 – 55.

—— (1997) 'New Institutionalism and Naturalism in Socio-Legal Analysis Institutionalist Approaches to Regulatory Decision Making', 19 *Law & Policy*, 51 – 93.

Block, Walter E. (2010) 'A Critical Look at The Calculus of Consent', 8 *Georgetown Journal of Law and Public Policy*, 433 – 50.

Böckenförde, Ernst-Wolfgang (1991) 'Die verfassungsgebende Gewalt des Volkes als Grenzbegriff des Rechts', in Ernst-Wolfgang Böckenförde (ed), *Staat, Verfassung, Demokratie*, Frankfurt: Suhrkamp, 90 – 112.

Bogdandy, Armin von (2006) 'Constitutionalism in International Law: Comment on a Proposal from Germany', 47 *Harvard International Law Journal*, 223 – 42.

Böhm, Franz (1933) *Wettbewerb und Monopolkampf: Eine Untersuchung zur Frage des wirtschaftlichen Kampfrechts und zur Frage der rechtlichen Struktur der geltenden Wirtschaftsordnung*, Berlin: Heymanns.

Böll, Heinrich (1992) *Die verlorene Ehre der Katharina Blum oder: Wie Gewalt entstehen und wohin sie führen kann*, Köln: Kiepenheuer und Witsch.

Bomhoff, Jacco and Anne C. Meuwese (2011) 'The Meta-Regulation of Transnational Private Regulation', 38 *Journal of Law and Society*, 138 – 62.

Bommes, Michael and Veronika Tacke (eds) (2011) *Netzwerke in der funktional differenzierten Gesellschaft*, Wiesbaden: VS.

Braithwaite, John (1982) 'Enforced Self-regulation: A New Strategy for Corporate Crime Control', 80 *Michigan Law Review*, 1466 – 507.

Brand, Ulrich and Christoph Görg (2003) *Postfordistische Naturverhältnisse. Konflikte um genetische Ressourcen und die Internationalisierung des Staates*, Münster: Westfälisches Dampf boot.

Braun, Joachim von and Ruth Meinzen (2009) '"Land Grabbing" by Foreign Investors in Developing Countries: Risks and Opportunities', 13 *International Food Policy Research Institute (IFPRI) Policy Brief*, 1 – 4.

Brüggemeier, Gert (1979) *Entwicklung des Rechts im organisierten Kapitalismus. Band 2: Vom Faschismus bis zur Gegenwart*, Frankfurt: Syndikat.

—— (2006) 'Constitutionalisation of Private Law: The German Perspective', in Tom Barkhuysen and Siewert Lindenbergh (eds), *Constitutionalisation of Private Law*, Leiden: Brill, 59 – 82.

—— Aurelia Colombi Ciacchi and Giovanni Comandé (eds) (2008) *Fundamental Rights and Private Law in the European Union*, Cambridge: Cambridge University Press.

Brunkhorst, Hauke (2005) 'Demokratie in der globalen Rechtsgenossenschaft: Einige Überlegungen zur poststaatlichen Verfassung der Weltgesellschaft', *Zeitschrift für Soziologie—Sonderheft: 'Weltgesellschaft'*, 330 – 47.

—— (2005) *Solidarity: From Civic Friendship to a Global Legal Community*, Cambridge: MIT Press.

—— (2007) 'Die Legitimationskrise der Weltgesellschaft: Global Rule of Law, Global Constitutionalism und Weltstaatlichkeit', in Mathias Albert and Rudolf Stichweh (eds) *Weltstaat und Weltstaatlichkeit*. Wiesbaden: VS, 63 – 108.

Brunnengräber, Achim, Ansgar Klein and Heike Walk (eds) (2005) *NGOs im Prozess der Globalisierung*: *Mächtige Zwerge—umstrittene Riesen*, Wiesbaden: VS.

Buchanan, James M. (1991) *Constitutional Economics*, Oxford: Blackwell.

—— (1994) *The Economics and the Ethics of Constitutional Order*, Ann Arbor: University of Michigan Press.

Buchanan, Ruth (2006) 'Legitimating Global Trade Governance: Constitutional and Legal Pluralist Approaches', 57 *Northern Ireland Legal Quarterly*, 657 – 72.

—— (2008) 'Reconceptualizing Law and Politics in the Transnational Constitutional and Legal Pluralist Approaches', 5 *Socio-Legal Review*, 21 – 39.

Burnicki, Ralf (2002) *Anarchismus und Konsens: Gegen Repräsentation und Mehrheitsprinzip: Strukturen einer nichthierarchischen Demokratie*, Frankfurt: Verlag Edition AV.

Calliess, Gralf-Peter (1999) *Prozedurales Recht*, Baden-Baden: Nomos.

—— (2006) *Grenzüberschreitende Verbraucherverträge: Rechtssicherheit und Gerechtigkeit auf dem elektronischen Weltmarktplatz*, Tübingen: Mohr Siebeck.

—— and Peer Zumbansen (2010) *Rough Consensus and Running Code: A Theory of Transnational Private Law*, Oxford: Hart.

Campagna, Julie (2004) 'United Nations Norms on the Responsibilities of Transnational Corporations and other Business Enterprises with Regard to Human Rights: The International Community Asserts Binding Law on the Global Rule Makers', 37 *John Marshall Law Review*, 1205 – 52.

Canaris, Claus-Wilhelm (1999) *Grundrechte und Privatrecht: Eine Zwischenbilanz*, Berlin: De Gruyter.

Carmody, Chios (2008) 'A Theory of WTO Law', 11 *Journal of International Economic Law*, 527 – 57.

Cass, Deborah Z. (2005) *The Constitutionalization of the World Trade Organisation: Legitimacy, Democracy and Community in the International Trading System*, Oxford: Oxford University Press.

Cassese, Sabino (2005) 'Adminstrative Law Without the State: The Challenge of Global Regulation', 37 *New York University Journal of International Law and Politics*, 663 – 94.

Cheadle, Halton and Dennis Davis (1997) 'The Application of the 1996 Constitution in the Private Sphere', 44 *South African Journal of Human Rights*, 39 – 60.

Chernilo, Daniel (2007) *A Social Theory of the Nation-State: The Political Forms of Modernity beyond Methodological Nationalism*, London: Routledge.

Christodoulidis, Emilios (2007) 'Against Substitution: The Constitutional Thinking of Dissensus', in Martin Loughlin and Neil Walker (eds) *The Paradox of Constitutionalism: Constituent Power and Constitutional Form*, Oxford, New York: Oxford University Press, 189 – 208.

Clapham, Andrew (1996) *Human Rights in the Private Sphere*, Oxford: Oxford University Press.

—— (2006) *Human Rights Obligations of Non-State Actors*, Oxford: Oxford University Press.

Collins, Hugh (2011) 'The Constitutionalisation of European Private Law as a Path to Social Justice', in Hans Micklitz (ed) *The Many Concepts of Social Justice in European Private Law*. London: Elgar, 133 – 66.

—— (2012) 'Flipping Wreck: Lex Mercatoria on the Shoals of Ius Cogens', in Stefan Grundmann, Karl Riesenhuber and Florian Möslein (eds) *Contract Governance*, Amsterdam: Kluwer, forthcoming.

Coombe, Rosemary J. (2005) 'Protecting Cultural Industries to Promote Cultural Diversity: Dilemmas for International Policy-Making Posed by the Recognition of Traditional Knowledge', in Keith Maskus and Jerome Reichman (eds) *International Public Goods and Transfer of Technology Under a Globalized Intellectual Property Regime*, Cambridge: Cambridge University Press, 559 – 614.

Cottier, Thomas and Marion Panizzon (2004) 'Legal Perspectives on Traditional Knowledge: The Case for Intellectual Property Protection', 7 *Journal of International Economic Law*, 371 – 99.

Cover, Robert M. (1983) 'The Supreme Court, 1982 Term—Foreword: Nomos and Narrative', 97 *Harvard Law Review*, 4 – 68.

Creutz, Helmut (2002) 'Vollgeld und Grundeinkommen', 133 *Zeitschrift für Sozialökonomie*, 14 – 19.

Crouch, Colin (2011) *The Strange Non-Death of Neoliberalism*, Cambridge: Polity Press.

Daes, Erica-Irene (2001) 'Intellectual Property and Indigenous Peoples', 95 *American Society of International Law Proceedings*, 143 – 50.

Dahl, Robert A. (1990) *After the Revolution? Authority in a Good Society*, New Haven: Yale University Press.

Dalhuisen, Jan H. (2006) 'Legal Orders and their Manifestations: The Operation of the International Commercial and Financial Legal Order and its Lex Mercatoria', 24 *Berkeley Journal of International Law*, 129 – 91.

De Schutter, Olivier (ed) (2006) *Transnational Corporations and Human Rights*, Oxford: Hart.

de Wet, Erika (2006) 'The International Constitutional Order', 55 *The International and Comparative Law Quarterly*, 51 – 76.

Delmas Marty, Mireille (2009) *Ordering Pluralism. A Conceptual Framework for Understanding the Transnational Legal World*, Oxford: Hart.

Derrida, Jacques (1984) *Otobiographies: l'enseignement de Nietzsche et la politique du nom propre*, Paris: Ed. Galilée.

—— (1990) 'Force of Law: The Mystical Foundation of Authority', 11 *Cardozo Law Review*, 919 – 1046.

—— (1991) *Donner le temps 1. La fausse monnaie*, Paris: Galilée.

—— (1991) *L'autre cap*, Paris: Minuit.

Dicey, Albert (1964 [1889]) *An Introduction to the Study of the Law of the Constitution*, London: MacMillan.

Diederichsen, Uwe (1997) 'Die Selbstbehauptung des Privatrechts gegenüber dem Grundgesetz', 197 *Archiv für die civilistische Praxis*, 57 – 64.

—— (1998) 'Das Bundesverfassungsgericht als oberstes Zivilgericht', 198 *Archiv für die civilistische Praxis*, 171 – 260.

Dilling, Olaf, Martin Herberg and Gerd Winter (eds) (2008) *Responsible Business: Self-Governance and Law in Transnational Economic Transactions*, Oxford: Hart.

Dinwoodie, Graeme B. (2000) 'A New Copyright Order: Why National Courts Should Create Global Norms', 149 *University of Pennsylvania Law Review*, 469 – 581.

—— (2001) 'The Development and Incorporation of International Norms in the Formation of Copyright Law', 63 *Ohio State Law Journal*, 733 – 82.

—— (2004) 'Trademarks and Territory: Detaching Trademark Law from the Nation-State', 41 *Houston Law Review*, 885 – 973.

Dobner, Petra (2010) 'More Law, Less Democracy? Democracy and Transnational Constitutionalism', in Petra Dobner and Martin Loughlin (eds) *The Twilight of Constitutionalism?* Oxford: Oxford University Press, 141 – 61.

Dorf, Michael C. and Charles F. Sabel (2003) *A Constitution of Democratic Experimentalism*, Cambridge (Mass.): Harvard University Press.

Dunoff, Jeffrey L. (2006) 'Constitutional Conceits: The WTO's "Constitution" and the Discipline of International Law', 17 *European Journal of International Law*, 647 – 75.

—— (2011) 'A New Approach to Regime Interaction', in Margaret Young (ed) *Regime Interaction in International Law: Facing Fragmentation*, Cambridge: Cambridge University Press, 136 – 74.

—— and Joel Trachtman (eds) (2008) *Ruling the World? Constitutionalism, International Law and Global Government*, Cambridge: Cambridge University Press.

Dupuy, Pierre-Marie (1997) 'The Constitutional Dimension of the Charter of the United Nations Revisited', 1 *Max Planck Yearbook of United Nations Law*, 1 – 33.

—— (2002) 'L'unité de l'ordre juridique international', 297 *Recueil des Cours*, 9 – 489.

Dürig, Günter (1956) 'Grundrechte und Zivilrechtsprechung', in Theodor Maunz (ed) *Vom Bonner Grundgesetz zur gesamtdeutschen Verfassung: Festschrift für Hans Nawiasky*, München: Isar, 157 – 210.

Durkheim, Emile (1933) *The Division of Labor in Society*, New York: Free Press.

Eckert, Julia (2009) 'Rechtsaneignung: Paradoxien von Pluralisierung und Entpluralisierung in rechtspluralen Situationen', in Matthias Kötter and Gunnar F. Schuppert (eds) *Normative Pluralität ordnen: Rechtsbegriffe, Normenkollisionen und Rule of Law in Kontexten dies-und jenseits des Staates*, Baden-Baden: Nomos, 191 – 206.

Ellis, Jaye (2009) 'Sustainable Development and Fragmentation in International Society', in Duncan French (ed) *Environmental Justice and Sustainable Development*, Leiden: Martinus Nijhoff, 57 –73.

Engi, Lorenz (2007) 'Gemachtes Recht—gegebenes Recht. Made Law—Given Law', 2 *Ancilla Juris*, 48 –59.

Engle, Karen (1993) 'After the Collapse of the Public/Private Distinction: Strategizing Women's Rights', in Dorinda G. Dallmeyer (ed) *Reconceiving Reality: Women and International Law*, Washington: American Society of International Law, 143 –55.

Esser, Josef (1956) *Grundsatz und Norm in der richterlichen Fortbildung des Privatrechts: Rechtsvergleichende Beiträge zur Rechtsquellen-und Interpretationslehre*, Tübingen: Mohr Siebeck.

Esty, Daniel (2006) 'Good Governance at the Supranational Scale: Globalizing Administrative Law', 115 *Yale Law Journal*, 1490 –562.

Fassbender, Bardo (2005) 'The Meaning of International Constitutional Law', in Douglas M. Johnston and Ronald St J. Macdonald (eds) *Towards World Constitutionalism: Issues in the Legal Ordering of the World Community*, Leiden: Martinus Nijhoff, 837 –51.

Fassbender, Bardo (2007) '"We the Peoples of the United Nations": Constituent Power and Constitutional form in International Law', in Neil Walker and Martin Loughlin (eds) *The Paradox of Constitutionalism: Constituent Power and Constitutional Form*, Oxford: Oxford University Press, 269 –90.

Fischer-Lescano, Andreas (2005) *Globalverfassung: Die Geltungsbegründung der Menschenrechte*, Weilerswist: Velbrück.

—— and Moritz Renner (2011) 'Europäisches Verwaltungsrecht und Völkerrecht', in Jörg P. Terhechte (ed) *Verwaltungsrecht in der Europäischen Union*, Baden-Baden: Nomos, 359 –71.

—— and Gunther Teubner (2004) 'Regime-Collisions: The Vain Search for Legal Unity in the Fragmentation of Global Law', 25 *Michigan Law Journal of International Law*, 999 –1045.

—— and Gunther Teubner (2008) 'Cannibalizing Epistemes: Will Modern Law Protect

Traditional Cultural Expressions?', in Christoph Beat Graber and Mira Burri-Nenova (eds) *Intellectual Property and Traditional Cultural Expressions: Legal Protection in a Digital Environment*, Cheltenham: Elgar, 17 –45.

Fisher, Irving (1997 [1935]) *100% Money*, London: Pickering & Chatto.

Foerster, Heinz von (1981) *Observing Systems*, Seaside (Cal.): Intersystems Publications.

Foucault, Michel (1975) *Surveiller et punir: La naissance de la prison*, Paris: Gallimard.

—— (1976) 'Räderwerke des Überwachens und Strafens: Ein Gespräch mit J.-J. Brochier', in Michel Foucault, *Mikrophysik der Macht*. Berlin: Merve, 31 –47.

Frankford, David M. (1994) 'The Critical Potential of the Common Law Tradition: Theory of Societal Constitutionalism: Foundations of a Non-Marxist Critical Theory by David Sciulli', 94 *Columbia Law Review*, 1076 –123.

Fried, Charles (2000) 'Constitutionalism, Privatization, and Globalization', 21 *Cardozo Law Review*, 1091 –4.

Friedman, Daniel and Daphne Barak-Erez (eds) (2001) *Human Rights in Private Law*, Oxford: Hart.

Frowein, Jochen A. (2000) 'Konstitutionalisierung des Völkerrechts', in Klaus Dicke, Waldemar Hummer, Daniel Girsberger, Boele-Woelki, Christoph Engel and Jochen A. Frowein (eds) *Völkerrecht und internationales Privatrecht in einem sich globalisierenden internationalen System: Auswirkungen der Entstaatlichung transna-tionaler Rechtsbeziehungen*, Heidelberg: Müller, 427 –47.

Fuchs, Peter (2003) *Der Eigen-Sinn des Bewußtseins: Die Person—die Psyche—die Signatur*, Bielefeld: transcript.

Gallie, Walter B. (1956) 'Essentially Contested Concepts', 56 *Proceedings of the Aristotelian Society*, 167 –98.

Gamillscheg, Franz (1964) 'Die Grundrechte im Arbeitsrecht', 164 *Archiv für die civilistische Praxis*, 385 –445.

Gardbaum, Stephen (2003) 'The "Horizontal Effect" of Constitutional Rights', 102 *Michigan Law Review*, 387 –459.

—— (2008) 'Human Rights and International Constitutionalism', in Jeffrey L. Dunoff and Joel Trachtman (eds) *Ruling the World? Constitutionalism, International Law and Global Government*, Cambridge: Cambridge University Press, 233 – 57.

Gervais, Daniel J. (2003) 'Spiritual but not Intellectual? The Protection of Sacred Intangible Traditional Knowledge', 11 *Cardozo Journal of International and Comparative Law*, 467 – 95.

Gierke, Otto von (1863) *Die Genossenschaftstheorie und die deutsche Rechtsprechung*, Berlin: Weidmann.

Gill, Stephen (2003) *Power and Resistance in the New World Order*, Hampshire: Macmillan.

Glendon, Ann (2000) 'Rights Talk: The Impoverishment of Political Discourse', in Don E. Eberly (ed) *The Essential Civil Society Reader*, Oxford: Rowman Littlefield, 305 – 16.

Goldstone, Richard and Rebecca Hamilton (2008) 'Bosnia v. Serbia: Lessons from the Encounter of the International Court of Justice with the International Criminal Tribunal for the Former Yugoslavia', 21 *Leiden Journal of International Law*, 95 – 112.

Gómez-Jara Díez, Carlos (2005) *La culpabilidad penal de la empresa*, Madrid: Marcial Pons.

Graber, Christoph (2008) 'Using Human Rights to Tackle Fragmentation in the Field of Traditional Cultural Expressions: An Institutional Approach', in Christoph Graber and Mira Burri-Nenova (eds) *Intellectual Property and Traditional Cultural Expression in a Digital Environment*, Cheltenham: Elgar, 96 – 120.

—— (2009) 'Wanjina und Wungurr: The Propertisation of Aboriginal Rock Art Under Australian Law', in Gralf-Peter Calliess, Andreas Fischer-Lescano, Dan Wielsch and Peer Zumbansen (eds) *Soziologische Jurisprudenz: Festschrift für Gunther Teubner zum 65. Geburtstag*, Berlin: De Gruyter, 275 – 97.

—— and Gunther Teubner (1998) 'Art and Money: Constitutional Rights in the Private Sphere', 18 *Oxford Journal of Legal Studies*, 61 – 74.

Grande, Edgar, Markus König, Patrick Pfister and Paul Sterzel (2006) 'Politische Transnationalisierung: Die Zukunft des Nationalstaats—Transnationale Politikregime im

Vergleich', in Stefan Schirm (ed) *Globalisierung. Forschungsstand und Perspektiven*, Baden-Baden: Nomos, 119 – 45.

Graziani, Augusto (2003) *The Monetary Theory of Production*, Cambridge: Cambridge University Press.

Grimm, Dieter (1987) *Recht und Staat der bürgerlichen Gesellschaft*, Frankfurt: Suhrkamp.

—— (1991) 'Entstehungs-und Wirkungsbedingungen des modernen Konstitutionalismus', in Dieter Grimm, *Die Zukunft der Verfassung*, Frankfurt: Suhrkamp, 31 – 66.

Grimm, Dieter (2005) 'The Constitution in the Process of Denationalization', 12 *Constellations*, 447 – 63.

—— (2009) 'Gesellschaftlicher Konstitutionalismus: Eine Kompensation für den Bedeutungsschwund der Staatsverfassung?' in Matthias Herdegen, Hans Hugo Klein, Hans-Jürgen Papier and Rupert Scholz (eds) *Staatsrecht und Politik. Festschrift für Roman Herzog zum 75. Geburtstag*, München: C. H. Beck, 67 – 81.

—— (2010) 'The Achievement of Constitutionalism and Its Prospects in a Changed World', in Petra Dobner and Martin Loughlin (eds) *The Twilight of Constitutionalism?*, Oxford: Oxford University Press, 3 – 22.

Gunningham, Neil and Joseph Rees (1997) 'Industry Self-Regulation: An Institutional Perspective', 19 *Law and Policy*, 363 – 414.

Häberle, Peter (1983) *Die Wesensgehaltgarantie des Artikel 19 Abs. 2 Grundgesetz: Zugleich ein Beitrag zum institutionellen Verständnis der Grundrechte und zur Lehre vom Gesetzesvorbehalt*, Heidelberg: C. F. Müller.

Habermas, Jürgen (1969) *Protestbewegung und Hochschulreform*, Frankfurt: Suhrkamp.

—— (1986) 'The New Obscurity: The Crisis of the Welfare State and the Exhaustion of Utopian Energies', 11 *Philosophy and Social Criticism*, 1 – 18.

—— (1992 [1962]) *The Structural Transformation of the Public Sphere: An Inquiry into a Category of Bourgeois Society*, Cambridge: Polity.

—— (1996) *Between Facts and Norms: Contributions to a Discourse Theory of Law and Democracy*, Cambridge (Mass.): MIT.

—— (2006) 'Does the Constitutionalisation of International Law Still Have a Chance?', in Jürgen Habermas, *The Divided West*, Cambridge: Polity, 115-93.

Haines, Fiona (2009) 'Regulatory Failures and Regulatory Solutions: A Characteristic Analysis of the Aftermath of Disaster', 34 *Law and Social Inquiry*, 31-57.

Hall, Peter A. and David Soskice (eds) (2005) *Varieties of Capitalism: The Institutional Foundations of Comparative Advantage*, Oxford: Oxford University Press.

Haltern, Ulrich (2003) 'Internationales Verfassungsrecht? Anmerkungen zu einer kopernikanischen Wende', 128 *Archiv des öffentlichen Rechts*, 511-57.

—— (2003) 'Pathos and Patina: The Failure and Promise of Constitutionalism in European Imagination', 9 *European Law Journal*, 14-44.

Hamm, Brigitte (2003) *Menschenrechte: Das internationale Normensystem des 21. Jahrhunderts*, Opladen: Leske & Budrich.

Hardt, Michael and Antonio Negri (2004) *Multitude: War and Democracy in the Age of Empire*, New York: Penguin.

Hart, Herbert L. A. (1961) *The Concept of Law*, Oxford: Clarendon.

Harvey, David (2005) *A Brief History of Neoliberalism*, Oxford: Oxford University Press.

Hauriou, Maurice (1986 [1933]) 'La théorie de l'institution et de la fondation: essai de vitalisme social', in Maurice Hauriou, *Aux sources du droit*, Caen: Bloud & Gay, 89-128.

Hayek, Friedrich A. (1978) *Denationalization of Money: An Analysis of the Theory and Practice of Concurrent Currencies*, London: Institute of Economic Affairs.

Hayoz, Nicolas (1997) *L'étreinte soviétique: aspects sociologiques de l'e jondrement programmé de l'URSS*, Genf: Droz.

—— (2007) 'Regionale, "organisierte Gesellschaften" und ihre Schwierigkeiten mit der Realität funktionaler Differenzierung', 13 *Soziale Systeme*, 160-72.

Hebekus, Uwe, Ethel Matala de Mazza and Albrecht Koschorke (eds) (2003) *Das Politische: Figurenlehren des sozialen Körpers nach der Romantik*, München: Fink.

Hegel, Georg Wilhelm Friedrich (1991 [1821]) *Elements of the Philosophy of Right*, 15th print, Cambridge: Cambridge University Press.

Herberg, Martin (2007) *Globalisierung und private Selbstregulierung: Umweltschutz in multinationalen Unternehmen*, Frankfurt: Campus.

—— (2011) 'Bringing Professions Back in: A Fresh Look at the Dynamics of Institution-building in (World) Society', in Christian Joerges and Josef Falke (eds) *Karl Polanyi, Globalisation and the Potential of Law in Transnational Markets*, Oxford: Hart, 107 – 29.

Hirschl, Ran (2004) *Towards Juristocracy: The Origins and Consequences of the New Constitutionalism*, Cambridge (Mass.): Harvard University Press.

—— (2006) 'The New Constitutionalism and the Judicialization of Pure Politics Worldwide', 75 *Fordham Law Review*, 721 – 52.

Hirst, Paul (2000) 'Democracy and Governance', in Jon Pierre (ed) *Debating Governance*, Oxford: Oxford University Press, 13 – 35.

Höffe, Otfried (2001) '*Königliche Völker*': *Zu Kants kosmopolitischer Rechts-und Friedenstheorie*, Frankfurt: Suhrkamp.

—— (2005) 'Vision Weltrepublik: Eine philosophische Antwort auf die Globalisierung', in Dieter Ruloff, Christoph Bertram and Bruno Frey (eds) *Welche Weltordnung?* Zürich: Rüegger, 33 – 53.

—— (2007) *Democracy in an Age of Globalisation*, Dordrecht, The Netherlands: Springer.

Hoffmann-Riem, Wolfgang (ed) (2001) *Regulierte Selbstregulierung als Steuerungskonzept des Gewährleistungsstaates*, Berlin: Duncker & Humblot.

Hofmann, Hasso (1999) '*Von der Staatsoziologie zu einer Soziologie der Verfassung*', 22 *Juristenzeitung*, 1065 – 74.

Holmes, Pablo (2011) 'The Rhetoric of Legal Fragmentation and its Discontents: Evolutionary Dilemmas in the Constitutional Semantics of Global Law', 7 *Utrecht Law Review*, 113 – 40.

Horwitz, Morton J. (1982) 'The History of the Public/Private Distinction', 130 *University of Pennsylvania Law Review*, 1423 – 8.

Howard-Grenville, Jennifer Nash and Cary Coglianese (2008) 'Constructing the License to Operate: Internal Factors and Their Influence on Corporate Environmental Decisions', 30 *Law and Policy*, 73 – 107.

Howse, Robert and Kalypso Nicolaidis (2003) 'Enhancing WTO Legitimacy: Constitutionalization or Global Subsidiarity', 16 *Governance*, 73 – 94.

—— (2003) 'Legitimacy through "Higher Law"? Why Constitutionalizing the WTO is a Step too Far', in Thomas Cottier, Petros C. Mavroidis and Patrick Blatter (eds) *The Role of The Judge in International Trade Regulation: Experience and Lessons for The WTO*, Ann Arbor: University of Michigan Press, 307 – 48.

Huber, Joseph (2009) *Geldordnung II: Reform der Geldschöpfung. Vollgeld-Konzept und Seigniorage Reform*, < http://www.soziologie.uni-halle.de/huber/docs/geldordnung-ii-reform-der-geldschoepfung-durch-vollgeld-mai-09.pdf >.

—— (2010) *Monetäre Modernisierung: Zur Zukunft der Geldordnung*, Marburg: Metropolis.

——and James Robertson (2008) *Geldschöpfung in öffentlicher Hand: Weg zu einer gerechten Geldordnung im Informationszeitalter*, Kiel: Gauke.

Hueck, Götz (1958) *Der Grundsatz der gleichmäßigen Behandlung im Privatrecht*, München: C. H. Beck.

Hurrell, Andrew (2007) *On Global Order*, Oxford: Oxford University Press.

Hutter, Michael (2003) 'Global Regulation of the Internet Domain Name System: Five Lessons From the ICANN Case', in Karl-Heinz Ladeur (ed), *Innovationsoffene Regulierung des Internet: Neues Recht für Kommunikationsnetzwerke*. Baden-Baden: Nomos, 39 – 52.

——and Gunther Teubner (2000) 'Homo Oeconomicus and Homo Juridicus: Communicative Fictions?', in Theodor Baums, Klaus Hopt and Norbert Horn (eds) *Corporations, Capital Markets and Business in the Law: Liber Amicorum Richard M. Buxbaum*, Den Haag: Kluwer, 569 – 84.

Jäger, Herbert (1989) *Makrokriminalität: Studien zur Kriminologie kollektiver Gewalt*, Frankfurt: Suhrkamp.

Jefferson, Thomas (1813) 'Thomas Jefferson to John Wayles Eppes, 24 June 1813.', in Paul L. Ford (ed) *The Works of Thomas Jefferson. Federal Edition*, New York:

G. P. Putnam's Sons, 297.

Joerges, Christian (2007) 'Europarecht als Kollisionsrecht neuen Typs: Wie eine europäische unitas in pluralitate verfasst werden kann', in Martin Führ, Rainer Wahl and Peter von Wilmowsky (eds) *Umweltrecht und Umweltwissenschaft: Festschrift für Eckard Rehbinder*, Berlin: Erich Schmidt Verlag, 719–47.

—— (2011) 'The Idea of a Three-Dimensional Conflicts Law as Constitutional Form', in Christian Joerges and Ernst-Ulrich Petersmann (eds) *Constitutionalism, Multilevel Trade Governance and Social Regulation*, Oxford: Hart, 491–528.

Joerges, Christian (2011) 'A New Type of Conflicts Law as the Legal Paradigm of the Postnational Constellation', in Christian Joerges and Josef Falke (eds) *Karl Polanyi, Globalisation and the Potential of Law in Transnational Markets*, Oxford: Hart, 465–501.

——and Josef Falke (2011) *Karl Polanyi, Globalisation and the Potential of Law in Transnational Markets*, Oxford: Hart.

——and Florian Rödl (2009) 'Zum Funktionswandel des Kollisionsrechts II: Die kollisionsrechtliche Form einer legitimen Verfassung der postnationalen Konstellation', in Gralf-Peter Callies, Andreas Fischer-Lescano, Dan Wielsch and Peer Zumbansen (eds) *Soziologische Jurisprudenz: Festschrift für Gunther Teubner zum 65. Geburtstag*, Berlin: De Gruyter, 765–78.

Joseph, Sarah (2004) *Corporations and Transnational Human Rights Litigation*, Oxford: Hart.

Kalyvas, Andreas (2005) 'Popular Sovereignty, Democracy and the Constituent Power', 12 *Constellations*, 223–44.

Kant, Immanuel (1977) *Die Metaphysik der Sitten. Werke in zwölf Bänden. Band 8*, Frankfurt: Suhrkamp.

—— (2008 [1785]) *Grundlegung zur Metaphysik der Sitten*, Frankfurt: Suhrkamp.

Karavas, Vagios (2006) *Digitale Grundrechte: Zur Drittwirkung der Grundrechte im Internet*, Baden-Baden: Nomos.

—— (2010) 'Grundrechtsschutz im Web 2.0: Ein Beitrag zur Verankerung des Grundrechtsschutzes in einer Epistemologie hybrider Assoziationen zwischen Mensch und Computer', in Christoph Bieber, Martin Eifert, Thomas Groß and Jörn Lamla (eds) *Soziale Netze in der digitalen Welt: Das Internet zwischen egalitärer Teilhabe und ökonomischer Macht*, Frankfurt: Campus, 301–26.

—— and Gunther Teubner (2005) 'www.CompanyNameSucks.com: The Horizontal Effect of Fundamental Rights on "Private Parties" within Autonomous Internet Law', 12 *Constellations*, 262–82.

Kegel, Gerhard and Klaus Schurig (2004) *Internationales Privatrecht*, München: C. H. Beck.

Kelsen, Hans (1978 [1934]) *Pure Theory of Law*, Berkeley: University of California Press.

Kennedy, David (1999) 'Background Noise? The Underlying Politics of Global Governance', 3 *Harvard International Review*, 52–7.

—— (2007) 'One, Two, Three, Many Legal Orders: Legal Pluralism and the Cosmopolitan Dream', 31 *New York University Review of Law & Social Change*, 641–59.

—— (2008) 'The Mystery of Global Governance', 34 *Ohio Northern University Law Review*, 827–60.

Keohane, Robert and Joseph Nye (2001) *Power and Interdependence: World Politics in Transition*, 3, Boston: Little Brown.

Kerber, Wolfgang and Viktor Vanberg (2001) 'Constitutional Aspects of Party Autonomy and its Limits: The Perspective of Constitutional Economics', in Stefan Grundmann, Wolfgang Kerber and Stephen Weatherill (eds) *Party Autonomy and the Role of Information in the Internal Market*, Berlin: De Gruyter, 49–79.

Kingsbury, Benedict (2009) 'International Law as Inter-Public Law', in Henry R. Richardson and Melissa S. Williams (eds) *NOMOS XLIX: Moral Universalism and Pluralism*, New York: New York University Press, 167–204.

Kingsbury, Benedict, Nico Krisch, Richard B. Stewart and Jonathan B. Weiner (2005) 'Symposium: The Emergence of Global Administrative Law', 68 *Law and Contemporary Problems*, 15–61.

Kjaer, Poul F. (2010) 'The Metamorphosis of the Functional Synthesis: A Continental

European Perspective on Governance, Law and the Political in the Transnational Space', *Wisconsin Law Review*, 489 – 534.

Klabbers, Jan (2009) 'Setting the Scene', in Jan Klabbers, Anne Peters and Geir Ulfstein (eds) *The Constitutionalization of International Law*, Oxford: Oxford University Press, 1 – 44.

Klein, Hans (2001) 'Global Democracy and the ICANN Elections', 3 *Journal of Policy, Regulation and Strategy for Telecommunications*, 255 – 7.

Klösel, Daniel (2012) *Prozedurale Unternehmensverfassung: Zur Rekonstruktion der privatrechtlichen Kontrollvorbehalte für eine private Regelsetzung im Fall von Compliance-Richtlinien multinationaler Konzerne*, Baden-Baden: Nomos, forthcoming.

Kollewijn, Roeland Duco (1951) 'Conflicts of Western and Non-Western Law', 4 *International Law Quarterly*, 307 – 25.

Köndgen, Johannes (2006) 'Privatisierung des Rechts: Private Governance zwischen Deregulierung und Rekonstitutionalisierung', 206 *Archiv für die civilis-tische Praxis*, 477 – 525.

Kooiman, Jan (2000) 'Societal Governance: Levels, Modes, and Orders of Social-Political Interaction', in Jon Pierre (eds) *Debating Governance*, Oxford: Oxford University Press, 138 – 63.

Koselleck, Reinhart (2006) 'Begriffsgeschichtliche Probleme der Verfassungsgeschichtsschreibung', in Reinhart Koselleck, *Begriffsgeschichten: Studien zur Semantk und Pragmatik der politischen und sozialen Sprache*, Frankfurt: Suhrkamp, 365 – 401.

Koskenniemi, Martti (2003) *Outline of the Chairman of the ILC Study Group on Fragmentation of International Law. The Function and Scope of the lex specialis rule and the question of 'self-contained regimes'*, <http://untreaty.un.org/ilc/sessions/55/fragmentation_outline.pdf>.

—— (2005) *Global Legal Pluralism: Multiple Regimes and Multiple Modes of Thought*, <http://www.helsinki.fi/eci/Publications/Koskenniemi/MKPluralism-Harvard-05d%5B1%5D.pdf>.

—— (2007) 'Constitutionalism as Mindset: Reflections on Kantian Themes about International Law and Globalization', 8 *Theoretical Inquiries in Law*, 9 – 36.

—— (2009) 'The Politics of International Law—20 Years Later', 29 *European Journal of International Law*, 7 – 19.

—— (2011) 'Hegemonic Regimes', in Margaret Young (ed) *Regime Interaction in International Law: Facing Fragmentation*, Cambridge: Cambridge University Press, 305 – 24.

Krasner, Stephen D. (1982) 'Structural Causes and Regime Consequences: Regimes as Intervening Variables', 36 *International Organization*, 185 – 205.

Kumm, Mattias (2004) 'The Legitimacy of International Law: A Constitutionalist Framework of Analysis', 15 *European Journal of International Law*, 907 – 31.

—— (2006) 'Beyond Golf Clubs and the Judicialization of Politics: Why Europe Has a Constitution Properly So Called', 54 *American Journal of Comparative Law*, 505 – 30.

—— (2006) 'Who's Afraid of the Total Constitution? Constitutional Rights as Principles and the Constitutionalization of Private Law', 7 *German Law Journal*, 341 – 69.

—— (2007) 'Constitutional Democracy Encounters International Law: Terms of Engagement', in Sujit Choudhry (ed) *The Migration of Constitutional Ideas*, Cambridge: Cambridge University Press, 256 – 93.

—— (2009) 'The Cosmopolitan Turn in Constitutionalism: On the Relationship between Constitutionalism in and beyond the State', in Jeffrey L. Dunoff and Joel P. Trachtmann (eds) *Ruling the World? Constitutionalism, International Law and Global Governance*, Cambridge: Cambridge University Press, 258 – 324.

—— (2010) 'The Best of Times and the Worst of Times: Between Constitutional Triumphalism and Nostalgia', in Petra Dobner and Martin Loughlin (eds) *The Twilight of Constitutionalism?* Oxford: Oxford University Press, 201 – 19.

—— (2012) 'An Integrative Theory of Global Public Law: Cosmopolitan, Pluralist, Public Reason Oriented', Berlin, manuscript, on file with the author.

Kuo, Ming-Sung (2009) 'Between Fragmentation and Unity: The Uneasy Relationship Between Global Administrative Law and Global Constitutionalism', 10 *San Diego International Law Journal*, 439 – 67.

—— (2009) '(Dis) Embodiments of Constitutional Authorship: Global Tax Competition and the Crisis of Constitutional Democracy', 41 *George Washington International Law Review*, 181–242.

Kymlicka, Will (1996) *Multicultural Citizenship: A Liberal Theory of Minority Rights*, Oxford: Oxford University Press.

Ladeur, Karl-Heinz (1984) '*Abwägung*' —*Ein neues Paradigma des Verwaltungsrechts. Von der Einheit der Rechtsordnung zum Rechtspluralismus*, Frankfurt: Campus.

—— (1992) 'Die Autonomie der Bundesbank: Ein Beispiel für die institutionelle Verarbeitung von Ungewißheitsentscheidungen', 3 *Staatswissenschaften und Staatspraxis*, 486–508.

Ladeur, Karl-Heinz (1997) 'Towards a Legal Theory of Supranationality: The Viability of the Network Concept', 3 *European Law Journal*, 33–54.

—— (1999) 'Helmut Ridders Konzeption der Meinungs-und Pressefreiheit in der Demokratie', 32*Kritische Justiz*, 281–300.

—— (2000) *Negative Freiheitsrechte und gesellschaftliche Selbstorganisation*, Tübingen: Mohr Siebeck.

—— (2004) *Kritik der Abwägung in der Grundrechtsdogmatik*, Tübingen: Mohr Siebeck.

Ladeur, Karl-Heinz (2006) *Der Staat gegen die Gesellschaft: Zur Verteidigung der Rationalität der "Privatrechtsgesellschaft"*, Tübingen: Mohr Siebeck.

—— (2006) 'Methodische Überlegungen zur gesetzlichen, Ausgestaltung' der Koalitionsfreiheit', 131 *Archiv des öffentlichen Rechts*, 643–67.

—— (2011) 'Die Netzwerke des Rechts', in Michael Bommes and Veronika Tacke (eds) *Netzwerke in der funktional differenzierten Gesellschaft*, Wiesbaden: VS, 143–71.

—— and Lars Viellechner (2008) 'Die transnationale Expansion staatlicher Grundrechte: Zur Konstitutionalisierung globaler Privatrechtsregimes', 46 *Archiv des Völkerrechts*, 42–73.

Lalive, Pierre (1987) 'Transnational (or Truly International) Public Policy and International Arbitration', in Pieter Sanders (ed) *Comparative Arbitration Practice and Public Policy in Arbitration*, Antwerpen: Kluwer, 257–318.

Legendre, Pierre (1994) *Le crime du caporal Lortie*, Paris: Fayard.

—— (1996) *La fabrique de l'homme occidental*, Paris: Mille et Une Nuit.

Lewis, Tracy and Jerome H. Reichman (2004) *Using Liability Rules to Stimulate Local Innovation in Developing Countries: A Law and Economics Primer*, < http://www. earthinstitute. columbia. edu/cgsd/documents/lewisreichman. pdf >.

Linarelli, John (2009) 'Analytical Jurisprudence and the Concept of Commercial Law', 114 *Penn State Law Review*, 119 –215.

Lindahl, Hans (2007) 'Constituent Power and Reflexive Identity: Towards an Ontology of Collective Self hood', in Martin Loughlin and Neil Walker (eds) *The Paradox of Constitutionalism: Constituent Power and Constitutional Form*, Oxford: Oxford University Press, 9 – 24.

—— (2010) 'A-Legality: Postnationalism and the Question of Legal Boundaries', 73 *Modern Law Review*, 30 – 56.

Locke, Richard, Fei Quin and Alberto Brause (2006) '*Does Monitoring Improve Labour Standards? Lessons from Nike*', *Corporate Social Responsibility Initiative*, Working Paper No. 24 (John F. Kennedy School of Government, Harvard University), 1 – 47.

Loughlin, Martin (2010) 'What Is Constitutionalisation?', in Petra Dobner and Martin Loughlin (eds) *The Twilight of Constitutionalism?* Oxford: Oxford University Press, 47 – 72.

Loughlin, Martin and Neil Walker (eds) (2007) *The Paradox of Constitutionalism: Constituent Power and Constitutional Form*, Oxford: Oxford University Press.

Luhmann, Niklas (1965) *Grundrechte als Institution: Ein Beitrag zur politischen Soziologie*, Berlin: Duncker & Humblot.

—— (1973) 'Politische Verfassungen im Kontext des Gesellschaftssystems', 12 *Der Staat*, 1 – 22, 165 – 82.

—— (1975) 'Die Weltgesellschaft', in Niklas Luhmann, *Soziologische Auf klärung*, Band 2: *Aufsätze zur Theorie der Gesellschaft*, Opladen: Westdeutscher Verlag, 51 – 71.

—— (1981) *Ausdifferenzierung des Rechts: Beiträge zur Rechtssoziologie und Rechtstheorie*, Frankfurt: Suhrkamp.

—— (1981) 'Subjektive Rechte: Zum Umbau des Rechtsbewußtseins für die moderne Gesellschaft', in Niklas Luhmann, *Gesellschaftsstruktur und Semantik*, Band 2, Frankfurt: Suhrkamp, 45 – 104.

—— (1984) 'Der Staat als historischer Begriff', in Marcel Storme (ed) *Mijmeringen van een Jurist*, Antwerpen: Kluwer, 139 – 54.

—— (1985) *A Sociological Theory of Law*, London: Routledge.

—— (1988) *Die Wirtschaft der Gesellschaft*, Frankfurt: Suhrkamp.

—— (1989) 'Politische Steuerung: Ein Diskussionsbeitrag', 30 *Politische Vierteljahresschrift*, 4 – 9.

—— (1990) *Die Wissenschaft der Gesellschaft*, Frankfurt: Suhrkamp.

—— (1990) 'Steuerung durch Recht? Einige klarstellende Bemerkungen', 11 *Zeitschrift für Rechtssoziologie*, 137 – 60.

—— (1990) 'Two Sides of the State Founded on Law', in Niklas Luhmann, *Political Theory in the Welfare State*, Berlin: De Gruyter, 187 – 202.

—— (1990) 'Verfassung als evolutionäre Errungenschaft', 9 *Rechtshistorisches Journal*, 176 – 220.

—— (1995) *Social Systems*, Stanford: Stanford University Press.

—— (1997) *Die Gesellschaft der Gesellschaft*, Frankfurt: Suhrkamp.

—— (1997) 'Limits of Steering', 14 *Theory, Culture & Society*, 41 – 57.

—— (2000) *Die Politik der Gesellschaft*, Frankfurt: Suhrkamp.

—— (2000) *Organisation und Entscheidung*, Opladen: Westdeutscher Verlag.

—— (2004) *Law as a Social System*, Oxford: Oxford University Press.

—— (2008) 'Are There Still Indispensable Norms in Our Society?', 14 *Soziale Systeme*, 18 – 37.

Lyotard, Jean-Francois (1983) *Le différend*, Paris: Les Editions de Minuit.

Mahlmann, Matthias (2009) 'Varieties of Transnational Law and the Universalistic Stance', 10 *German Law Journal*, 1325 – 36.

Marchart, Oliver (2007) *Post-Foundational Political Thought: Political Difference in Nancy, Lefort, Badiou and Laclau*, Edinburgh: Edinburgh University Press.

Mason, Tim W. (1993) *Social Policy in the Third Reich: The Working Class and the National Community*, Oxford: Berg.

Mastronardi, Philippe (2011) *Monetäre Modernisierung: Plattform für eine neue Geld-und Finanzmarktverfassung*, < http://www.monetative.ch/Veranstaltung_ Mai_13.html >.

Mattli, Walter and Ngaire Woods (2009) 'In Whose Benefit? Explaining Regulatory Change in Global Politics', in Walter Mattli and Ngaire Woods (eds) *The Politics of Global Regulation*, Princeton: Princeton University Press, 1 – 43.

Mavroidis, Petros C. (2008) 'No Outsourcing of Law? WTO Law as Practiced by WTO Courts?', 102 *American Journal of International Law*, 421 – 74.

McCorquodale, Robert and Penelope C. Simons (2006) 'State Responsibility for Extraterritorial Violations by Corporations of International Human Rights Law', 70 *Modern Law Review*, 598 – 625.

Medicus, Dieter (1992) 'Der Grundsatz der Verhältnismäßigkeit im Privatrecht', 192 *Archiv für die civilistische Praxis*, 35 – 70.

Menke, Christoph (2011) 'The Self-Reflection of Law and the Politics of Rights', 18 *Constellations*, 124 – 34.

—— and Arnd Pollmann (2007) *Philosophie der Menschenrechte*, Hamburg: Junius.

Mestmäcker, Ernst Joachim (2003) *Wirtschaft und Verfassung in der Europäischen Union*, Baden-Baden: Nomos.

Michaels, Ralf (2005) 'The Re-State-ment of Non-State-Law: The State, Choice of Law, and the Challenge from Global Legal Pluralism', 51 *Wayne Law Review*, 1209 – 59.

—— (2009) 'Global Legal Pluralism', 5 *Annual Review of Law & Social Science*, 243 – 62.

—— and Joost Pauwelyn (2011) 'Conflict of Norms or Conflict of Laws? Different Techniques in the Fragmentation of International Law', in Tomer Broude and Yuval Shany (eds) *Multi-Sourced Equivalent Norms in International Law*, Oxford: Hart, 19 – 68.

Michelman, Frank (1998) 'Constitutional Authorship', in Lamy Alexander (ed), *Constitutionalism: Philosophical Foundations*, Cambridge: Cambridge University Press, 64 – 98.

Möllers, Christoph (2000) *Staat als Argument*, München: C. H. Beck.

—— (2003) 'Verfassunggebende Gewalt—Verfassung—Konstitutionalisierung: Begriffe der Verfassung in Europa', in Armin von Bogdandy (ed) *Europäisches Verfassungsrecht*, Wien: Springer, 36 – 46.

Morin, Edgar (1986) *La méthode*: 3 *La connaissance*, Paris: Seuil.

Mortensen, Jens L. (2000) 'The Institutional Requirements of the WTO in the Era of Globalisation: Imperfections in the Global Economic Polity', 6 *European Law Journal*, 176 – 204.

Murphy, Alexander D. (1996) 'The Sovereign State System as Political-Territorial Ideal: Historical and Contemporary Considerations', in Thomas Biersteker and Cynthia Weber (eds) *State Sovereignty as a Social Construct*, Cambridge: Cambridge University Press, 81 – 120.

Murphy, Sean D. (2005) 'Taking Multinational Corporate Codes of Conduct to the Next Level', 43 *Columbia Journal of Transnational Law*, 389 – 431.

Neyer, Jürgen (2004) *Postnationale politische Herrschaft: Vergesellschaftung und Verrechtlichung jenseits des Staates*, Baden-Baden: Nomos.

Nolte, Ernst (2008) *Der Faschismus in seiner Epoche: Action Francaise, Italienischer Faschismus, Nationalsozialismus*, München: Piper.

Nowrot, Karsten (2007) 'Die transnationale Verantwortungsgemeinschaft im internationalen Wirtschaftsrecht', in Christian Tietje and Karsten Nowrot (eds) *Verfassungsrechtliche Dimensionen des internationalen Wirtschaftsrechts*, Stuttgart: Boorberg, 55 – 101.

O'Brien, Robert, Anne Marie Goetz, Jan A. Scholte and Marc Williams (2002) *Contesting Global Governance: Multilateral Economic Institutions and Global Social Movements*, Cambridge: Cambridge University Press.

Ogus, Anthony L. (1995) 'Rethinking Self-Regulation', 15 *Oxford Journal of Legal Studies*, 97 – 108.

Okruch, Stefan (2004) 'Verfassungswahl und Verfassungswandel aus ökono-mischer Perspektive', in Klaus Beckmann, Jürgen Dieringer and Ulrich Hufeld (eds) *Eine Verfassung für Europa*, Tübingen: Mohr Siebeck, 91 – 115.

Oliver, Dawn and Jorg Fedtke (eds) (2007) *Human Rights and the Private Sphere: A Comparative Study*, New York: Routledge.

Orakhelashvilli, Alexander (2008) 'The Interaction between Human Rights and Humanitarian Law: Fragmentation, Conflict, Parallelism, or Convergence?', 19 *European Journal of International Law*, 161–82.

Orellana, Marcos (2002) 'The Swordfish Dispute between the EU and Chile at the ITLOS and the WTO', 71 *Nordic Journal of International Law*, 55–82.

Parsons, Talcott and Charles Ackerman (1966) 'The Concept of "Social System" as a Theoretical Device', in Gordon J. DiRenzo (ed) *Concepts, Theory and Explanation in the Behavioral Sciences*, New York: Random House, 19–40.

Pauwelyn, Joost (2009) *Conflict of Norms in Public International Law: How WTO Law Relates to Other Rules of International Law*, Cambridge: Cambridge University Press.

Payne, Stanley G. (1997) *A History of Fascism*, 1914–1945, London: UCL Press.

Perez, Oren (2011) 'Private Environmental Governance as Ensemble Regulation: A Critical Examination of Sustainable Business Indexes and the New Ensemble Politics', 12 *Theoretical Inquiries in Law*, 543–79.

Peters, Anne (2006) 'Compensatory Constitutionalism: The Function and Potential of Fundamental International Norms and Structures', 19 *Leiden Journal of International Law*, 579–610.

Petersmann, Ernst-Ulrich (2000) 'The WTO Constitution and Human Rights', 3 *Journal of International Economic Law*, 19–25.

—— (2006) 'Human Rights, Constitutionalism and the World Trade Organization: Challenges for the World Trade Organization Jurisprudence and Civil Society', 19 *Leiden Journal of International Law*, 633–67.

Picciotto, Sol (2005) 'The WTO's Appellate Body: Formalism as a Legitimation of Global Governance', 18 *Governance*, 477–503.

Polanyi, Karl (1944) *The Great Transformation: The Political and Economic Origins of our Time*, New York: Farrar & Rinehart.

Pollack, Detlef (1991) 'Das Ende einer Organisationsgesellschaft—Systemtheoretische

Überlegungen zum gesellschaftlichen Umbruch in der DDR', 19 *Zeitschrift für Soziologie*, 292 – 307.

Post, David G. (1997) 'Governing Cyberspace', 43 *Wayne Law Review*, 155 – 71.

—— (1998) 'The 'Unsettled Paradox': The Internet, the State, and the Consent of the Governed', 5 *Indiana Journal of Global Legal Studies*, 521 – 43.

Prandini, Riccardo (2010) 'The Morphogenesis of Constitutionalism', in Petra Dobner and Martin Loughlin (eds) *The Twilight of Constitutionalism?*, Oxford: Oxford University Press, 309 – 26.

Preuss, Ulrich K. (2005) 'The German Drittwirkung Doctrine and Its Socio-Political Background', in Andras Sajo and Renáta Uitz (eds) *The Constitution in Private Relations: Expanding Constitutionalism*, Utrecht: Eleven International, 23 – 32.

—— (2010) 'Disconnecting Constitutions from Statehood: Is Global Constitutionalism a Promising Concept?', in Petra Dobner and Martin Loughlin (eds) *The Twilight of Constitutionalism?*, Oxford: Oxford University Press, 23 – 46.

—— (2012) 'The Guarantee of Rights: Horizontal Rights', in Michel Troper and Dominique Chagnollaud (eds) *Traité International de Droit Constitutionnel, Tome III*, Paris: Dalloz, forthcoming.

Prien, Thore (2010) 'Landgrabbing: Symptom einer postneoliberalen Rechtsordnung?', 4 *Juridikum*, 425 – 35.

Priest, George L. (1990) 'The New Legal Structure of Risk Control', 119 *Daedalus*, 207 – 27.

Raiser, Ludwig (1948) 'Der Gleichheitsgrundsatz im Privatrecht', 111 *Zeitschrift für das gesamte Handels-und Wirtschaftsrecht*, 75 – 101.

—— (1963) 'Rechtsschutz und Institutionenschutz im Privatrecht', in Rechtswissenschaftliche Abteilung der Rechts-und Wirtschafts-Wissenschaftlichen Fakultät der Universität Tübingen (ed) *Summum ius summa iniuria*, Tübingen: Mohr Siebeck, 145 – 67.

Rasilla del Moral, Ignacio de la (2011) 'At King Agramant's Camp: Old Debates, New Constitutional Times', 8 *International Journal of Constitutional Law*, 580 – 610.

Rawls, John (1971) *A Theory of Justice*, Cambridge (Mass.): Harvard University Press.

Renner, Moritz (2009) 'Towards a Hierarchy of Norms in Transnational Law?', 26 *Journal of International Arbitration*, 533–55.

—— (2011) *Zwingendes transnationales Recht: Zur Struktur der Wirtschaftsverfassung jenseits des Staates*, Baden-Baden: Nomos.

Ridder, Helmut (1960) *Zur verfassungsrechtlichen Stellung der Gewerkschaften im Sozialstaat*, Stuttgart: Fischer.

—— (1975) *Die soziale Ordnung des Grundgesetzes*, Opladen: Westdeutscher Verlag.

Rieth, Lothar (2003) 'Deutsche Unternehmen, Soziale Verantwortung und der Global Compact', 4 *Zeitschrift für Wirtschafts-und Unternehmensethik*, 372–91.

Risse, Thomas, Stephen Ropp and Kathryn Sikkink (eds) (1999) *The Power of Human Rights: International Norms and Domestic Change*, Cambridge: Cambridge University Press.

Robertson, James (2009) *National and International Financial Architecture: Two Proposals, Inquiry into the Banking Crisis. Evidence Submitted to The House of Commons Select Committee on the Treasury*, <http://www.parliament.uk/parliamentary_committees/treasury_committee/tc0708pn85.cfm>.

Rödl, Florian (2009) 'Constitutional Integration of Labour Constitutions', in Erik Eriksen, Christian Joerges and Florian Rödl (eds) *Law, Democracy and Solidarity in a Post-national Union*, London: Routledge, 152–71.

Röhl, Klaus F. and Hans C. Röhl (2008) *Allgemeine Rechtslehre: Ein Lehrbuch*, Köln: Heymann.

Romano, Santi (1918) *L'ordinamento giuridico*, Florence: Sansoni.

Rosa, Hartmut (2005) *Beschleunigung: Die Veränderung der Temporalstrukturen in der Moderne*, Frankfurt: Suhrkamp.

——and William E. Scheuerman (eds) (2009) *High-Speed Society: Social Acceleration, Power and Modernity*, University Park: Penn State Press.

Rosenau, James (2000) 'Change, Complexity, and Governance in Globalizing Space', in Jon Pierre (ed) *Debating Governance*, Oxford: Oxford University Press, 167 – 200.

—— (2004) 'Strong Demand, Huge Supply: Governance in an Emerging Epoch', in Ian Bache and Matthew Flinders (eds) *Multilevel Governance*, Oxford: Oxford University Press, 31 – 48.

Rousseau, Jean-Jacques (1762) *Du contrat social ou principes du droit politique*, Paris: Rey.

Rühl, Giesela (2007) 'Party Autonomy in the Private International Law of Contracts: Transatlantic Convergence and Economic Efficiency', in Eckart Gottschalk, Ralf Michaels, Giesela Rühl and Jan von Hein (eds) *Conflict of Laws in a Globalized World*, Cambridge: Cambridge University Press, 153 – 83.

Sack, Robert D. (1986) *Human Territoriality: Its Theory and History*, Cambridge: Cambridge University Press.

Sajó, András and Renáta Uitz (eds) (2005) *The Constitution in Private Relations: Expanding Constitutionalism*, Utrecht: Eleven International.

Santos, Boaventura de Sousa (2003) *Toward a New Legal Common Sense: Law, Globalization and Emancipation*, Evanston: Northwestern University Press.

Sassen, Saskia (2006) *Territory-Authority-Rights—From Medieval to Global Assemblages*, Princeton: Princeton University Press.

Savigny, Carl von (1840) *System des heutigen römischen Rechts. Band 2*, Berlin: Veit und Comp.

Schäfer, Hans-Bernd and Katrin Lantermann (2006) 'Choice of Law from an Economic Perspective', in Jürgen Basedow and Toshiyuko Kono (eds) *An Economic Analysis of Private International Law*, Tübingen: Mohr Siebeck, 87 – 120.

Schanze, Erich (2005) 'International Standards: Functions and Links to Law', in Peter Nobel (ed) *International Standards and the Law*, Bern: Staempfli, 83 – 103.

Schepel, Harm (2005) *The Constitution of Private Governance: Product Standards in the Regulation of Integrating Markets*, Oxford: Hart.

Schermers, Henry G. and Niels M. Blokker (2004) *International Institutional Law: Unity within Diversity*, 4, Leiden: Martinus Nijhoff.

Scheuerman, William E. (2005) 'Review of Hauke Brunkhorst, Solidarity: From Civic Friendship to Global Legal Community', 19 *Ethics & International Affairs*, 113-15.

Schierbeck, Jens (2000) 'Operational Measures for Identifying and Implementing Human Rights Issues in Corporate Operations', in Asbjorn Eide, Ole Bergesen and Pia Goyer (eds) *Human Rights and the Oil Industry*, Antwerpen: Intersentia, 161-77.

Schiller, Friedrich (2009 [1879]) *Über die ästhetische Erziehung des Menschen in einer Reihe von Briefen*, Frankfurt: Suhrkamp.

Schluchter, Wolfgang (1988) *Religion und Lebensführung*, Band 1, Frankfurt: Suhrkamp.

Schmitter, Philippe C. (1974) 'Still the Century of Corporatism?', in Fredrick B. Pike and Thomas Stritch (eds) *The New Corporatism. Social-Political Structures in the Iberian World*, London: University of Notre Dame Press, 85-131.

Schmuhl, Hans-Walter (2005) *Grenzüberschreitungen: Das Kaiser-Wilhelm-Institut für Anthropologie, menschliche Erblehre und Eugenik 1927 bis 1945*, Göttingen: Wallstein.

Schneiderman, David (2008) *Constitutionalizing Economic Globalization: Investment Rules and Democracy's Promise*, Cambridge: Cambridge University Press.

—— (2011) 'Legitimacy and Reflexivity in International Investment Arbitration: A New Self-Restraint?', 2 *Journal of International Dispute Settlement*, 1-25.

Scholz, Rupert (1971) *Die Koalitionsfreiheit als Verfassungsproblem*, München: C. H. Beck.

—— (1978) *Pressefreiheit und Arbeitsverfassung*, Berlin: Duncker & Humblot.

Schumpeter, Joseph A. (1926) *Theorie der wirtschaftlichen Entwicklung*, Leipzig: Duncker und Humblodt.

Schütz, Anton (1997) 'The Twilight of the Global Polis: On Losing Paradigms, Environing Systems, and Observing World Society', in Gunther Teubner (ed) *Global Law Without A State*, Aldershot: Dartmouth Gower, 257-93.

—— (2009) 'Imperatives without an Imperator', 20 *Law and Critique*, 233-43.

Sciulli, David (1988) 'Foundations of Societal Constitutionalism: Principles from the Concepts of Communicative Action and Procedural Legality', 39 *British Journal of Sociology*, 377-407.

—— (1992) *Theory of Societal Constitutionalism: Foundations of a Non-Marxistic Critical*

Theory, Cambridge: Cambridge University Press.

—— (2001) *Corporate Power in Civil Society: An Application of Societal Constitutionalism*, New York: New York University Press.

Searle, John. R. (2006) 'Social Ontology: Some Basic Principles', 6 *Anthropological Theory*, 12 – 29.

Seiderman, Ian D. (2001) *Hierarchy in International Law: The Human Rights Dimension*, Oxford: Hart.

Selznick, Philip (1969) *Law, Society and Industrial Justice*, New York: Russell Sage.

Semlinger, Klaus (1993) 'Effizienz und Autonomie in Zulieferungsnetzwerken: Zum strategischen Gehalt von Kooperation', in Wolfgang H. Staehle and Jörg Sydow (eds) *Managementforschung* 3, Berlin: De Gruyter, 309 – 54.

Sen, Amartya (2000) *Social Exclusion: Concept, Application, and Scrutiny*, Manila: Asian Development Bank.

—— (2010) 'Sustainable Development and Our Responsibilities', 26 *Notizie di Politeia*, 129 – 37.

Senf, Bernd (2009) *Bankgeheimnis Geldschöpfung*, < http://www.goldseiten.de/content/kolumnen/artikel.php? storyid = 12360 > .

Simma, Bruno (2009) 'Universality of International Law from the Perspective of a Practitioner', 20 *European Journal of International Law*, 265 – 97.

Sinha, Surya P. (1995) 'Legal Polycentricity', in Hanne Petersen and Henrik Zahle (eds) *Legal Polycentricity: Consequences of Pluralism in Law*, Aldershot: Dartmouth, 31 – 69.

Sinzheimer, Hugo (1976 [1927]) 'Das Wesen des Arbeitsrechts', in Hugo Sinzheimer, *Arbeitsrecht und Rechtssoziologie*, Frankfurt: Europäische Verlagsanstalt, 198 – 14.

Skordas, Achilles (2007) 'Self-Determination of Peoples and Transnational Regimes: A Foundational Principle of Global Governance', in Nicholas Tsagourias (ed) *Transnational. Constitutionalism: International and European Perspectives*, Cambridge: Cambridge University Press, 207 – 68.

Somek, Alexander (2008) *Individualism: An Essay on the Authority of the European*

Union, Oxford: Oxford University Press.

—— (2009) 'Transnational Constitutional Law: The Normative Question', *Journal of International Constitutional Law*, 144 – 9.

Speta, James B. (2002) 'Common Carrier Approach to Internet Interconnection', 54 *Federal Communications Law Journal*, 225 – 79.

Stäheli, Urs (2011) 'Political Epidemiology and the Financial Crisis', in Poul F. Kjaer, Gunther Teubner and Alberto Febbrajo (eds) *The Financial Crisis in Constitutional Perspective: The Dark Side of Functional Differentiation*, Oxford: Hart, 123 – 42.

Stäheli, Urs and Rudolf Stichweh (eds) (2002) *Exclusion and Socio-Cultural Identities: Systems Theoretical and Poststructuralist Perspectives*, Stuttgart: Lucius & Lucius.

Steffek, Jens (2003) 'The Legitimation of International Governance: A Discourse Approach', 9 *European Journal of International Relations*, 249 – 75.

Stein, Ursula (1995) *Lex mercatoria: Realität und Theorie*, Frankfurt: Klostermann.

Steinhauer, Fabian (2011) 'Medienverfassung', 2 *Zeitschrift für Medien-und Kulturforschung*, 157 – 71.

Stichweh, Rudolf (2007) 'Dimensionen des Weltstaats im System der Weltpolitik', in Mathias Albert and Rudolf Stichweh (eds) *Weltstaat und Weltstaatlichkeit: Beobachtungen globaler Strukturbildung*, Wiesbaden: VS, 25 – 61.

Stichweh, Rudolf (2007) 'The Eigenstructures in World Society and the Regional Cultures of the World', in Ino Rossi (ed) *Frontiers of Globalization Research: Theoretical and Methodological Approaches*, Berlin: Springer, 133 – 49.

—— (2007) 'Einheit und Differenz im Wissenschaftssystem der Moderne', in Jost Halfmann and Johannes Rohbeck (eds) *Zwei Kulturen der Wissenschaft—revisited*, Weilerswist: Velbrück, 213 – 28.

—— (2011) 'Towards a General Theory of Function System Crisis', in Poul F. Kjaer, Gunther Teubner and Alberto Febbrajo (eds) *The Financial Crisis in Constitutional Perspective: The Dark Side of Functional Differentiation*, Oxford: Hart, 53 – 72.

Stiglitz, Joseph (2002) *Globalization and Its Discontents*, London: Penguin.

Stone, Alec (1994) 'What Is a Supranational Constitution? An Essay in International

Relations Theory', 56 *Review of Politics*, 441 – 74.

Streeck, Wolfgang (1998) *Internationale Wirtschaft, nationale Demokratie: Herausforderungen für die Demokratietheorie*, Frankfurt: Campus.

—— (2008) 'Korporatismus', in Stefan Gosepath, Wilfried Hinsch and Axel Werder (eds) *Handbuch der Politischen Philosophie und Sozialphilosophie*, Band 1, Berlin: De Gruyter, 655 – 8.

—— (2009) *Re-Forming Capitalism: Institutional Change in the German Political Economy*, Oxford: Oxford University Press.

—— and Lane Kenworthy (2005) 'Theories and Practices of Neocorporatism', in Thomas Janoski, Robert R. Alford, Alexander Hicks and Mildred Schwartz (eds) *The Handbook of Political Sociology*, Cambridge: Cambridge University Press, 441 – 60.

——and Philippe C. Schmitter (1985) *Private Interest Government: Beyond Market and State*, London: Sage.

—— and Philippe C. Schmitter (1991) 'From National Corporatism to Transnational Pluralism: Organized Interests in the Single European Market', 19 *Politics and Society*, 133 – 64.

Taubman, Anthony (2005) 'Saving the Village: Conserving Jurisprudential Diversity in the International Protection of Traditional Knowledge', in Keith Maskus and Jerome Reichman (eds) *International Public Goods and Transfer of Technology Under a Globalized Intellectual Property Regime*, Cambridge: Cambridge University Press, 521 – 64.

Teubner, Gunther (1978) *Organisationsdemokratie und Verbandsverfassung*, Tübingen: Mohr Siebeck.

—— (1988) 'Enterprise Corporatism: New Industrial Policy and the "Essence" of the Legal Person', 36 *The American Journal of Comparative Law*, 130 – 55.

—— (1993) *Law as an Autopoietic System*, London: Blackwell.

—— (1997) 'Global Bukowina: Legal Pluralism in the World Society', in Gunther Teubner (ed) *Global Law Without A State*, Aldershot: Dartmouth Gower, 3 – 28.

—— (1998) 'After Privatisation? The Many Autonomies of Private Law', 51 *Current Legal Problems*, 393 – 424.

—— (1998) 'Legal Irritants: Good Faith in British Law or How Unifying Law Ends Up in New Divergencies', 61 *Modern Law Review*, 11 – 32.

—— (2000) 'Ein Fall von struktureller Korruption? Die Familienbürgschaft in der Kollision unverträglicher Handlungslogiken', 83 *Kritische Vierteljahresschrift für Gesetzgebung und Rechtswissenschaften*, 388 – 404.

—— (2002) 'Idiosyncratic Production Regimes: Co-evolution of Economic and Legal Institutions in the Varieties of Capitalism', in John Ziman (ed) *The Evolution of Cultural Entities: Proceedings of the British Academy*, Oxford: Oxford University Press, 161 – 81.

—— (2003) 'Global Private Regimes: Neo-spontaneous Law and Dual Constitution of Autonomous Sectors?', in Karl-Heinz Ladeur (ed) *Globalization and Public Governance*, Oxford: Oxford University Press, 71 – 87.

—— (2004) 'Societal Constitutionalism: Alternatives to State-centred Constitutional Theory?' in Christian Joerges, Inger-Johanne Sand and Gunther Teubner (eds) *Transnational Governance and Constitutionalism*, Oxford: Hart, 3 – 28.

—— (2006) 'The Anonymous Matrix: Human Rights Violations by "Private" Transnational Actors', 69 *Modern Law Review*, 327 – 46.

—— (2008) 'State Policies in Private Law? Comment on Hanoch Dogan', 56 *The American Journal of Comparative Law*, 835 – 44.

—— (2009) 'The Corporate Codes of Multinationals: Company Constitutions Beyond Corporate Governance and Co-Determination', in Rainer Nickel (ed) *Conflict of Laws and Laws of Conflict in Europe and Beyond: Patterns of Supranational and Transnational Juridification*, Oxford: Hart, 261 – 76.

—— (2012) 'Self-constitutionalization of Transnational Corporations? On the Linkage of "Private" and "Public" Corporate Codes of Conduct', 19 *Indiana Journal of Global Legal Studies*, forthcoming.

——and Peter Korth (2011) 'Two Kinds of Legal Pluralism: Collision of Transnational Regimes in the Double Fragmentation of World Society', in Margaret Young (ed) *Regime Interaction in International Law: Theoretical and Practical Challenges*,

Cambridge: Cambridge University Press, 23 –54.

Thornhill, Chris (2008) 'Towards a Historical Sociology of Constitutional Legitimacy', 37 *Theory and Society*, 161 –97.

—— (2010) 'Niklas Luhmann and the Sociology of Constitutions', 10 *Journal of Classical Sociology*, 1 –23.

—— (2010) 'Re-Conceiving Rights Revolutions: The Persistence of a Sociological Deficit in Theories of Rights', 31 *Zeitschrift für Rechtssoziologie*, 177 –208.

—— (2011) 'Constitutional Law from the Perspective of Power: A Response to Gunther Teubner', 19 *Social and Legal Studies*, 244 –7.

Thornhill, Chris (2011) 'The Future of the State', in Poul F. Kjaer, Gunther Teubner and Alberto Febbrajo (eds) *The Financial Crisis in Constitutional Perspective: The Dark Side of Functional Differentiation*, Oxford: Hart, 381 –418.

—— (2011) *A Sociology of Constitutions: Constitutions and State Legitimacy in Historical-Sociological Perspective*, Cambridge: Cambridge University Press.

—— (2012) 'State Building, Constitutional Rights and the Social Construction of Norms: Outline for a Sociology of Constitutions', in Mikael Rask Madsen and Gert Verschraegen (eds) *Towards a Sociology of Human Rights: New Theoretical and Empirical Contributions*, Oxford: Hart, forthcoming.

Tomkins, Adam (2001) 'On Being Sceptical about Human Rights', in Tom Campbell, Keith D. Ewing and Adam Tomkins (eds) *Sceptical Essays on Human Rights*, Oxford: Oxford University, 1 –11.

Tomuschat, Christian (1999) 'International Law: Ensuring the Survival of Mankind on the Eve of a New Century, General Course on Public International Law', 281 *Recueil des Cours*, 23 –438.

Trachtman, Joel P. (2002) 'Institutional Linkage: Transcending "Trade and…",' 96 *American Journal of International Law*, 77 –93.

—— (2006) 'The Constitutions of the WTO', 17 *European Journal of International Law*, 623 –46.

Tully, James (2007) 'The Imperialism of Modern Constitutional Democracy', in Neil

Walker and Martin Loughlin (eds) *The Paradox of Constitutionalism: Constituent Power and Constitutional Form*, Oxford: Oxford University Press, 315 – 38.

Tuori, Kaarlo (2010) 'The Many Constitutions of Europe', in Kaarlo Tuori and Sankari Suvi (eds) *The Many Constitutions of Europe*, Farnham: Ashgate, 3 – 30.

Vanberg, Viktor (2005) 'Market and State: The Perspective of Constitutional Political Economy', 1 *Journal of Institutional Economics*, 23 – 49.

Verschraegen, Gert (2006) 'Systems Theory and the Paradox of Human Rights', in Michael King (ed) *Luhmann on Law and Politics: Critical Appraisals and Applications*, Oxford: Hart, 223 – 45.

Verschraegen, Gert (2012) 'Differentiation and Inclusion: A Neglected Sociological Approach to Fundamental Rights', in Mikael Rask Madsen and Gert Verschraegen (eds) *Towards a Sociology of Human Rights: New Theoretical and Empirical Contributions*. Oxford: Hart, forthcoming.

Vesting, Thomas (2009) 'Politische Verfassung? Der moderne (liberale) Verfassungsbegriff und seine systemtheoretische Rekonstruktion', in Gralf-Peter Callies, Andreas Fischer-Lescano, Dan Wielsch and Peer Zumbansen (eds) *Soziologische Jurisprudenz: Festschrift für Gunther Teubner zum 65. Geburtstag*, Berlin: De Gruyter, 609 – 26.

—— (2012) 'Ende der Verfassung? Zur Notwendigkeit der Neubewertung der symbolischen Dimension der Verfassung in der Postmoderne', in Stefan Korioth and Thomas Vesting (eds) *Der Eigenwert des Verfassungsrechts: Was bleibt von der Verfassung nach der Globalisierung?* Tübingen: Mohr Siebeck, forthcoming.

Viellechner, Lars (2007) 'Können Netzwerke die Demokratie ersetzen? Zur Legitimation der Regelbildung im Globalisierungsprozess', in Sigrid Boysen, Ferry Bühring, Claudio Franzius, Tobias Herbst, Matthias Kötter, Anita Kreutz, Kai von Lewinski, Florian Meinel, Jakob Nolte and Sabrina Schönrock (eds) *Netzwerke: 47. Assistententagung Öffentliches Recht*, Baden-Baden: Nomos, 36 – 57.

—— (2011) 'The Constitution of Transnational Governance Arrangements: Karl Polanyi's Double Movement in the Transformation of Law', in Christian Joerges and Josef Falke (eds) *Karl Polanyi, Globalisation and the Potential of Law in Transnational*

Markets, Oxford: Hart, 436 – 64.

Voser, Nathalie (1996) 'Mandatory Rules of Law as a Limitation on the Law Applicable in International Commercial Arbitration', 7 *The American Review of International Arbitration*, 319 – 58.

Wahl, Rainer (2002) 'Konstitutionalisierung—Leitbegriff oder Allerweltsbegriff?', in Carl-Eugen Eberle, Martin Ibler and Dieter Lorenz (eds) *Der Wandel des Staates vor den Herausforderungen der Gegenwart*, München: C. H. Beck, 191 – 207.

—— (2008) 'Verfassungsdenken jenseits des Staates', in Ivo Appel and Georg Hermes (eds) *Mensch-Staat-Umwelt*, Berlin: Duncker & Humblot, 135 – 54.

—— (2010) 'In Defence of "Constitution" ', in Petra Dobner and Martin Loughlin (eds) *The Twilight of Constitutionalism?* Oxford: Oxford University Press, 220 – 44.

Walker, Neil (2002) 'The Idea of Constitutional Pluralism', 65 *Modern Law Review*, 317 – 59.

—— (2008) 'Post-Constituent Constitutionalism: The Case of the European Union', in Martin Loughlin and Neil Walker (eds) *The Paradox of Constitutionalism: Constituent Power and Constitutional Form*, Oxford: Oxford University Press, 247 – 68.

—— (2010) 'Beyond the Holistic Constitution?' in Petra Dobner and Martin Loughlin (eds) *The Twilight of Constitutionalism?*, Oxford: Oxford University Press, 291 – 308.

Walter, Christian (2001) 'Constitutionalizing (Inter) national Governance: Possibilities for and Limits to the Development of an International Constitutional Law', 44 *German Yearbook of International Law*, 170 – 201.

Weber, Max (1958 [1919]) 'Politik als Beruf ', in Max Weber, *Gesammelte politische Schriften*, Tübingen: Mohr Siebeck, 505 – 60.

—— (1968) *Gesammelte Aufsätze zur Wissenschaftslehre*, Tübingen: Mohr Siebeck.

Weiler, Joseph H. and Marlene Wind (eds) (2003) *European Constitutionalism Beyond the State*, Cambridge: Cambridge University Press.

Weinrib, Lorraine and Ernest J. Weinrib (2001) 'Constitutional Values and Private Law in Canada', in Daphne Barak-Erez and Daniel Friedmann (eds) *Human Rights in Private Law*, Oxford: Hart, 43 – 72.

White, Harrison C. (1992) *Identity and Control: A Structural Theory of Action*, Princeton: Princeton University Press.

Wieacker, Franz (1973) 'Zur Theorie der juristischen Person des Privatrechts', in Ernst Forsthoff (ed) *Festschrift für Ernst Rudolf Huber*, Göttingen: Schwartz, 339–83.

—— (2008) *Zugangsregeln: Die Rechtsverfassung der Wissensteilung*, Tübingen: Mohr Siebeck.

—— (2009) 'Die epistemische Analyse des Rechts: Von der ökonomischen zur ökologischen Rationalität in der Rechtswissenschaft', 64 *Juristenzeitung*, 67–76.

Wielsch, Dan (2009) 'Iustitita Mediatrix: Zur Methode einer soziologischen Jurisprudenz', in Gralf Peter Calliess, Andreas Fischer-Lescano, Dan Wielsch and Peer Zumbansen (eds) *Soziologische Jurisprudenz: Festschrift für Gunther Teubner zum 65. Geburtstag*. Berlin: De Gruyter, 395–414.

Wiethölter, Rudolf (1977) 'Begriffs-oder Interessenjurisprudenz—Falsche Fronten im IPR und Wirtschaftsverfassungsrecht: Bemerkungen zur selbstgerechten Kollisionsnorm', in Alexander Lüderitz (ed) *Festschrift für Gerhard Kegel*, Frankfurt: Metzner, 213–63.

—— (1988) 'Zum Fortbildungsrecht der (richterlichen) Rechtsfortbildung: Fragen eines lesenden Recht-Fertigungslehrers', 3 *Kritische Vierteljahreszeitschrift für Gesetzgebung und Rechtswissenschaft*, 1–28.

—— (1992) 'Zur Regelbildung in der Dogmatik des Zivilrechts', 78 *Archiv für Rechts- und Sozialphilosophie*, Beiheft 45, 222–40.

—— (1994) 'Zur Argumentation im Recht: Entscheidungsfolgen als Rechtsgründe?', in Gunther Teubner (ed) *Entscheidungsfolgen als Rechtsgründe: Folgenorientiertes Argumentieren in rechtsvergleichender Sicht*, Baden-Baden: Nomos, 89–120.

—— (2005) 'Justifications of a Law of Society', in Oren Perez and Gunther Teubner (eds) *Paradoxes and Inconsistencies in the Law*, Oxford: Hart, 65–77.

Williamson, Peter J. (1985) *Varieties of Corporatism: A Conceptual Discussion*, Cambridge: Cambridge University Press.

Willke, Helmut (1992) *Ironie des Staates: Grundlinien einer Staatstheorie polyzentrischer*

Gesellschaft, Frankfurt: Suhrkamp.

—— (1995) *Systemtheorie III: Steuerungstheorie: Grundzüge einer Theorie der Steuerung komplexer Sozialsysteme*, Stuttgart: UTB.

Wimmer, Andreas and Nina Glick-Schiller (2002) 'Methodological Nationalism and Beyond: Nation State Building, Migration and the Social Sciences', 2 *Global Networks. A Journal of Transnational Affairs*, 301 – 34.

Windeler, Arnold (2001) *Unternehmungsnetzwerke: Konstitution und Strukturation*, Wiesbaden: Westdeutscher Verlag.

Young, Margaret (2011) 'Introduction: The Productive Friction Between Regimes', in Margaret Young (ed) *Regime Interaction in International Law: Facing Fragmentation*, Cambridge: Cambridge University Press, 1 – 20.

Zangl, Bernhard (2008) 'Judicialization Matters! A Comparison of Dispute Settlement under GATT and the WTO', 52 *International Studies Quarterly*, 825 – 54.

Zarlenga, Stephen A. (2002) *The Lost Science of Money*, Valatie, New York: American Monetary Institute.

Zöllner, Wolfgang (1996) 'Regelungsspielräume im Schuldvertragsrecht: Bemerkungen zur Grundrechtsanwendung im Privatrecht und zu den sogenannten Ungleichgewichtslagen', 196 *Archiv für die civilistische Praxis*, 1 – 36.

主题索引

（索引中页码为外文原版图书页码，即本书边码。）

A

auto-constitutionalization：自动宪治化（参见 self-constitutionalization）

B

bio-piracy：生物剽窃 162 – 71

C

capillary constitution：毛细管宪法 83 – 6
central banks：中央银行 96 – 102，108 – 10
civil society pressures on constitutionalization：宪治化的市民社会压力 83 – 8，91，93 – 6，100 – 2，146 – 9
colère publique：公愤 127 f.
collective：集体的
 actor：集体行动者 66 f.，169 f.
 identity：集体同一性 65 – 72，169 f.
collisions：碰撞
 inter-constitutional：宪法间碰撞 150 – 75
 intercultural：文化间碰撞 162 – 71
 inter-regime：体制间碰撞 154 – 62

主题索引

conflict of laws：冲突法

 new rules：冲突法新规则 155 – 8，165 – 71

 primary coverage：（用于解决管辖权冲突的）主要内容 156

 substantive law approach：冲突法的实体法路径 156 – 8

constitutional：宪法的、宪治的

 arenas：宪治领域 88 – 102

 economics：宪法经济学 33 – 5

 functions：宪治功能 10 f.，17 f.，75 – 88

 moment：宪治时刻 81 – 3，123

 norms：宪法规范 73 – 124

 paradox：宪法悖论 107 – 10

 pluralism：宪法多元主义 35 – 42，53，75，83，87 f.

 sociology：宪法社会学 3 – 5，21，26 – 8，42 – 5，75 f.，78 – 83，103 f.，132 – 42，159 f.，165 – 8

 subjects：宪治主体 7f.，42 – 73

constitutional rights：宪法权利（参见 human rights）

constitutive：构成性的

 function：构成性功能 10 f.，17 f.，75 – 8，134

 rules：构成性规则 75，103 – 5，105 – 10

corporate：公司的

 actor：公司行动者（参见 collective actor）

 codes of conduct：公司行为准则 46 – 9，58，92 – 6

 constitutions：公司宪法 24，27，46 – 9，56，58，92 – 6

crisis of modern constitutionalism：现代宪治危机 1，5

D

deliberative participatory polyarchy：多元的审议式参与民主 38

democracy in social subsystems：社会子系统的内部民主 38，89 – 92，115 – 23，138 f.

double movement：双向运动

 capitalism：资本主义的双向运动 78 – 81，101

 global constitutionalism：全球宪治的双向运动 78 – 81，101

double reflexivity：双重反思性 102 – 10

E

ecologization：生态化 93，172 f.

economic constitutionalism：经济宪治 30 – 5

employment constitution：劳动宪法 27

exclusionary effect of fundamental rights：基本权利的排除效果（参见 human rights，negative）

extraterritorial effect of national consititutional rights：民族国家宪法权利的领土外效力 125 – 7

F

financial constitution：金融宪法 96 – 102，108 – 10

formal vs. material constitution：形式宪法 VS 实质宪法 74

formalizing communicative media：沟通媒介的正式化（参见 relexivity，medial）

fouding myth：创始神话 68 – 72，152

fragmentation：片段化

 constitutional：宪法片段化 51 – 4，150 – 75

 cultural：文化片段化 14，162 – 5

 double fragmentation of world society：世界社会的双重片段化 14，150 – 75

 functional：功能片段化 14，150 – 4

functional differentiation：功能分化 3 – 6，17 – 21，22 f．，33 f．，42 – 5，75 f．，78 – 83，132 – 42，165 – 8

fundamental rights：基本权利（参见 human rights）

G

generalization and respecification：一般化和再具体化 10，60，132 – 9，148

global：全球的

 administrative law：全球行政法 50 f.

 constitution, unitary：统一的全球宪法 2，13 f．，45 f.

globalization：全球化 5 – 14，42 – 5，140 – 2，150 – 4，160 – 2，162 – 6

governance, transnational：跨国治理 7 – 11

H

human rights：人权

 horizontal effects：人权的横向效力 11 – 13，31 f．，92，124，131，165 – 8

 indigenous cultures：本土文化的基本权利 165 – 8

 individual：抽象个体权利 133 f．，137，141 – 6

 institutional：制度权利 133 f．，137，141 – 6，147 f．，165 f.

 negative：消极权利 12 f．，134，139 – 42

 participatory：参与权 133，137，170

 positive：积极权利 12 f．，136 – 9

hybrid：混合的

 binary meta-codes：混合的二元基础符码 110 – 14

 codes：混合符码 111 – 14

I

ICANN：互联网名称与数字地址分配机构（参见 internet constitution）

inclusionary effect of fundamental rights：基本权利的涵括效果（参见 human rights, positive）12 f., 136 – 9

indigenous law：本土法律 162 – 71

internal politics, social subsystems：社会子系统的内部政治 26, 89 – 92, 119 – 24, 172 f.

international：国际的

 community：国际共同体 67 – 72, 151, 160 f.

 organization, constitution：国际组织的宪法 54 – 7

internet constitution：互联网宪法 55 – 8, 65, 67, 92, 128 – 31, 138

J

justiciabilty, horization constitutional rights：横向宪法权利的可诉性 146 – 9

L

la politique vs. *le politique*：阴性政治 VS 阳性政治 114 – 17

labour unions：工会 84 – 6, 93 – 6

land-grabbing：土地攫取 162 – 71

learning pressures：学习压力 93 – 6

lex digitalis：数字法（参见 internet constitution）

lex mercatoria, constitutional rules：商人法的宪法规则 50, 57, 67, 70, 77 f., 92 – 5, 128 – 31

liberal constitutionalism：自由主义宪治 15 – 21

limitative function：限制性功能 10 f., 17 f., 76 – 88, 134, 139 – 49

M

matrix, anonymous：匿名的魔阵 142 – 6

meta-code：基础符码 110 f.

meta-constitutionalism：元宪治 153

money creation：货币创造 96 – 102，108 – 10

motivation – competency dilemma：动机—能力两难困境 92 f.

N

narrative：叙事（参见 founding myth）

nation-state constitution：民族国家宪法（参见 state constitution）

neo-corporatism：新法团主义 36 – 8，44 – 7，54，66

networks：网络 158 – 62

new constitutional question：新宪法问题 1 – 14

new constitutionalism：新型宪治 7 f.，76 f.

non-governmental organizations：非政府组织 84 – 6，93 – 6，162 – 71

O

ordoliberal constitutionalism：秩序自由主义宪治 30 – 3

ordre public transnational：超国家公共秩序 50，57，156 – 8，160 f.，172

organized-professional sphere：组织化—职业化领域 92 – 6

P

plain money reform：纯货币改革 96 – 102，108 – 10

political constitution：政治宪法（参见 state constitution）

politics of societal constitutionalism：社会宪治的政治 114 – 124，172 f.

polycentrism, cultural：文化多中心主义 162 – 6

polytheism of modernity：现代性的多神教 153

pouvoirconstituant/ constitué：制宪权/宪定权 61–6

private：私人的

    government：私人政府 26–8, 46–9, 56, 92–6

    regulation：私人规制 46–51

professions：职业 84–6, 93–6

protest movements：抗议运动（参见 civil society pressures）

public international law, constitutionalization：国际公法宪治化 49 f.

public interest：公共利益（参见 *ordre public*）

public/private distinction：公/私区分 29 f., 131–6, 142–5

R

rationality conflicts：理性冲突（参见 fragmentation）

re-entry, extrinsic into the intrinsic：外在再进入内在 166–9

reflection：反思

    centres：反思中心 89

    on social identity：对社会同一性的反思 71 f., 103–5, 119–24, 172 f.

reflexivity：反思性

    legal system：法律系统的反思性 105–10

    medial：媒介反思性 42–5, 75–8, 103 f.

    social system：社会系统的反思性 103–5

regime constitutions：体制宪法的反思性 8, 57–72

respecification：再具体化（参见 generalization）

rights to access：进入权 136–9

S

secondary vs. primary norms：次级规范 VS 初级规范 105–10

self-constitutionalization：自我宪治化 52 – 4，75 – 8，101 – 10

self-destructive growth：自我毁灭的发展 96 – 102

self-foudation of social systems：社会系统的自我奠基 42 – 5，75 – 8，103 f.

self-limitation：自我限制

    growth pressures in function systems：功能系统发展压力的自我限制 81 – 8，93 – 6，100 – 2，172 f.

    modern institution in relation to indigenous cultures：与本土文化相关的现代制度的自我限制 165 – 8

self-regulatory sphere：自我规制空间 96 – 102

shadow of politics：在政治的影子下 117 – 19

social movements：社会运动（参见 civil society pressures）

societal constitutionalism：社会宪治

    international politics：国际政治的社会宪治 45 – 51

    nation state：民族国家的社会宪治 15 – 41，47

    statist：国家主义的社会宪治 25 f.

    theory：社会宪治理论 38 – 42，89，101

    welfare state：福利国家 24 – 30，44 f.，66

soft law/ hard law：软法/硬法 46 – 9，93 – 6

spontaneous sphere：自发领域 89 – 92

state action：国家行动 131 f.

state constitution：国家宪法 2，15 – 21

    duties of care：国家宪法的保护义务 11 – 13

    regulating societal constitutions：国家宪法调整社会宪法 8 – 11，25 – 30，46 f.，86 – 8，93 – 6，117 – 19

structural coupling, constitution：宪法作为结构耦合 102 – 10

subjective right：主观权利 19 f.，133，143 f.

sustainability：可持续性 93，172 – 3

T

third-party effects of fundamental rights：基本权利的第三方效力（参见 human rights，horizontal effects）
totalitarian constitutionalism：极权主义宪治 21 – 4
traditional knowledge：传统知识 162 – 71
transnational constitutional：超国家宪法的、超国家宪治的（参见 constitutional）
transnationalization 超国家化、跨国化（参见 globalization）

U

United Nations：联合国
 Charter：联合国宪章 45 f.
 codes of conduct：联合国行为准则 47 – 9
 constitutionalism：联合国宪治 45 f.，70

W

welfare state constitutionalism：福利国家宪法 24 – 30
WTO constitution：世贸组织宪法 55，60，67，70，77

作者索引

A

Abbott, Kennet 56n (57), 95n (63)

Abelshauser, Werner 36n (69)

Ackerman, Bruce A. 81n (29)

Ackerman, Charles 10n (24)

Agamben, Giorgio 141, 141n (63)

Albert, Mathias 151n (10)

Alexy, Robert 135n (43), 142n (68)

Algan, Yann 25n (36)

Allott, Philip 1n (2)

Alvarez, José 57n (65)

Amerasinghe, Chittharanjan F. 57n (65)

Amstutz, Marc 4n (13), 27n (44), 31n (58), 74n (5), 94n (61), 111n (109), 126n (11), 135n (45)

Anderson, Gavin W. 4n (13), 12n (30), 17n (5), 27n (43), 56n (57), 58n (68), 61n (82), 76n (11), 131n (29), 136n (46)

Augsberg, Ino 78n (18)

Ayres, Ian 84n (32)

B

Backer, Larry Catá 4n (13), 47n (19), 48n (22), 51n (34), 56n (58), 58n (68), 77n (15)

Badura, Peter 135n (42)

Baecker, Dirk 59n (70)

Barak, Aharon 131n (30)

Barak-Erez, Daphne 131n (30)

Barry, Brian 34n (61)

Beck, Ulrich 46n (16)

Beckenkamp, Martin 66n (98)

Behrens, Peter 7n (18), 77n (11)

Benz, Arthur 159n (44)

Berman, Harold J. 151n (8)

Berman, Paul Schiff 68n (103), 130n (23), 155n (28, 29), 156n (32)

Bieber, Daniel 159n (42)

Bieling, Hans-Jürgen 4n (13), 76n (11)

Binswanger, Hans Christoph 79n (20), 80n (24), 93n (57), 97n (68), 99n (73, 74), 100n (76), 102n (81), 119n (131), 121n (138)

Blanck, Julia 38n (73), 147n (81)

Block, Walter E. 33n (60)

Blocker, Niel M. 57n (65)

Böckenförde, Ernst-Wolfgang 61n (78)

Bogdandy, Armin von 67n (101)

Böhm, Franz 31n (57)

Böll, Heinrich 141n (65)

Bomhoff, Jacco 60n (76)

Bommes, Michael 159n (43)

Bourdieu, Pierre 3n (5)

Braithwaite, John 84n (32)

Brand, Ulrich 170n (82)

Braun, Joachim von 162n (55)

Brüggemeier, Hauke 4n (13), 60n (74), 114n (115), 119n (133), 138, 139, 151n (11), 161n (51)

Brunneggräber, Achim 84n (34)

Buchanan, James M. 33n (60), 61n (79)

Buchanan, Ruth 4n (13), 122n (141)

Burnicki, Ralf 21n (21)

C

Cahuc, Pierre 25n (36)

Calliess, Gralf-Peter 4n (13), 48n (24), 89n (48), 128n (19)

Campagna, Julie 161n (52)

Canaris, Claus-Wilhelm 131n (31)

Carmody, Chios 55n (53)

Cass, Deborah Z. 55n (53), 77n (13)

Cassese, Sabino 50n (32)

Cheadle, Halton 131n (30)

Chernilo, Daniel 46n (16)

Christodoulidis, Emilios 114n (116, 117)

Clapham, Andrew 12n (30), 131n (29)

Collins, Hugh 4n (13), 57n (62), 128n (19), 157n (38)

Coombe, Rosemary J. 164n (62), 165n (65), 166n (69), 167n (71)

Cottier, Thomas 169n (76)

Cover, Robert M. 69n (106), 152, 152n (14)

Creutz, Helmut 97n (68)

Crouch, Colin 91n (51), 94n (61), 122n (141)

D

Daes, Erica-Irene 164n (63), 166n (69), 167n (71)

Dahl, Robert A. 27n (41)

Dalhuisen, Jan H. 57n (62), 74n (4), 77n (14)

Davis, Dennies, 131n (30)

De Schutter, Olivier 124n (3)

de Wet, Erika 2n (4), 49n (26)

Delmas Marty, Mireille 45n (11), 52n (39), 160n (46)

Derrida, Jacques 61n (79), 65n (96), 85, 85n (39), 149, 149n (85)

Dicey, Albert 74n (4)

Diederrichsen, Uwe 144n (73)

Dilling, Olaf 53n (46), 56n (57)

Dinwoodie, Graeme B. 155n (28, 29), 156n (32)

Dobner, Petra 60n (73)

Dorf, Michael C. 38n (72)

Dunoff, Jeffrey L. 5n (14), 49n (26), 52n (38), 55n (53), 67n (100), 69n (107), 70n (110), 150n (2), 152n (15), 154n (22)

Dupuy, Pierre-Marie 45n (13)

Dürig, Günter 135n (39)

Durkheim, Emile 3n (5), 21n (19), 71n (114), 127, 127n (15), 173, 173n (87)

E

Eckert, Julia 166n (67), 170n (79, 80)

Ellis, Jaye 96n (65)

Engi, Lorenz 53n (47)

Engle, Karen 29n (53)

Esser, Josef 127n (12)

Esty, Daniel 50n (31)

F

Falke, Josef 78n (17)

Fassbender, Bardo 13n (33), 45n (13)

Fedtke, Jorg 124n (3)

Fischer-Lescano, Andreas 4n (12), 10n (27), 13n (35, 36), 43n (2), 45n (15), 51n (37), 104n (92), 123n (146), 125n (6), 128n (17, 19), 145n (75), 151n (7), 162n (54, 56)

Fisher, Irving 97n (68), 100n (76)

Forester, Heinz von 103, 103n (86)

Foucault, Michel 86n (40), 141, 141n (63), 144n (74)

Fried, Charles 2n (3)

Friedman, Daniel 131n (30)

Frowein, Jochen A. 2n (4), 49n

Fuchs, Peter 142n (66)

G

Gallie, Wlter B. 111n (108)

Gamillscheg, Franz 136n（46）

Gardbaum, Stephen 49n（27），51n（37），74n（3），124n（1），126，129n（21），131n（29），132n（32）

Gervais, Daniel J. 169n（74），170n（77）

Gierke, Otto von 20n（16）

Gill, Stephen 77n（13）

Glendon, Ann 146n（78）

Glick-Schiller, Nina 46n（16）

Goldstone, Richard 151n（6）

Gómez-Jara Díez, Carlos 143n（70）

Görg, Christoph 170n（82）

Grabber, Christoph 145n（76），163n（57），167n（70），168n（73）

Grande, Edgar 9n（22），58n（69）

Graziani, Augusto 98n（70）

Grimm, Dieter 2n（3），15n（1），19n（13），29n（51），51，51n（36），59n（72），74n（1），106n（96），117n（127），156，156n（33）

Gunningham, Neil 84n（32）

H

Häberle, Peter 21n（20）

Habermas, Jürgen 2n（4），19n（11），29n（50，52），45n（12），89n（50），93n（56），122n（143）

Haines, Fiona 84n（33）

Hall, Peter A. 36n（67），76n（10）

Haltern, Ulrich 60n（73），68，68n（104），69

Hamilton, Rebecca 151n（6）

Hamm, Brigitte 124n（2）

作者索引

Hardt, Michael 62n (85)

Hart, Herbert L. A. 106n (97), 128n (19)

Harvey, David 120n (136)

Hauriou, Maurice 21n (19)

Hayek, Friedrich A. 119, 119n (132)

Hayoz, Nicolas 22n (22), 23n (25, 28), 25n (36)

Hebekus, Uwe 114n (118)

Hegel, Georg Wilhelm Friedrich 20, 20n (18)

Herberg, Martin 48n (25), 56n (57), 84n (34)

Hirschl, Ran 62n (84)

Hirst, Paul 38n (73)

Höffe, Otfried 2n (4), 13n (33), 45n (12), 125n (4)

Hoffmann, Hasso 60n (74)

Holmas, Pablo 4n (13), 74n (1), 137n (51)

Horwitz, Morton J. 29n (51)

Howard-Grenville 95n (64)

Howse, Robert 55n (53), 157n (37)

Huber, Joseph 97n (68), 99n (72), 100n (75, 76), 101n (77, 78), 118n (130), 119n (131)

Hueck, Götz 135n (41)

Hurrell, Andrew 52n (40), 131, 131n (28)

Hutter, Michael 58n (67), 142n (67)

J

Jäger, Herbert 143n (70)

Jefferson, Thomas 115, 115n (120)

Joerges, Christian 4n (13), 28n (44), 54n (49), 78n (17), 115n

（122），121n（139），139n（57），154n（23），158，158n（41），160

Joseph, Sarah 124n（3），158

K

Kalyvas, Andreas 61n（78）

Kant, Immanuel 8，19n（14），71n（113），153

Karavas, Vagios 4n（13），56n（55），92n（53），94n（61），126n（11），130n（27），138n（54，55）

Kegel, Gerhard 155n（27）

Kelsen, Hans 74n（4），106，156n（35）

Kennedy, David 29n（53），122，122n（142），151n（11）

Kenworthy, Lane 36n（66），41n（80）

Keohane, Robert 58n（69）

Kerber, Wolfgang 33n（60）

Kingsbury, Benedict 50n（31），51n（33）

Kjaer, Poul F. 4n（13），17n（5），42n（2），45n（11），55n（51），94n（61），104n（92），115n（119，122），121n（139）

Klabbers, Jan 7n（18），51n（37），57n（66），74n（3），77n（11），103n（83），130，131n（28）

Klein, Hans 122n

Kölsel, Daniel 126n（10）

Kollewijn, Roeland Duco 165n（64）

Köndgen, Johannes 48n（23，24），128n（19）

Kooiman, Jan 9n（21）

Korth, Peter 14n（37），155n（28），156n（36）

Koselleck, Reinhart 4n（13），16，16n（2），70n

Koskenniemi, Martti 69, 70n (109), 103n (83), 121n (139, 140), 145n (75), 150n (1), 152n (13), 156n (34)

Krasner, Stephen D. 58n (69)

Kumm, Mattias 26n (40), 50n (29), 51n (35), 61n (81), 74n (5), 106n (98), 112n (110), 127, 127n (13), 130n (27), 151n (7), 157n (38), 158n (40)

Kuo, Ming-Sung 4n (13), 63n (87), 64n (87), 104n (92), 121n (140)

Kymlicka, Will 169n (76)

L

Ladeur, Karl-Heinz 28n (47), 30n (54), 46n (17), 78n (18), 85n (37, 38), 92n (53), 120n (135), 125, 125n (7), 126n (11), 128, 128n (18), 129, 140n (61), 141n (62), 144n (72), 145n (76), 147n (79), 160n (46, 49), 170n (78)

Lalive, Pierre 127n (14)

Lantermann, Katrin 92n (54)

Legendre, Pierre 141, 141n (63), 149n (84)

Lewis, Tracy 171n (83)

Linadahl, Hans 4n (13), 65n (97), 71, 71n (112), 76n (8), 106n (99), 108n (103), 114n (116), 115n (119)

Locker, John 65

Locke, Richard 93n (58)

Loughlin, Niklas 3n (5), 10 (27), 18n (6, 7, 8, 10), 20n (17), 23n (27), 24n (32), 28n (46, 48), 41n (79), 42n (1), 47n (20), 52n (41), 60n (76), 65n (96), 69n (108), 75n (6), 78, 79n (19), 80n (25), 81, 81n (27), 83n (31), 84n (35,

36), 86n (41), 87n (43, 44), 88n (46, 47), 94, 94n (60), 104n (87, 88, 89), 105n (93), 107n (101, 102), 108n (105), 109n (106, 107), 113n (112), 116n (124), 125n (6), 126n (9), 127, 127n (16), 128, 130n (26), 132, 133n (33, 34), 137n (49, 50), 138n (52), 140n (60), 148, 148n (83), 153n (20), 173n (88)

Lyotard, Jean-Francois 130n (26), 146, 146n (77), 148, 148n (82)

M

Mahlmann, Matthias 125n (4)

Marchart, Oliver 114n (117)

Marx, Karl 65, 78, 81, 141

Mason, Tim W. 23n (29)

Mastronardi, Phlippe 97n (69)

Mattli, Walter 1n (1)

Mavroidis, Petros C. 150n (4)

McCorquodale, Robert 12n (30)

Medicus, Dieter 144n (73)

Meinzen, Ruth 162n (55)

Menke, Christoph 62n (85), 71n (113), 125n (5)

Mestmäcker, Ernst Joachim 31n (57), 64, 64n (90)

Meuwese, Anne C. 60n (76)

Michaels, Ralf 48n (24), 154n (24, 25), 155n (2, 28, 31)

Michelman, Frank 61n (78)

Möllers, Christoph 60n (74), 62n (84)

Morin, Edgar 94n (59)

Mortensen, Jens L. 55n (53)

Murphy, Alexander D. 44n (7)

Murphy, Sean D. 94n (62)

N

Negri, Antonio 62n (85)

Neyer, Jürgen 9n (22)

Nicolaidis, Cary Coglianese Kalypso 55n (53), 157n (37)

Nolte, Ernst 21n

Nowrot, Karsten 50n (28)

Nye, Joseph 58n (69)

O

O'Brien, Robert 91n (51)

Ogus, Anthony L. 84n (32)

Okruch, Stefan 33n (60)

Oliver, Dawn 124n (3)

Orankhelashvilli, Alexander 150n (3)

Orellana, Marcos 151n (5)

P

Panizzon, Marion 169n (76)

Parsons, Talcott 3n (5), 10n (24)

Pauwelyn, Joost 154n (25), 155n (28, 31), 157n (37)

Payne, Stanley G. 21n (21)

Perez, Oren 92n (52), 122n (145)

Peters, Anne 4n (4), 5n (15), 49n (26, 27), 55n (52)

Petersmann, Ernst-Ulrich 55n (53)

Picciotto, Sol 55n (53)

Polanyi, Karl 10n (26), 27, 27n (44), 78, 78n (17), 101n (79)

Pollack, Detlef 22n (22, 28), 23n

Pollmann, Arnd 125n (5)

Post, David G. 56n (54), 65n (95)

Prandini, Riccardo 4n (13), 17n (5), 43n (3), 60n (77), 88n (45), 103n (83, 85)

Preuss, Ulrich K. 4n (13), 26n (38, 39), 27n (43), 43n (6), 51n (36), 60n (74), 62n (85), 66n (99), 76n (8)

Prien, Thore 162n (55)

Priest, George L. 34n (62)

R

Raiser, Ludwig 21n (20), 135n (41)

Rasilla, del Moral, Ignacio de la 13n (34), 49n (26)

Rawls, John 15n (1)

Rees, Joseph 84n (32)

Reichman, Jerome H. 171n (83)

Renner, Moritz 4n (13), 52n (42), 54n (48), 56n (56), 57n (62, 63, 64), 58n (67), 61n (80), 77n (14), 117n (128), 123n (146), 128, 128n (20), 139n (56), 157n (38)

Ridder, Helmut 27n (43), 29n (49), 147n (79), 170n (78)

Rieth, Lothar 161n (53)

Risse, Thomas 166n (68)

Robertson, James 97n (68), 101n (77, 78), 118n (130), 119n (131)

Rödl, Florian 4n (13), 27n (43), 115n (122), 139n (57), 158n (41)

作者索引

Röhl, Hans C. 29n (51), 126n (8), 127n (12)

Röhl, Klaus F. 29n (51), 126n (8), 127n (12)

Romano, Santi 21n (19)

Rosa, Hartmut 80, 80n (22)

Rosenau, James 9n (23)

Rousseau, Jean–Jacques 19, 19n (12)

Rühl, Gisela 92n (54)

S

Sable, Charles F. 38n (72)

Sack, Robert D. 43n (5)

Sajó, András 131n (29)

Santos, Boaventura de Sousa 126n (11)

Sassen, Sakia 44n (8), 45n (11), 51n (37), 130n (25), 163n (58)

Savigny, Carl von 20n (15)

Schäfer, Hans-Bernd 92n (54)

Schanze, Erich 48n (24), 128n (19)

Schepel, Harm 4n (13), 56n (59)

Schermers, Henry G. 57n (65)

Scheuerman, William E. 80n (22), 151n (8), 152n (12)

Schierbeck, Jens 10n (24), 135n (40)

Schiller, Friedrich 28, 28 (45)

Schuchter, Wolfgang 153n (19)

Schmitt, Carl 106

Schmitter, Philippe C. 22n (24), 36n (68), 44n (10)

Schmuhl, Hans-Walter 141n (64)

Schneiderman, David 4n (13), 7n (18), 57n (64), 76n (11)

Scholz, Rupert 25n (34, 35), 26n (37)

Schumpeter, Joseph A. 98n (70)

Schurig, Klaus 155n (27)

Schütz, Anton 63n (86), 64n (88)

Sciulli, David 3n (8), 38, 38n (74), 39, 39n (75), 40n (76), 89n (49), 101n (80)

Searle, John. R. 76n (8)

Seiderman, Ian D. 50n (28)

Selznick, Philip 3n (7), 27n (41), 135n (40)

Semlinger, Klaus 159n (45)

Sen, Amartya 137n (50), 172n (86)

Senf, Bernd 97n (68), 121n (137)

Simma, Bruno 59n (71)

Simmel, Georg 3n (5)

Simons, Penelope C. 12n (30)

Sinha, Surya P. 163n (60)

Sinzheimer, Hugo 27n (42)

Skordas, Achilles 51n (37), 55n (52), 61n (82)

Snidal, Duncan 56n (57), 95n (63)

Somek, Alexander 60n (73), 114n (115)

Soskice, David 36n (67), 76n (10)

Speta, James B. 138n (55)

Stäheli, Urs 80n (23), 137n (50)

Steffek, Jens 30n (56), 65n (94)

Stein, Ursula 127n (13), 130n (24)

Steinhauer, Fabian 4n (13)

Stichweh, Rudolf 45n (15), 52n (38), 64n (91), 79n (21), 81n

(26), 108n (104), 137n (50), 151n (10), 164n (61)

Stiglitz, Joseph 36n (69), 77n (12)

Stone, Alec 77n (13)

Streeck, Wolfgang 11n (28), 36n (66, 68, 69), 41n (80), 44n (9, 10), 78n (17), 97n (67), 122, 122n (144)

Sznaider, Natan 46n (16)

T

Tacke, Veronika 159n (43)

Taubman, Anthony 166n (69), 167n (71), 168n (72)

Teubner, Gunther 4n (12), 10n (27), 13n (36), 14n (37), 18n (9), 23n (26), 38n (71), 42n (2), 46n (18), 48n (24), 51n (37), 54n (48), 66n (98), 76n (10), 89n (50), 92n (53), 104n (92), 105n (94), 111n (109), 113n (113), 115n (121), 128n (19), 138n (54), 139n (59), 142n (67), 145n (75, 76), 151n (7), 154n (24), 155n (28), 156n (36), 162n (54, 56), 170n (78)

Thornhill, Chris 3n (6, 9), 4n (11, 13), 17n (4), 22n (22), 23n (25, 28), 24n (30), 30n (55), 60n (75), 75, 75n (6, 7), 76n (9), 83n (30), 86n (42), 103n (83, 84), 114n (116), 116n (123), 121n (139), 133, 133n (33, 34), 134n (36), 136, 136n (47)

Tomkins, Adam 131n (30)

Tönnies, Ferdinand 67

Tomuschat, Christian 67, 67n (101)

Trachtman, Joel P. 5n (14), 49n (26), 52n (38), 129n (22), 155, 155n (30)

Tully, James 4n（13）, 65n（93）, 76n（11）, 163n（60）

Tuoru, Kaarlo 4n（13）, 104n（92）, 113n（114）, 136n（46）, 151n（9）

U

Uitz, Renáta 131n（29）

V

Vanberg, Viktor 33n（60）

Verschraegen, Gert 127n（16）, 132n（32）, 137n（51）

Vesting, Thomas 24n（31）, 60n（73）, 62n（84）, 64, 64n（89, 92）, 68n（102）, 70, 70n（111）, 116n（125, 126）, 118n（129）, 153n（17, 18）, 157, 158n（39）, 161n（50）

Viellechner, Lars 4n（13）, 46n（17）, 58n（67）, 78n（18）, 92n（53）, 125, 125n（7）, 126n（11）, 128, 128n（18）, 129, 137n（51）

Vose, Nathalie 57n（62）

W

Wahl, Rainer 53n（45）, 59n（72）, 60n（73）, 74n（1, 2）, 106n（100）, 114n（115）, 119n（133）

Walker, Neil 8n（19）, 35n（64）, 50n（30）, 51n（37）, 53, 53n（44）, 62n（84）, 153n（19, 21）, 156, 156n（33）

Walter, Christian 4n（13）, 45n（14）, 51n（37）, 130n（27）

Weber, Max 3n（5）, 17n（3）, 38, 65, 78, 81, 152, 152n（16）, 153n（20）

Weiler, Joseph H. 8n（19）

Weinrib, Ernest J. 131n（30）

White, Harrison C. 59n（70）

Wieacker, Franz 20n（15）

Wielsch, Dan 3n（10），4n（13），36n（65），138n（53，55）

Wiethölter, Rudolf 10n（26），35，35n（63），112n（111），139，139n（58），149n（84），154n（24）

Williamson, Peter J. 37n（70）

Willke, Helmut 40n（77，78）

Wimmer, Andreas 46n（16）

Wind, Maelene 8n（19）

Windeler, Arnold 160n（48）

Woods, Ngaire 1n（1）

Y

Young, Margaret 59n（69）

Z

Zangl, Bernhard 55n（52）

Zarlenga, Stephen A. 97n（68）

Zöllner, Wolfgang 144n（73）

Zumbansen, Peer 4n（13）

Constitutional Fragments: Societal Constitutionalism and Globalization by Gunther Teubner
Chinese edition copyright © 2016 Central Compilation & Translation Press.
All rights reserved.
本书中文版由作者授权中央编译出版社独家出版发行。

图书在版编目(CIP)数据

宪法的碎片:全球社会宪治/(德)贡塔·托依布纳著;陆宇峰译.—北京:中央编译出版社,2016.8
ISBN 978-7-5117-3066-4

Ⅰ.①宪…
Ⅱ.①贡… ②陆…
Ⅲ.①宪法-研究
Ⅳ.①D911.04

中国版本图书馆CIP数据核字(2016)第181498号

宪法的碎片:全球社会宪治

出 版 人:	葛海彦
出版统筹:	贾宇琰
责任编辑:	贾宇琰 赵 灿
责任印制:	尹 珺
出版发行:	中央编译出版社
地 址:	北京西城区车公庄大街乙5号鸿儒大厦B座(100044)
电 话:	(010)52612345(总编室) (010)52612343(编辑室)
	(010)52612316(发行部) (010)52612317(网络销售)
	(010)52612346(馆配部) (010)55626985(读者服务部)
传 真:	(010)66515838
经 销:	全国新华书店
印 刷:	北京佳信达欣艺术印刷有限公司
开 本:	787毫米×1092毫米 1/16
字 数:	280千字
印 张:	17.25
版 次:	2016年8月第1版第1次印刷
定 价:	59.00元

网 址:	www.cctphome.com 邮 箱:cctp@cctphome.com
新浪微博:	@中央编译出版社 微 信:中央编译出版社(ID: cctphome)
淘宝店铺:	中央编译出版社直销店(http://shop108367160.taobao.com)
	(010)52612349

本社常年法律顾问:北京嘉润律师事务所律师 李敬伟 问小牛
凡有印装质量问题,本社负责调换,电话:(010)55626985